Wiener Hotels und ihre Geheimnisse

Johannes Sachslehner

Johannes Sachslehner
Fotos von Harald Jahn

Wiener Hotels

und ihre Geheimnisse

Styria
VERLAG

Inhalt

← Zauber des Fin de Siècle: die legendäre, noch original erhaltene Blaue Bar im Hotel Sacher mit dunkelblauen Brokatwänden, Stuckfries und Holzlambris.

Hotelwelt in Wien
Mythos und Wirklichkeit

Von der Enge ihrer Heimatliebe befreit, von der Dumpfheit ihrer patriotischen Gefühle gelöst, von ihrem nationalen Hochmut ein wenig beurlaubt, kommen hier die Menschen zusammen und scheinen wenigstens, was sie immer sein sollten: Kinder der Welt.

Joseph Roth, Ankunft im Hotel

»Entfesselung aus der Alltäglichkeit«: Hinter der Tür zum Hotelzimmer rückt die große Freiheit näher, die Sorgen werden kleiner und unwirklicher.

Das Hotel als Ort nostalgischer Sehnsucht: das Zimmer 309 im Hotel Stefanie, dem ältesten Hotel Wiens. Hier schliefen der Überlieferung nach bereits die Urgroßeltern des heutigen Hausherrn.

»Die Geschichte des Tourismus ist auch eine Geschichte des Hotels«, stellte Hans Magnus Enzensberger 1958 in seinem luziden Essay *Eine Theorie des Tourismus* fest – das ist richtig, und man wird auch seiner grundlegenden Erkenntnis beipflichten: »Je weiter der Tourismus im Zeichen des Hochkapitalismus fortschritt, desto mehr machte sich die Hotelindustrie dessen Wirtschaftsformen zu eigen.« Wir möchten dem vielzitierten Axiom Enzensbergers jedoch noch einen zweiten Satz zur Seite stellen: Die Geschichte des Hotels ist mehr als eine Geschichte des Tourismus.

Die Wiener Hotels waren und sind eingebunden in die komplexe Maschine Stadt, ihre Geschichte ist auch eine Geschichte der sozialen und politischen Entwicklung Wiens. Sie erzählt uns von der Verwandlung der alten Kaiserstadt in eine moderne Metropole, von Beschleunigung und Industrialisierung, von Leben und Treiben in der feinen Welt und in der Welt der Kleinbürger, vom Ehrgeiz und von den großen Träumen mancher Visionäre. Die Geschichte der Hotels ist auch Alltags- und Technikgeschichte; man denke etwa an Innovationen wie Zentralheizung, fließendes Wasser, elektrisches Licht, Telefon und Aufzüge oder auch an die Weiterentwicklung der Küchentechnik. Ja, selbst so scheinbar einfache Dinge wie die Klingel an der Rezeption sind nicht selbstverständlich – in den Einkehrgasthöfen Alt-Wiens pfiff man noch durch die Finger nach dem Hausknecht.

Die Geschichte der Hotels ist auch die Geschichte der Gäste. Hinter der verschlossenen Tür des Hotelzimmers suchte man nach der großen Freiheit, nach der »Entfesselung aus der Alltäglichkeit«, wie es Oskar Franz Scheuer, Autor einer kleinen »Sittengeschichte« des modernen Hotels, nannte. Ähnlich sah dies auch der Spötter George Bernard Shaw: »The great advantage of a hotel is that it is a refuge from home life.« Der Hotel-Historiker Ralf Nestmeyer fasste dieses Phänomen so zusammen: »Wer ein Hotelzimmer betritt, wirft den heimischen Ballast ab, lässt seinen Alltag zurück und gewinnt dadurch eine ungeahnte Leichtigkeit.«

Das Hotel konnte ein Ort der geheimen Leidenschaft sein, aber auch Gefängniszelle – man denke an das Hotel Métropole – oder ein Ort der letzten Zuflucht, wie das legendäre Moskauer Hotel Lux. Hier existierten Unbeschwertheit und Glück, aber auch Angst, Resignation und Verzweiflung auf engstem Raum nebeneinander. Nichts konnte und kann schlimmer sein als die Einsamkeit eines Hotelzimmers. Cees Nooteboom, ein notorischer Vielreisender und Hotelbesucher, verwies auf diesen engen Zusammenhang von Zimmer und Zelle: Beiden sei die Umgrenzung, das *claustrum*, eingeschrieben.

Scharfsinnige Beobachter der Hotelwelten wiesen nicht zuletzt auf deren gleichsam sakrale Dimension hin. Der Soziologe Siegfried Kracauer sah in der Hotelhalle das »Kehrbild des Gotteshauses«. Hier treffe sich die Gemeinschaft zwar nicht mehr zum gemeinsamen Gebet, zur »Sammlung und Einigung«, aber auch hier geschehe die »Ablösung vom Alltag«. In der kritischen Sprache Kracauers: »Der untätig Umhersitzenden bemächtigt sich ein interesseloses Wohlgefallen an der sich selbst erzeugenden Welt, deren Zweckmäßigkeit man empfindet, ohne die Vorstellung eines Zweckes mit ihr zu verbinden.«

Monumente und Sehnsuchtsorte

Die Zeichen der Zeit können auch die Wiener Hotels nicht verleugnen: »HOTELS SIND MONUMENTE von epochen«, formulierte der Poet Raoul Schrott, »die an den ornamenten ihrer architektur erkennbar werden und sich an den bröckelnden fassaden verraten.« Sie seien »die fluchtpunkte jeden zeitalters und ihre zufälligen mittelpunkte zugleich«, ja, die »eigentlichen tempel unseres jahrhunderts«.

Letztlich sind die Hotels der Stadt Teil der großen Erzählung von Wien. Sie sind zugleich Teil des Mythos, Schicksalsorte, Treffpunkte, Drehscheiben der Kommunikation und manchmal auch politische Bühne, also »Fixsterne im sozialen und gesellschaftlichen Leben« (Ralf Nestmeyer, *Hotelwelten*). Ihr Stil und ihre Atmosphäre spiegeln, wenn man so will, die »Seele« Wiens; manche Hotels, man denke an das Sacher oder das Imperial, an das Regina oder das Wimberger, sind so etwas wie »Sehnsuchtsorte« und »möblierte Sehnsuchtslandschaften« (Ralf Nestmeyer, *Hotelwelten*) geworden, vom Mythos umwehte Refugien und Teil des Gesamterlebnisses Wien. Wenn Wien, wie es einst Ernst Marboe in seinem *Österreich-Buch* formuliert hat, die »Bejahung des Lebens an sich ist« und die »Kunst« vermittelt, »als Mensch menschlich zu leben«, so sind die Hotels erste Stationen, an denen den Gästen diese »Kunst« vermittelt wird.

Als Gast erwartet man sich bereits im Hotel die Begegnung mit dem »Geist von Wien«, und da geht es nicht nur um die schon etwas abgestandene »Melange« aus Sisi-Kult, Schönbrunn, Johann Strauß und Heurigenromantik. Die Gäste sind oft kritischer und gebildeter als vermutet und wissen mehr über manche Dinge als die Wiener selbst. Sehr bewusst greifen daher die Hotels auf Mythen ihrer Geschichte zurück – so das Graben Hotel auf Peter Altenberg oder das Sacher auf seine legendäre Chefin Anna Sacher. Gleichzeitig werden Missliebiges und Schmerzhaftes, wie etwa die Nazi-Zeit, ausgeblendet, verschwiegen oder verdrängt. Der Geist der Vergangenheit wird zwar beschworen – man ist da, wo einst Beethoven weilte und Mozart komponierte, wo sich Arthur Schnitzler und Hugo von Hofmanns-

Wurde zu einem Teil der großen Erzählung von Wien: Anna Sacher, die legendäre Chefin des Hotel Sacher.

thal, Stefan Zweig und Joseph Roth trafen –, aber so ganz scharf ins Auge sehen will man den historischen Fakten dann doch nicht.

Dennoch gilt: Das Wiener Hotel, in das man wieder zurückkehren möchte, bietet mehr als ein Bett zur Nacht. Es beschwört Nostalgie und imperiales Flair, ist ein Ort, der im besten Fall verzaubern und verwandeln kann.

Des is holt aunders bei uns in Wean

Das alte Wien kannte keine Hotels im heutigen Sinn. Wer nicht privat eine Unterkunft fand, war auf einen Einkehrgasthof als Herberge angewiesen. Die kaiserliche Residenzstadt war zwar bekannt für opulentes Essen und Trinken, für die aus der Fremde ankommenden Gäste blieb der Service allerdings bescheiden, das Gastgewerbe konnte mit dem guten Ruf der »Phäakenstadt« an der Donau nicht ganz mithalten.

So liest man etwa über den bekannten Einkehrgasthof »Zum wilden Mann« in der Kärntner Straße 942 (heute 17) in den *Briefen eines reisenden Nordländers*: »Zum wilden Mann heißt das wüste Nest, das einige Reisebeschreiber, die gewohnt sind, den Mund verteufelt voll zu nehmen, närrisch genug, Hotel nennen, das aber dann doch wirklich zu meinem Erstaunen, bei all seiner schmutzigen Gemeinheit von guten, zum Teil recht angesehenen Reisenden von unten bis oben ganz vollgepfropft ist.«

Auch der aus Höchst am Main stammende Schriftsteller und Schauspieler Johann Kaspar Riesbeck, der 1775 in Wien eintraf und bis zum Frühjahr 1777 blieb, war von seiner Unterkunft nicht gerade begeistert. Nachdem er die ersten Stunden in der Hauptstadt des Heiligen Römischen Reiches fast nur »mit Fluchen« zugebracht hatte, nahm er schließlich den »Weg zum ›Ochsen‹, dem allerberühmtesten Gasthof in der Hauptstadt Wien. Da mußte ich wie auf einen hohen Turm hinaufklettern in ein schwarzes Kämmerlein, wo ich keine Luft und keine Aussicht auf die Dächer hatte. Ich fragte um den Preis dieses Loches, und da forderte man sechsundfünfzig Kreuzer des Tages. Ich lief, was ich laufen konnte, den babylonischen Turm wieder herab und fragte nach einem anderen berühmten Gasthaus. Man führte mich in den ›Wilden Mann‹, der immer noch unter die vier bis fünf ersten Gasthöfe der Kaiserstadt Wien gehört, und da habe ich nun eine Art von Gefängnis in Besitz genommen, wo ich durch mein Fenster nichts als schwarze Mauern sehe, worin, außer dem schlechten Bett, einem Tisch und einem Stuhl von schwarzen Tannenbrettern, nicht das geringste befindlich ist, in welches ich nur über vier bis fünf Stiegen kommen kann, und das ich doch täglich mit zweiundvierzig Kreuzern oder beinahe zwei Livres unseren Geldes bezahlen muß« (Johann Kaspar Riesbeck, *Briefe eines reisenden Franzosen*).

Kritisch äußerte sich auch der junge deutsche Autor Heinrich Laube, der zu Beginn der 1830er-Jahre erstmals nach Wien kam und später zum Direktor des Hofburgtheaters aufsteigen sollte: »... kommen die Wiener Gasthäuser aus dem Schlendrian nicht heraus. Es gibt in ganz Wien nur zwei oder drei, die nach Art guter Gasthöfe eingerichtet sind. Alle übrigen sind mehr oder weniger alltägliche Kneipen, wo man nichts findet als mittelmäßige Nachtlager und schlechte Bedienung.« Erzähle man den Wienern, »wie ganz anders und besser das

Nr. 4. Freitag II. Beilage des Neuen Fremden-Blattes. 5. Jänner 1866.

Fremden-Führer.

Stadtpark.

Schatzkammer: Dienstag und Freitag 10—1 Uhr. Anmeldung: Mittwoch und Samstag 10—2 Uhr, Stallburg, 1. Stock.

K. k. Burg: täglich 3—4 Uhr. Hofbibliothek: täglich 10 bis 2 Uhr.

Antikenkabinet: Dienstag und Freitag 10—1 Uhr.

Volksgarten.

Kupferstichsammlung des Herrn Erzherzogs Albrecht Montag und Donnerstag 10—1 Uhr.

Empfehlenswerthe Hotels.

Wien. Hôtel National m. d. Telegraphenbureau i. Hause.

Graz. Lift's grand Hôtel zum Elephanten. Das nächste vom Bahnhofe, 120 Zimmer, Douche u. Wannenbäder, großer Garten, regelmäßiger Omnibusdienst zu allen Eisenbahnzügen.

Leipzig. Hôtel de Bavière.

München. Hotel zu den „vier Jahreszeiten".

Nürnberg. Hôtel du Nord, Haus ersten Ranges. J. F. Schultheiß.

Pest. Hotel zur „Königin von England." Friedrich Steininger.

Venedig. Hôtel Bauer, S. Moise und Grand Hôtel de la Ville am Canal grande, beide mit Salz- und Süßwasser-Bädern, Restauration à la carte, Salons zur Table d'hôte, In- und Ausländer-Weine und Biere, Fremdenführer jeder Sprache, Journale, solide Bedienung in jeder Beziehung.

Hotel Munsch. Belvedere-Galerie: Dienstag und Freitag 10—4 Uhr.

Hotel Frohner in Pest, Ed der Palatin- u. Szechenyigasse. Arsenal kaiserl.: Donnerstag 8 bis 12 Uhr.

Hotel Europe. Arsenal, bürgl.: täglich 9—5.

Hotel zur Stadt Triest, Wien, Wieden, Hauptstraße Nr. 14. Naturalienkabinet: Donnerstag 9—1 Uhr.

Etablissement Schwender. Harrach-Galerie: täglich 9—1 Uhr.

Hotel Lamm. Ambras. Samml.: Dienst. u. Freit. 9—2 U. Sonn- u. Feiert. 10—1 U.

Carl-Theater. Liechtenstein-Gal.: tägl. 9—4 U.

Diana-Saal. Schönborn-Galerie: täglich 9—4 Uhr.

Gartenbaugesellschaft. Czernin'sche Galerie: Donnerstag 9—1 Uhr.

Daum. Kaiserl. Gruft: täglich, ausgenommen Sonntag, 9—11½ Uhr.

Hotel Kaiserin Elisabeth, Stadt.
Graf Schulenberg, k. Kammerherr, Berlin.
Graf Coreth, k. k. Oberlieutenant, Ungarn.
Baronin Th. Mikos s. Familie, Ungarn.
Herr C. Jesurum s. Fr., London.
C. Smith s. Fr., Amerika.
S. Cornelius, Rent., Amerika.
A. Ewington, Rent., England.
G. Dalface, Kfm., Lyon.
C. Villaine s. Frau, Brüssel.
O. Balthasar, Kfm., Brüssel.
W. Masch s. Frau, Opocno.
C. Montandon, Kfm., St. Croix.
V. Kobiersky, Gutsverwalter, Rossitz.
F. Deworetzky, Archit., Kromau.
A. Jerfy, Kfm., Raab.
Frau O. v. Stieglitz, Gutsb.
S. v. Sichart, Private.
L. Haas, Priv., Pest.

Hotel Meißl, Stadt.
Graf Apraxin, Gtsb., Graz.
Gräfin M. Dessewffy, Privat, Tyrnau.
Gräfin Karaczay, Gtsb., s. Fam., Aranjos-Medyes.
Gräfin F. Dessewffy, Gutsbesitzerin, Ungarn.
Baronin Göbel v. Lannoy, Gutsbesitzerin, Marburg.
Herr Dr. Gyervay, Advokat, Preßburg.
H. Forstinger, Gtsb., Gmunden.
A. Marczell, Hofrichter, Felso-Szeli.
M. Popper, Kfm., Preßburg.
F. Forstinger, Priv., Gmunden.

Hotel Viktoria, Wieden.
Prinz von Oldenburg mit Gefolge, Petersburg.
Graf C. Kronnaff, Gutsbesitzer, Petersburg.
Graf Piloth, Kapitän, Australien.
Baron G. Pietschmann, Gutsbesitzer, Moldau.
Ritter v. Girard, Gtsb., s. Fam., Dresden.

Hr. R. Brucha, Oekonom, Moldau.
S. Peitig, Privat, Moldau.
W. Seim, Architekt, Sachsen.
B. Massak, Baumeister, Kanizsa.
M. Juneau, Künstler, Paris.
H. Schwarz, Professor, Graz.
F. Kreuter, Privat, Grieglach.
G. Andriessen, Generaldirektor, Triest.

Hotel Stadt Triest, Wieden.
Graf J. Ypsinac s. Fam., Moldau.
Baron L. Rüger, Gtsb., Babolna.
Ritter J. v. Uranidi, Gutsbesitzer, s. Familie, Siebenbürgen.
Herr v. Paloff, Legationsrath, Rußland.
J. Kraffer, Rentier, London.
L. Mörtell, Auskult., Wartburg.
R. Segar, Fabrikant, Genf.
J. Herois, Graveur, Straßburg.
L. Michl, Baumeister, Dresden.
C. Stubenvoll, Kfm., Orsova.
J. Nowotni, Kaufmann, Prag.
M. Herzog, Kfm., Würzburg.

Hotel zum schwarzen Adler, Leopoldstadt.
Baron Hemberg, Gtsb., Mähren.
Herr S. v. Toth, Gtsb., Ungarn.
R. v. Somsich, Gtsb., Ungarn.
R. v. Rubay, Gtsb., Klausenburg.
L. v. Malbegh, Gtsb., Ungarn.
J. v. Czeke, Grundb., Güns.
M. Haftstein, Kfm., Großwardein.
H. Duschak, Fbkt., Pest.
H. Tandler, Kfm., Triest.
M. Köstler, Kfm., Stockerau.
R. Ornstein, Kfm., Pest.
F. Linde, Kadet, Arad.
A. Gold, Kfm., Brünn.
B. Ledner, Fbkt., Iglau.
B. Sagorz, Kfm., Breslau.
S. Schreiber, Kfm., München.
L. Hutter, Kfm., München.
C. Horst, Fbkt., Regensburg.

Hotel National, Leopoldstadt.
Baron G. Domburg, Privat, Weimar.
Herr W. Rauscher, Hauptmann, Marburg.
B. Günsburg, Opernsänger, Prag.

Herr H. Kronberger, Kfm., St. Pölten.
J. Rüger, Fruchth., Szered.
J. Deutsch, Ochsenh., Neuhäusl.
M. Drat, Handelsm., Mähren.
S. Rechnitzer, Kfm., Körmend.
S. Günsburg, Lieferant, Prag.
Ch. Leguin, Rentier, Paris.
M. Frankl, Kfm., Gran.
S. Klug, Kfm., Szered.
M. Pfeiffer, Kfm., Raab.
M. Kohn, Kfm., Raab.
S. Bretholz, Kfm., Neutitschein.
F. Gyurmann, Kfm., Preßburg.
J. Wolkenstein, Handelmann, Brünn.

Hotel Nordbahn, Leopoldstadt.
Baron Inhof, k. k. Hauptmann, Korneuburg.
Hr. Stefan, k. k. Oberlieutenant, Szegedin.
H. Fried, Kfm., London.
C. Milson, Kfm., Liverpool.
C. Hladik, Bahninspektor, Reichenberg.
J. Fürst, Kfm., Bisenz.
L. Engel, Kfm., Pest.
G. Pfing, Gastwirth, Lemberg.
C. Haschke, Obermüller, Ungarn.
M. Gallon, Kfm., Metz.
S. Tallion, Künstler, Frankreich.
F. Peteolog, Kfm., Walachei.
H. Domke, Kfm., Belgrad.
F. Stoffi, Handelsagent, Ragusa.
A. Loutre, Proprietair, Kurland.
G. Bono, Schiffer, Dalmatien.
R. Pollak, Kfm., Pest.
S. Goldberger, Handelsmann, Prag.

Hotel Kronprinz, Leopoldstadt.
Herr N. Pandelly, Kfm., Bukarest.
M. Ullman, Kfm., Galacz.
F. Ditrich s. Sohn, Brünn.
L. Kracher, Kfm., Jassy.
J. Ribesch, Privat, Prag.
G. Speisner, Hausbes., Prag.
M. Anschuld, Ing., Bayreuth.
F. Ditmar, Priv., Schärding.
R. Hastorfer s. Frau, Znaim.
L. Millevitz, M.-Dr., Laibach.

Neue Welt. Staatsdruckerei: Während d. Winterm. Besichtig. eingestellt.

K. k. Stallungen: täglich, ausgenommen Sonntag, 1—3 Uhr.

Stadt-Wappen. Polytechnik: Samstag 10—1 Uhr.

Mineralienkabinet: Mittwoch und Samstag 10 bis 1 Uhr. Museum: täglich 10—2 U.

Sperl. Josephinum: Sonntag 11—12½ Uhr.

Prinzen, Grafen & Barone: Die Ankunft prominenter Gäste in den ersten Hotels der Stadt wurde von Zeitungen wie dem »Neuen Fremden-Blatt« penibel registriert und von der Leserschaft offenbar auch mit Neugier verfolgt.

im Ausland sei, so lächeln sie, gähnen etwas und sagen ungestört: ›Des is holt aunders bei uns in Wean!‹«

Casanova und das unbenützte Bett

Mit dem »Ochsen« meinte der vorhin zitierte Johann Kaspar Riesbeck das Gasthaus »Zum goldenen Ochsen« in der Seilergasse Nr. 1113, heute Seilergasse 14, das ab 1830 »Zur Stadt Frankfurt« hieß. 1766 stieg hier ein Mann ab, der in Wien nicht den allerbesten Ruf genoss: Giacomo Casanova. Der Held zahlreicher galanter Abenteuer kam am ersten Weihnachtsfeiertag des Jahres 1766 in Begleitung einer jungen Dame in Wien an; zuvor hatte man vier Tage gemeinsam in Prag verbracht. Die hübsche Reisegefährtin gab sich als Mademoiselle Blasin, von Beruf Modistin, aus. Im Wissen um die strengen Vorschriften der Wiener Sittenwächter orderte Casanova, der 1753 das erste Mal in Wien gewesen war, zwei Zimmer, die nebeneinander lagen, »sodaß« er, wie er später in seinen Memoiren schrieb, »kein Hindernis sah, mit ihr zu schlafen«.

Wie geplant verbrachte er die Nacht bei Mademoiselle Blasin, die sich eigentlich Madame Castelbajac nannte, die ehemalige Geliebte des Abenteurers Marquis Louis de Castelbajac war und natürlich keine Modistin. Alles schien nach Plan zu laufen, doch beim Frühstück, Mademoiselle war noch im Negligé, gab es eine unangenehme Überraschung – Besuch von Beamten der Keuschheitskommission:

»Gleich am nächsten Morgen um acht Uhr, als wir miteinander Kaffee tranken, traten zwei Männer bei ihr ein.

›Wer sind Sie, Madame?‹

›Ich heiße Blasin.‹

›Wer ist dieser Herr?‹

›Fragen Sie ihn selber.‹

›Was machen Sie in Wien?‹

›Ich trinke Milchkaffee, wie Sie sehen.‹

›Wenn der Herr nicht Ihr Gatte ist, werden Sie binnen vierundzwanzig Stunden abreisen.‹

›Der Herr ist nur mein Freund, und ich werde abreisen, wann es mir gefällt, es sei denn, daß man mich mit Gewalt fortschafft.‹

›Gut. Wir wissen, Monsieur, daß Sie ein Zimmer für sich haben. Aber das ist einerlei.‹

Einer von den beiden Bütteln ging in mein Zimmer; ich folgte ihm.

›Was wollen Sie hier?‹

›Nur Ihr Bett ansehen. Wie ich bemerke, haben Sie nicht darin, sondern bei Ihrer Freundin geschlafen.‹

›Zum Teufel nochmal! Ich habe weder allein, noch mit jemand geschlafen. Was soll diese abscheuliche Spitzelei?‹

Er begab sich wieder in das Zimmer der Blasin und wiederholte den Befehl, binnen vierundzwanzig Stunden abzureisen, und beide entfernten sich.«

Aufgebracht ließ Casanova einen Fiaker und einen Lohndiener kommen, die Mademoiselle Blasin zum französischen Gesandten Laurent Bérenger brachten; dieser versicherte ihr, dass sie ruhig in Wien bleiben könne – Mademoiselle wollte trotzdem sofort nach Straßburg abreisen. Der Wirt des »Goldenen Ochsen« hatte inzwischen »Befehl erhalten«, der Blasin ein Zimmer anzuweisen, das nicht an jenes Casanovas stieß. Mit dieser Bedingung konnte das Paar gut leben, und da die Postkutsche nach Straßburg erst am 30. Dezember abfuhr, war alles gut: »Trotz dieser schikanösen Polizei haben wir die vier Tage und Nächte, die sie noch in Wien blieb, zusammen gegessen und geschlafen.« Der Wirt selbst besorgte für Mademoiselle Blasin einen Platz in der Kutsche, und Casanova übersiedelte am Neujahrstag 1767 in das Haus seines Bekannten Franz Leopold Schrötter auf der Landstraße Nr. 64. Er ahnte nicht, dass dieser Aufenthalt in Wien noch einigen Ärger für ihn bereithalten sollte ... (Giacomo Casanova, *Geschichte meines Lebens*).

Von Hotelspionen und einem Gast, der nie mehr auscheckte

Charles Sealsfield, einer der schärfsten Kritiker des Metternich-Staates, wies in seiner bitteren Anklageschrift *Austria as it is* (»Österreich wie es ist«) darauf hin, dass auch die Hotels und Gasthöfe in Wien vom alles durchdringenden Spitzelwesen nicht frei waren: »Jeder Hoteldiener ist ein bezahlter Spion; es gibt Spione, welche dafür entlohnt werden, Wirtshäuser und Hotels aufzusuchen und an der Wirtstafel zu horchen.« Wie sehr das freie Wort auch im Hotel verpönt war, bekam etwa der Maler Moritz Michael Daffinger zu spüren, der im Hotel Erzherzog Carl zu essen pflegte. Als er einmal bei einem gemeinsamen Mittagessen mit Franz Grillparzer lautstark über die Polizei zu schimpfen begann, wurde das der Behörde zugetragen, und Daffinger wurde für seine »frechen Äußerungen« mit drei Tagen Arrest bestraft. Für den honorigen Hofkammerbeamten Grillparzer endete die Affäre mit einer Rüge.

Eine bedeutende Rolle spielte der Gasthof »Zu den drei Hacken« in der Renngasse 1, der in den 1660er-Jahren von Wilhelm Radlmayer (zuvor Wirt im renommierten Matschakerhof in der Spiegelgasse) geführt wurde. Dort wohnten im 18. Jahrhundert adelige Kavaliere aus Sachsen und Böhmen, die sich auf Tour durch Europa befanden. 1814, im ersten Jahr des Wiener Kongresses, wurde aus dem Gasthaus »Zu den drei Hacken« das Hotel »Zum römischen Kaiser«, das sich bald bei Diplomaten und Staatsmännern großer Beliebtheit erfreute; so stieg etwa der König von Württemberg hier ab. Im Festsaal des Hauses dirigierte Beethoven einige Konzerte und 1818 feierte Franz Schubert im »Römischen Kaiser« mit *Schäfers Klagelied* einen ersten Erfolg. 1820 kam schließlich ein Gast, der für immer bleiben sollte: Salomon Mayer von Rothschild, der Stammvater des Wiener Welthauses Rothschild. Begleitet wurde er, der als Jude in Wien noch kein Haus erwerben durfte, von seinem Diener Meller und seinem Sekretär und späteren Prokuristen Moritz Goldschmidt; vom Hotel aus führte man das Bankhaus *S. M. v. Rothschild*, das bald mehr Platz benötigte – Rothschild, der »Zahlmeister« Metternichs, mietete immer mehr Zimmer und schließlich das ganze Haus. 1844 wurde es ihm schließlich doch erlaubt, das Gebäude zu kaufen; der Hotelbetrieb wurde bis 1887 weitergeführt.

Die Situation der Wiener Hotellerie blieb auch nach 1848 – trotz einiger tatkräftiger Pioniere wie Philipp Klier (Hotel National) oder Franz Xaver Munsch (Hotel Munsch) – unbefriedigend; ein Wien-Reiseführer aus dem Jahr 1867 nannte 17 Hotels ersten Ranges, darunter das »Hôtel Meissl« in der Kärntner Straße 24 und das »Hôtel Wandl« am Petersplatz 12, und 20 Häuser zweiten Ranges, darunter die »Weiße Rose« (heute das Hotel Stefanie) und die Einkehrgasthöfe in der Wiedner Hauptstraße (»Goldenes Lamm«, »Stadt Ödenburg«, »Stadt Triest«, »Drei Kronen«, »Goldenes Kreuz«) – das sei allerdings, so merkte der Reiseführer an, nicht einmal die Hälfte der Hotels, die es in Wien gebe *(Vienne. Ses monuments, musées, curiosités, environs).*

Den »großen Sprung nach vorne« sollte wenige Jahre später die Weltausstellung bringen. Noch am 15. September 1871 musste die *Wiener Weltausstellungs-Zeitung* kritisch feststellen: »Eine große Anzahl Fremder nämlich, namentlich solche, welche nur wenige Tage hier zu verweilen gedenken und solche, deren Mittel es ihnen erlauben, sich größere Ausgaben zu gestatten, werden die Wohnung im Hotel allen anderen vorziehen. Da müssen wir nun allerdings im Namen von Wien sehr bedauern, daß diese Fremden bittere Erfahrungen machen werden. Es steht nämlich fest, daß in ganz Wien nicht zehn Hotels existieren, welche einigermaßen bescheidenen Ansprüchen genügen ... Unsere Hotels in Wien sind so unbequem eingerichtet, so vernachlässigt, so erbärmlich bewirthschaftet, daß wir stets auf den Gedanken gekommen sind, der Wirt und seine Dienerschaft sännen mit einem gewissen Raffinement darüber nach, auf welche Weise dem Fremden der Aufenthalt möglichst unangenehm gemacht werden könnte.«

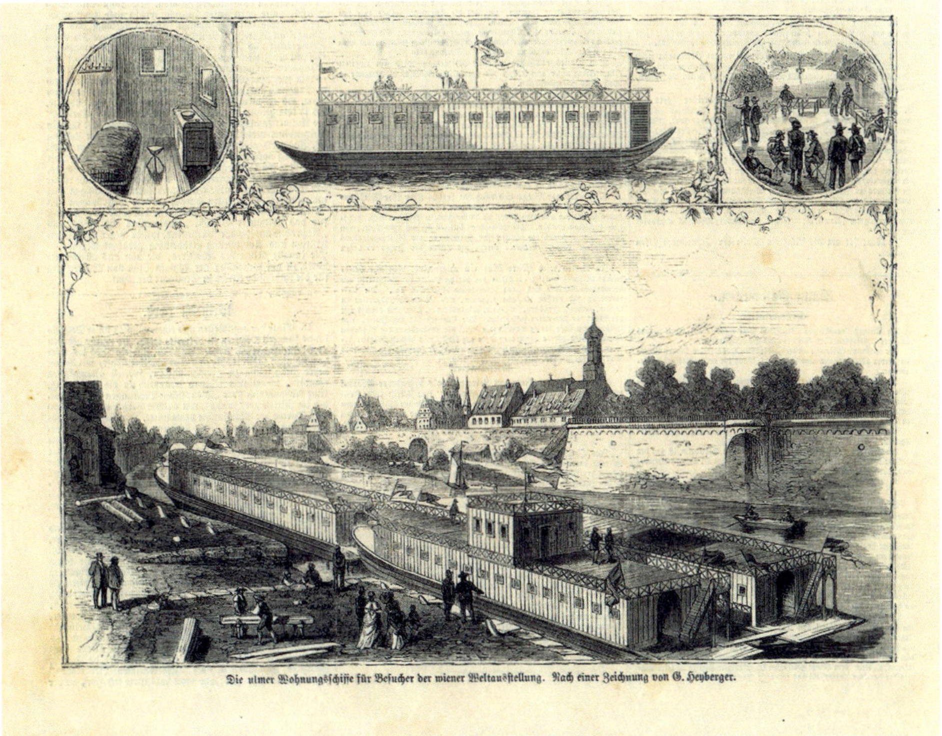

Schwimmende Herbergen als Notlösung: Die eigens für die Weltausstellung des Jahres 1873 gebauten »Ulmer Wohnungsschiffe« verfügten jeweils über 26 bis 28 Kabinen mit ein oder zwei Betten. Die Hotel-Flottille ging im Donaukanal vor Anker. Nach einer Zeichnung von G. Heyberger, Illustrirte Zeitung, 12. April 1873.

Für Investoren und Hoteliers, die das große Geschäft witterten, begann ein fieberhafter Wettlauf um Standorte und Kapazitäten: Die »Hotelisierung« der Ringstraße kam in Gang (Grand Hotel, Hotel Imperial), Unternehmer wie Carl Wimberger setzten auf die Nähe zu einem Bahnhof, und erstmals schlossen sich Industrielle und Bankfachleute zu einer Aktiengesellschaft zusammen, um ein Hotelprojekt (Hotel Métropole) zu finanzieren.

Keine Platzkarten für das WC

Die Kritik verstummte allerdings nie ganz. In seinen Erläuterungen zum nie verwirklichten Projekt »Hotel Wien« schrieb Otto Wagner: »Es ist leider eine nicht zu leugnende Tatsache, dass das Hotelwesen in Wien ziemlich im Argen liegt und die Errungenschaften, die das Ausland auf diesem Gebiet machte, in Wien wenig Nachhall gefunden haben.« Ganz entschieden trat Wagner für

Wichtiger Fortschritt in der Hygiene: Das Zimmermädchen arbeitet bereits mit einem Staubsauger. Entwurf Otto Wagners für ein Hotelzimmer für das Projekt »Hotel Wien am Karlsplatz«, 1913. Sammlung Wien Museum.

eine wesentliche und heute selbstverständlich scheinende Neuerung ein: Jedes Hotelzimmer müsse einen Nebenraum mit Waschgelegenheit besitzen. Der Architekt fand klare Worte: »Es geht nicht an, für die Benützung des 00 ›Platzkarten‹ auszugeben oder die warme Brille des Vorgängers zu benützen oder durch andere Dinge in der peinlichsten Weise belästigt zu werden« (Otto Wagner, *Hotel Wien, Erläuterungen*). Hygiene und Komfort, »größtmögliche Reinlichkeit« und »größtmögliche Bequemlichkeit«, müssten die absoluten Leitlinien bei der Ausstattung der Zimmer »im Geiste und Geschmack unserer Zeit« sein. Ganz in diesem Sinne diskutierte Wagner das Thema »Hotelbau« mit seinen Schülern und ließ sie Entwürfe zeichnen; fünf davon wurden 1908 in der Zeitschrift *Der Architekt* publiziert.

Noch radikaler und weitgehender waren die Forderungen, die der Architekturkritiker Josef August Lux in seinem Essay *Das Hotel, ein Bauproblem* an das moderne Großstadt-Hotel stellte: »Das Haus funktioniere maschinenmäßig, wie ein tadellos konstruierter Apparat«; »Hygiene und Reinlichkeit« müssten »klinischen Anforderungen« entsprechen. »Prachtstiegen«, die nur einer »nicht angebrachten Repräsentation« dienen würden, seien daher durch »gut zugängliche Fahrstühle« zu ersetzen, sperrige Möbel seien zu vermeiden und die Räume dürften nicht zu hoch sein, »all die mechanischen und elektrischen Systeme, die das Haus mit Nervensträngen durchziehen«, müssten einer »organischen Zweckmäßigkeit« dienen. Lux, der der Meinung war, dass Wien überhaupt kein modernes Hotel besaß, forderte zwar, dass »künstlerische Aspekte der Gestaltung« hinter der »technischen Durchführung und Planung« zurücktreten sollten, für die Umsetzung seiner Vorstellungen rief er jedoch trotzdem wieder nach Künstlern (Monika Holzer-Kernbichler, *Das Hotel als Unterkunft der Moderne*).

Noch 1911 hielt Friedrich Rucker, Ministerial-Vizesekretär im k. k. Ministerium für öffentliche Arbeiten, in einem vielbeachteten Vortrag im Niederösterreichischen Gewerbeverein fest: »Der Vorsprung fremder Staaten in der Entwicklung des Hotelwesens lockt viele Österreicher ins Ausland.« Er nannte folgende Zahlen bezüglich der Wiener Beherbergungsbetriebe, wobei er sich auf eine im Jahre 1909 durchgeführte Zählung stützte: 144 Hotels, 84 Pensionen und 38 Gasthöfe stellten zusammen rund 11.000 Betten zur Verfügung. 1910 stiegen 603.884 Fremde in den Wiener Hotels ab; bei einer durchschnittlichen Aufenthaltsdauer von drei Tagen bzw. vier Nächten bedeutete das eine Zimmerauslastung von ca. 66 Prozent.

Rucker, der die anwesenden Hoteliers wohl nicht vor den Kopf stoßen wollte, räumte zwar ein, dass die österreichischen Hotels und Hotelrestaurants qualitativ »durchschnittlich gut geführt« waren, kritisierte aber die »Unzulänglichkeit der Gesellschaftsräume und sanitären Einrichtungen«, die »Gegenstand zahlreicher Klagen« seien. Vor allem aber gehe es nicht an, dass sich Häuser zweiten und dritten Ranges in ihrer Werbung als Hotels ersten Ranges bezeichneten.

Die Heimat und die Welt, die Fremde und die Nähe

Nach dem Ersten Weltkrieg brach für die Wiener Hotels eine neue Ära an: Der Markt wandelte sich, die betuchten Aristokraten und Geschäftsleute aus den Kronländern, ehemals ein wichtiger Teil des Publikums, blieben zunehmend aus; allmählich stieg jedoch die Zahl der Gäste aus Westeuropa und aus den USA. Und es war auch die Epoche jener Hotelgäste, die keine Heimat mehr hatten, die geflüchtet oder, wie Joseph Roth, zurückgekehrt waren von den Schlachtfeldern des Ersten Weltkrieges und sich als Heimkehrer wie die »auferstandenen Toten« fühlten. Für sie, die Entwurzelten und Heimatlosen, war das Hotel die neue Heimat. Joseph Roth, der den Untergang seines Vaterlandes, der österreichisch-ungarischen Monarchie, »des einzigen, das ich je besessen«, nie verwinden konnte, beschrieb sich daher konsequent als »Hotelbürger« und »Hotelpatriot«. Eindrücklich wie kein anderer formulierte er: »Wie andere Männer zu Heim und Herd, zu Weib und Kind heimkehren, so komme ich zurück zu Licht und Halle, Zimmermädchen und Portier – und es gelingt mir immer, die Zeremonie der Heimkehr so vollendet abrollen zu lassen, daß die einer förmlichen Einkehr ins Hotel gar nicht beginnen kann« (Joseph Roth, *Ankunft im Hotel*).

Für viele wurde schließlich ein Wiener Hotelzimmer zur letzten Station vor dem Weg ins Exil, zum letzten geschützten Ort auf der Flucht vor den Nazis. »Hier in der Halle bleibe ich sitzen. Sie ist die Heimat und die Welt, die Fremde und die Nähe, meine ahnungslose Galerie« (Joseph Roth, *Ankunft im Hotel*). Dieses tröstende Gefühl des Zu-Hause-Seins im Hotel wurde dem verzweifelten Dichter vom Schicksal jedoch nur kurz gewährt …

Begegnung mit der Sehnsuchtslandschaft Wien im Fin de Siècle: das marmorverkleidete Foyer des Hotel Bristol.

Ausgewählte Literatur

Giacomo Casanova, Chevalier de Seingalt: Geschichte meines Lebens. Herausgegeben und kommentiert von Günter Albrecht in Zusammenarbeit mit Barbara Albrecht. 10. Band. München, 1987

Das Österreich-Buch. Über Auftrag des Bundespressedienstes herausgegeben von Ernst Marboe. Wien, 1948

Hans Magnus Enzensberger: Eine Theorie des Tourismus. In: Einzelheiten I, Bewusstseins-Industrie. Frankfurt am Main, 1962, S. 179–205

Monika Holzer-Kernbichler: Das Hotel als Unterkunft der Moderne. In: Festschrift für Götz Pochat. Zum 65. Geburtstag herausgegeben von Johann Konrad Eberlein. Wien, 2007, S. 273–280

Siegfried Kracauer: Die Hotelhalle. In: Siegfried Kracauer: Das Ornament der Masse. Frankfurt am Main, 1977, S. 157–170

Heinrich Laube: Reise durch das Biedermeier. Herausgegeben und mit einem Nachwort von Franz Heinrich Körber. Hamburg, 1965

Joseph August Lux: Das Hotel, ein Bauproblem. In: Der Architekt, Jg. 1909, S. 17–20

Gunther Martin: Zu Gast in Wien. Wien-München, 1980

Ralf Nestmeyer: Hotelwelten. Luxus, Liftboys, Literaten. Stuttgart, 2015

Cees Nooteboom: Nootebooms Hotel. Frankfurt am Main, 2000

Johann Friedrich Reichardt: Briefe eines reisenden Nordländers. Geschrieben in den Jahren 1807 bis 1809. Köln (Cöln), 1812

Johann Kaspar Riesbeck: Briefe eines reisenden Franzosen über Deutschland. Herausgegeben und bearbeitet von Wolfgang Gerlach. Stuttgart, 1967 (Originalausgabe: Zürich, 1783)

Joseph Roth: Ankunft im Hotel. Zitiert nach Joseph Roth: Ich zeichne das Gesicht der Zeit. Essays, Reportagen, Feuilletons. Herausgegeben und kommentiert von Helmuth Nürnberger. Zürich, 2013, S. 302–307 (Erstdruck in: Frankfurter Zeitung, 19. Januar 1929)

Friedrich Rucker: Das Hotelwesen im In- und Auslande. In: Der Fremdenverkehr, 7. Mai 1911, S. 9–11; 14. Mai 1911, S. 4–9

Oskar Franz Scheuer: Das moderne Hotel. In: Leo Schidrowitz (Hrsg.): Sittengeschichte des Hafens und der Reise. Wien-Leipzig, 1927, S. 233-260.

Raoul Schrott: Hotels. Innsbruck, 1995

Charles Sealsfield: Österreich wie es ist oder Skizzen von Fürstenhöfen des Kontinents. Herausgegeben von Primus-Heinz Kucher. Wien, 1997

Hasso Spode: Eine kurze Geschichte des Hotels. Zur Industrialisierung der Gastlichkeit. In: Nikola Langreiter, Klara Löffler, Hasso Spode (Hrsg.): Das Hotel. Berlin, 2011 (= Voyage. Jahrbuch für Reise- und Tourismusforschung 9), S. 10–31

Vienne. Ses monuments, musées, curiosités, environs suivis d'une histoire abrégée de cette capitale. Wien, 1867 (Gerold)

Otto Wagner: Hotel Wien, Erläuterungen. In: Otto Antonia Graf: Otto Wagner. Das Werk des Architekten 1903–1918. Band 2. Wien, 1994, S. 619

Imperiales Flair, Noblesse und Wiener Gemütlichkeit in eleganter Symbiose: das Hotel Stefanie, einst der Einkehrgasthof »Zur weißen Rose«.

Hotel Stefanie
Taborstraße 12

Das älteste Hotel Wiens

Die Entscheidung für den Namen »Hotel Stephanie« fiel vor dem Drama von Mayerling am 30. Januar 1889. Doch dann war der Name »Stephanie« plötzlich verpönt. Der Schatten von Kronprinz Rudolfs Suizid verdunkelte auch das Bild der Kronprinzessin, die mit 25 Jahren zur Witwe geworden war. Aber Carl Witzmann, der neue Besitzer des ehemaligen Einkehrgasthofes »Zur weißen Rose«, stand zu seiner Entscheidung. Heute steht die Büste der unglücklichen Prinzessin aus dem Hause Sachsen-Coburg in der Lobby des Hotel Stefanie – eine Schutzpatronin, die durchaus Glück brachte.

Der »Untere Werd« war einst eine Insel vor der Stadt, nur spärlich besiedelt, genützt als Viehweide und Holzreservoir. Das änderte sich mit der Errichtung der ersten Brücke über den Hauptarm der Donau (1439): Es entstand eine durchgehende Verbindung vom Rotenturmtor über die Schlagbrücke (heute: Schwedenbrücke) bis zur Donaubrücke, die beim heutigen Gaußplatz ansetzte und von einem »Tabor«, einer Befestigungsanlage, geschützt wurde. Beim Tabor wurde die Maut für die Donaubrücke eingehoben. Der Fernverkehrsweg durch den unteren Werd hieß zunächst »Kremser Straße«, im 16. Jahrhundert wurde der Name »Taborstraße« üblich; meist sprach man im Zusammenhang mit dem unteren Werd auch nur von der »Hauptstraße« oder »Hauptgasse«.

Schon 1433 hatte Herzog Albrecht V. dekretiert, dass Durchreisende in den Herbergen der Residenzstadt zu übernachten hatten. Das hatte zur Folge, dass sich in der Taborstraße, einer wichtigen Ausfallsstraße nach Nordosten, eine Reihe von Einkehrgasthöfen ansiedelte. Die Taborstraße wurde im Laufe der Zeit zu einer wahren »Hotelavenue« (Richard Perger) und zu einem »wichtigen Commercial-Platze«, an dem es dennoch meist zu wenige »Einkehrörter für Fremde von allen Nationen« gab (Alois Groppenberger von Bergenstamm, *Geschichte des unteren Werds*).

Bereits um 1430 wurde, wie Marion Luger in ihrer *Geschichte des Hotels Stefanie* dokumentiert hat, für den heutigen Standort ein Haus erwähnt, Besitzer war der Kauf-

↖ Die Habsburger blicken herab: das Restaurant »Stefanie«, zugleich der große Festsaal des Hotels. Zwei versenkbare Trennwände können den Saal in drei Räume teilen.

← Der Hofgarten. Ein laut Tafel etwa 130 Jahre alter Götterbaum (links im Bild) spendet hier Schatten.

↗ Seit Jahrhunderten im Verbund der Taborstraße eine fixe Adresse: das Hotel Stefanie auf Nummer 12.

↗ Entspannter Empfang mit Wiener Charme: die Rezeption.

Die »Hotelavenue« Alt-Wiens: Blick in die Taborstraße in Richtung Innenstadt, im Vordergrund links Kloster und Kirche der Barmherzigen Brüder. Stich von Carl Schütz und Johann Ziegler, um 1798.

mann, Ratsherr und spätere Bürgermeister von Wien Hans Haringseer. Ein Grundbucheintrag vom 8. Juli 1600 markiert dann die »Geburtsstunde« des »Einkehrorts« in der Taborstraße 12: Der »Gastgeb« (Herbergswirt) Christoff Freischlag und seine »eheliche Hausfraw« Margaretha wurden als neue Besitzer der Liegenschaft verzeichnet. Wenn man davon ausgeht, dass Christoff Freischlag tatsächlich gleichzeitig mit dem Erwerb des Hauses auch einen Gasthof eröffnete, so gab es seit dem Jahr 1600 an diesem Standort durchgehend einen Beherbergungs- bzw. Hotelbetrieb – das Hotel Stefanie darf sich daher mit Recht als das »älteste Hotel Wiens« bezeichnen. Zu Beginn des Dreißigjährigen Krieges, und zwar im Jahre 1621, tauchte dann – ebenfalls in einem Grundbucheintrag – erstmals der Schildername »Zu der Weissen Rosen« auf; der Besitzer war der »Gastgeb« Wolff Ernst. Die Besitzer und Besitzerinnen wechselten, der Einkehrgasthof mit dem Rosen-Symbol am Beginn der Taborstraße wurde zu einem Fixpunkt unter den Herbergen der Leopoldstadt. 1779 fand er sich im »Verzeichnis der öffentlichen und berühmtesten Gast- und Einkehrhäuser, wo man mit oder ohne Wagen beherbergt werden kann«; der Eigentümer war zu diesem Zeitpunkt ein gewisser Carl Bridel *(Gemein-*

nütziges Schema der kaiserl. königl. Haupt- und Residenzstadt Wien).

Wie ein Bauplan aus dem Jahr 1829 zeigt, war die »Weiße Rose« ursprünglich vom Grundriss her ein typischer langgestreckter Einkehrgasthof mit der Einfahrt in der Taborstraße und der Ausfahrt in der Großen Mohrengasse. Das Gebäude war einstöckig, im vorderen Trakt befanden sich die Gästezimmer, im hinteren die Wirtschaftsräume und die Pferdestallungen. Nach der Erweiterung (ab 1829) verfügte der Gasthof über insgesamt 90 Pferdestellplätze, wobei, wie Willibald Fuchs feststellte, »zu diesem Zeitpunkt etwa 2 Pferdestellplätze auf ein Gästezimmer entfallen sind«.

In den Zimmern standen wohl häufig zwei oder mehr Betten; in der zweiten Hälfte des 18. Jahrhunderts wurden dann Einzelzimmer auch in den Wiener Gasthöfen zunehmend üblich.

Osmanische Einquartierung

Am 14. August 1719 war es wieder einmal so weit: Eine osmanische »Großbotschaft« hielt ihren Einzug in Wien. Zwei Jahre zuvor, 1717, hatte Prinz Eugen die Festung Belgrad erobert, im Frieden von Passarowitz (1718) hatte die Hohe Pforte Belgrad und einige weitere Gebiete an die Habsburgermonarchie abtreten müssen.

Die Gesandtschaft Sultan Ahmeds III. sparte nicht mit Pracht und Prunk, ganz Wien war auf den Straßen, um die Parade der Osmanen nicht zu versäumen: Angeführt wurde der Zug von kaiserlichen Hatschieren und einer Kompanie der Bürgerschaft, dann folgten Wagen und Packtiere, die Leibwachen und das Gefolge und schließlich der Großbotschafter Ibrahim Pascha, der Beglerbeg von Rumelien, begleitet vom Obersthofmarschall und dem »Spesierungs-Commissarius«, dessen Aufgabe es war, die Gäste vom Bosporus zu betreuen. Den Abschluss bildeten die Janitscharen-Musikkapelle, kaiserliche Kürassiere und ungarische Husaren. Über 800 Mann waren es, die auf einer genau festgelegten Route durch die Stadt zogen – vorbei an der Favorita, der kaiserlichen Sommerresidenz, von der aus Karl VI. und seine Familie den Aufzug unbemerkt beobachten konnten, über den Kohlmarkt und den Graben, den Stephansplatz, die Rotenturmstraße und die Schlagbrücke hinaus in die Leopoldstadt. Das *Wienerische Diarium* berichtete: »Montag/den 14. Augusti. Heute Nachmittag/hatte der unlängst zu Schwechat angelangte Türkische Groß Botschafter/Ibrahim Bassa, &c. dahier seinen öffentlichen Einzug durch die Stadt über die Schlagbrucken in die Leopoldstadt/nach seinem Logement/zum goldenen Lambel/ in beygehender Ordnung gehalten/davon/ sonderlich wegen der prächtigsten Einholung und Empfangung/dergleichen wenig gesehen worden ...« In seiner Ausgabe vom 23. August 1719 präsentierte das *Wienerische Diarium* dann die detaillierte »Einzugs-Ordnung« – sie umfasste 35 Positionen.

Sein Hauptquartier bezog Ibrahim Pascha, wie im *Diarium* angeführt, im Gasthof »Zum Goldenen Lamm« in der Praterstraße 7, dem späteren Hotel Continental; die Begleitmannschaft und der riesige Tross – er umfasste neben über 600 Pferden etwa 200 Kamele und rund 100 Maultiere – wurden auf weitere Gasthöfe in der Leopoldstadt aufgeteilt. Auch in der »Weißen Rose«, damals schon einer der renommiertesten Beherbergungsbetriebe Wiens, herrschte Hochbetrieb: Gleich vierzig Mann hatte man vom Spesierungs-Commissarius, Herrn Johann André von Harenne, zugeteilt bekommen, dazu noch hundert Pferde, die es ebenfalls zu versorgen galt. Weitere Quartiere befanden sich im »Goldenen Ochsen« (später das Hotel National), im »Schwarzen Adler«, im »Goldenen Hirschen« oder auch im Gasthof »Zum Blauen Igel«.

Die Leopoldstadt verwandelte sich in ein kleines türkisches Heerlager, täglich rollten über die Schlagbrücke die Transporte mit Lebensmitteln und Futter für die Tiere zu den Gasthöfen. Der Aufwand für Ibrahim Paschas Großbotschaft war enorm: So erhielten die Osmanen täglich 1.125 Pfund Schaffleisch, zwölf Lämmer, zwei Kälber, je 30 alte und junge Hühner, je sechs Truthennen und Truthähne, vier Enten, drei Gänse und zehn Tauben. Weiters mussten u. a. 850 »Laibel« Brot, 45 Pfund Semmeln, 1.012 ½ Pfund Reis, 270 Pfund Schmalz, 6 ¾ Pfund frische Butter, 85 ½ Pfund feines Mehl, 90 Pfund Salz und 78 ¾ Pfund Kaffee geliefert werden (Richard Perger, Ernst Dieter Petritsch, *Der Gasthof »Zum Goldenen Lamm« in der Leopoldstadt und seine türkischen Gäste*).

Am 4. September 1719 absolvierte Ibrahim Pascha, der bei den Friedensverhandlungen in Passarowitz als osmanischer Bevollmächtigter mitgewirkt hatte und zuvor Kommandant der Leibwache des Sultans gewesen war, in der Favorita seine Antrittsaudienz beim Kaiser; wieder bewegte sich ein bunter Zug durch die Stadt, wieder gab es viel zu bestaunen. Der Gasthof »Zum Goldenen Lamm« war ganz nach türkischem Geschmack mit Teppichen und Pölstern eingerichtet worden, und auch in den anderen Unterkünften versuchte man, es den Osmanen so angenehm wie möglich zu machen. Im Oktober feierten die Gäste das große Bayramfest, wobei die schaulustigen Wiener die Tanzvorführungen und die Darbietungen der Janitscharenkapelle besonders genossen; der Großbotschafter schlachtete mit eigener Hand ein Schaf. Die Gasthöfe in der Leopoldstadt blieben bis zum Frühjahr 1720 fest in osmanischer Hand; erst am 9. Mai 1720 verließ Ibrahim Pascha mit seiner Entourage Wien – diesmal wählte man den Schiffsweg über die Donau: Nicht weniger als 27 Schiffe wurden bei der Schlagbrücke Richtung Belgrad abgefertigt, dazu kamen noch etliche Proviantschiffe.

Dem Spesierungs-Commissarius blieb die undankbare Aufgabe, mit den Gasthöfen die

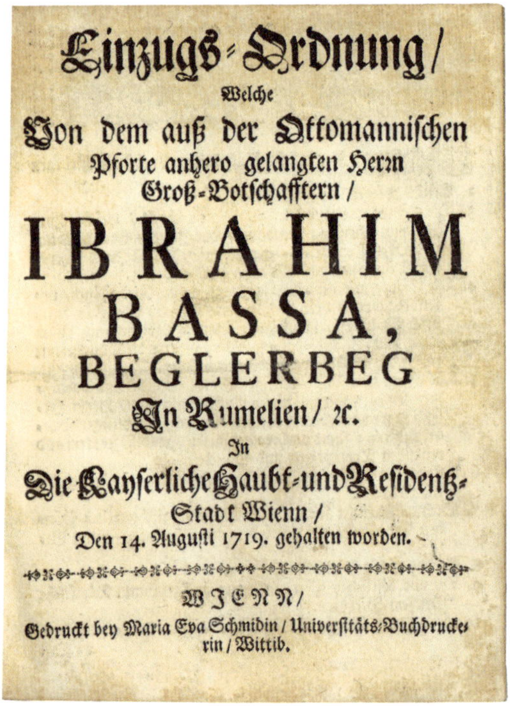

Einzugs-Ordnung /
Welche
Von dem auß der Ottomannischen Pforte anhero gelangten Herrn Groß-Botschafftern /
IBRAHIM BASSA, BEGLERBEG
In Rumelien / ꝛc.
In
Die Kayserliche Haubt- und Residentz-Stadt Wienn /
Den 14. Augusti 1719. gehalten worden.
WJENN /
Gedruckt bey Maria Eva Schmidin / Universitäts-Buchdruckerin / Wittib.

Ein Spektakel, das Wien in Atem hielt: der Einzug des »ottomanischen« Großbotschafters Ibrahim Pascha (1719). Die imposante »Einzugs-Ordnung« wurde in einer eigenen Druckschrift dokumentiert.

Der Hofgarten nach dem Ersten Weltkrieg. Pächter des Restaurant-Betriebs war damals der Gastronom Moritz Operer. Ansichtskarte, um 1920.

»Spesen« abzurechnen, wobei es über die Höhe des Entgelts nicht selten zu Streit kam. Bezahlt wurden die Kosten für die Einquartierung der Großbotschaft wie immer von der Hofkammer.

Vom Einkehrgasthof zum Hotel

In den 1830er-Jahren kamen die Gäste noch mit der Postkutsche, doch das sollte sich bald ändern. Im Januar 1838 fuhren auf der Kaiser Ferdinands-Nordbahn die ersten Züge, die Mobilität der Bevölkerung erhielt einen gewaltigen Schub. Für die Einkehrgasthöfe in der Leopoldstadt bedeutete das: mehr Gäste, weniger Pferde. Mit »beträchtlichen Anstrengungen« (Marion Luger, *Die Geschichte des Hotels Stefanie*) versuchten die langjährigen Besitzer, das Ehepaar Johann und Josefa Schröder, dieser neuen Situation gerecht zu werden. 1872 ließ man die Pferdeställe auf der rechten Seite abreißen und an ihrer Stelle eine Portierloge und eine Portierwohnung errichten. Bereits 1859 hatte man den Vorderteil des linken Traktes auf drei Stockwerke ausgebaut, nun folgte auch der hintere Teil; der zur Taborstraße gelegene Trakt wies schon seit 1838 drei Etagen auf.

Das Haus hatte nun insgesamt 110 Gästezimmer, eine stolze Zahl für den ehemaligen Einkehrgasthof. Für Johann und Josefa Schröder war klar, dass es an der Zeit war, den Namen ihrer Herberge zu ändern: Aus dem Gasthof »Zur weißen Rose« wurde das »Hotel Schröder«.

Wohl 1880 begann ein tüchtiger junger Mann, der Sohn eines Gasthausbesitzers in Vöslau, im Hotel zu arbeiten und zu wohnen: Carl Witzmann (1857–1911), der Urgroßvater des heutigen Besitzers Dr. Martin Schick. Acht Jahre später, 1888, wurde Witzmann

Miteigentümer, bereits 1892 war er Alleineigentümer, ebenso umsichtig wie energisch betrieb er den Aufstieg des Hotels. Die neue Ära verlangte auch einen neuen Namen – Carl Witzmann entschied sich für »Hotel Stephanie«. (In den folgenden Abschnitten wird die heutige Schreibweise »Stefanie« verwendet.)

Wichtig für Automobilisten

Seit 1882 fuhr die Pferdetramway durch die Taborstraße und verband das Hotel Stefanie direkt mit dem Nordwestbahnhof. Ab 1900 verkehrte dann die »Bim«, die elektrische Straßenbahn – die Großstadt erhöhte das Tempo der Bewegung. In einem Inserat des Hotels, das 1904 wiederholt im *Pilsner Tagblatt* erschien, ist von »Omnibus und Strassenbahn nach allen Richtungen und Bahnhöfen vor dem Hause« die Rede. Im Jahre 1907 lancierte der Hotelbesitzer Carl Witzmann in mehreren Tageszeitungen, so etwa im *Pilsner Tagblatt* vom 18. November, eine Annonce, in der erstmals auf ein besonderes neues Service hingewiesen wurde: »Wichtig für Automobilisten: Garage und Chauffeur-Wohnungen im Hause« – ein Indiz dafür, dass man nun zunehmend auch Gäste begrüßen durfte, die nicht mit dem Fiaker oder der Tramway vom Bahnhof kamen, sondern mit dem eigenen Automobil anreisten. Von Omnibus und Straßenbahn war keine Rede mehr. Der Hinweis auf die Chauffeurwohnungen verrät auch: Wer sich ein Auto leisten konnte, fuhr meist nicht selbst, sondern ließ sich standesgemäß chauffieren. Bezeichnend dafür ist die Reklametafel, die man damals anfertigen ließ und die heute in einer Glasvitrine beim Hoteleingang ausgestellt ist. Sie zeigt die moderne neue Welt der Leopoldstadt: ein elegantes Ehepaar, das sich im offenen Automobil durch die belebte Taborstraße fahren lässt – genau die Kundschaft, die man ansprechen wollte.

Zuvor schon hatten die Radfahrer im Hotel einen Stützpunkt gefunden: Das Stefanie

Die Reklametafel aus der Zeit um 1907, heute in einer Glasvitrine beim Hoteleingang ausgestellt, zeigt die moderne neue Welt der Leopoldstadt. Das elegante Ehepaar im Automobil darf da nicht fehlen.

war »Clublocal« des Wiener Radfahrklubs »Continental 1898«. Obmann des Klubs war Gustav Handl.

Im Vergleich zu den Ringstraßenhotels kam das Übernachten im Stefanie günstig: Ein Einzelzimmer im ersten Stock gab es für 1,80 Gulden, im zweiten Stock für 1,60, im dritten für 1,40 Gulden, Licht und Service inbegriffen – je höher also, desto billiger, denn noch gab es keinen Lift.

Vor dem Affenhaus

Wie in anderen Hotels gab es auch im Stefanie Bemühungen, durch zusätzliche Attraktionen den Umsatz weiter zu heben: Als 1896 die »Budapester Orpheumgesellschaft« ihre alte Spielstätte, das Hotel »Zum Schwarzen Adler«, Taborstraße 11, verlassen musste, bot sich das gegenüberliegende Hotel Stefanie als idealer neuer Standort an. Der große Saal des Hauses wurde für die Aufführungen adaptiert, eine Bühne wurde eingerichtet, ab September 1896 wurde gespielt. Das Ensemble, das ganz auf Kabarett und Komik in jiddisch gefärbtem Wienerisch setzte, erfreute sich beim Publikum bald großer Beliebtheit, sodass man sich 1898 dazu entschloss, den Saal zu vergrößern. Das *Illustrirte Wiener Extrablatt*, das die Darbietungen im Hotel Stefanie mit Empathie verfolgte, berichtete am 8. April 1900: »Noch vor Beginn der Vorstellung ist der ganze Saal des ‚Hotel Stephanie' allabendlich ausverkauft und dies mag als der beste Beweis dafür gelten, wie gut man sich bei den Vorstellungen der ‚Budapester' unterhält, denn man kommt wahrlich nicht aus dem Lachen heraus.«

Der Mann, der das Wiener Publikum in Scharen ins Hotel Stefanie lockte, hieß Heinrich Eisenbach (1870–1923), war ein gebürtiger Leopoldstädter und einer der populärsten Kabarettisten und Groteskkomiker seiner Zeit. »Wamperl« – so Eisenbachs Spitzname – war von 1894 bis 1914 Mitglied der Budapester Orpheumgesellschaft und wurde vor allem durch seine Tanzcouplets und Grotesktänze bekannt, die er häufig zusammen mit seiner Frau Anna präsentierte. 1903 verließ die »Budapester Orpheumgesellschaft« das Stefanie und übersiedelte in das Hotel Central, Taborstraße 8; ihr Star Heinrich Eisenbach blieb dem Stefanie jedoch treu: 1907 gründete er »Eisenbach's Budapester Varieté« und bezog mit ihm die altbekannte Spielstätte. Das *Illustrirte Wiener Extrablatt* (14. August 1907) scheute nicht mit Vorschusslorbeeren, nannte ihn den »ungekrönten König der Leopoldstadt« und schrieb: »Für das, worüber das Publicum lachen mag, hat Eisenbach eine ganz ungemeine Begabung. Da muß so manche Theatergröße zurückstehen. Ob man gerade in irgendeinem schönen Schauspielhaus spielt – darauf kommt es wahrlich nicht an: Edle Römermimen (sic) oder ‚Lozzelachs' erzählen – können muß man was. Eisenbach kann viel«. Heinrich Eisenbach trat zwar auch weiter mit der »Budapester Orpheumgesellschaft« auf, von der er sich erst 1914 im Streit trennen sollte, sein Herzensprojekt war aber nun sein eigenes Ensemble. Das *Illustrirte Wiener Extrablatt* begleitete seine Arbeit auch weiterhin; so erfuhr man am 12. Oktober 1907 Genaueres über die geplanten Attraktionen: »Die Direction dieses beliebten Etablissements ist stets bemüht, dem Publicum das Neueste und Beste zu bieten. So ist es ihr wieder gelungen, einen Schlager ersten Ranges zu bekommen. ‚Vor dem Affenhaus' betitelt sich die actuellste deutschamerikanische Affaire und dieser Schlager kann durch

14 Tage am Programm bleiben, um einer neuen Sache, von der bereits die Proben im Zuge sind, Platz zu machen. ‚Vor dem Affenhaus' gelangt am 16. d. M. zur ersten Aufführung.« Mit der »neuen Sache« meinte das *Extrablatt* die »parodistische Posse« *Walzers Traum*, die »nach den Proben zu schließen, sich als Schlager der Saison entpuppen dürfte«. Das Interesse des Wiener Publikums für die Spektakel im Stefanie war jedenfalls immens: »Da der Andrang zur Abendkassa ein zu großer ist, wurde von der Direction beschlossen, den Kartenvorverkauf zu vergrößern und sind Karten zu jeder Vorstellung schon acht Tage vorher beim Portier des ‚Hotel Stefanie' (Taborstraße Nr. 12) und im Central-Kartenbureau Kehlendorfer, 1. Bezirk, Krugerstraße Nr. 3, zu haben, worauf wir das P. T. Publicum Besonders aufmerksam machen« (*Illustrirtes Wiener Extrablatt*, 15. Oktober 1907).

Eisenbach und seine Truppe feierten im Hotel Stefanie wahre Triumphe. Gleich fünfzigmal en suite wurde ihr Sensationserfolg, die Posse *Erbsen, Bohnen, Scholet, Eier*, aufgeführt. Am 6. März 1908 gab es vor ausverkauftem Saal aus diesem Anlass eine Festvorstellung; am 24. März 1908 folgte die umjubelte Premiere der Parodie *Pfui Teufel* mit Eisenbach als Mephisto. Felix Salten, der wohl ein begeisterter Augenzeuge dieser Auftritte war, würdigte Eisenbachs Genie: »Er war Improvisator, Rhapsode, Stegreifdichter und Darsteller seiner selbst. Diese Art gedeiht heute nur in seltenen Exemplaren, nur da und dort, in Singspielhallen und ähnlichen Lokalen. Er war, in unserer Zeit, das vollendetste Exemplar dieser Gattung« (Felix Salten, *Eisenbach*).

Das »Affenthema« griff Heinrich Eisenbach, der in zweiter Ehe mit Mizzi Telmont (eigentlich Maria Pfleger), der Schwester Mia Mays, verheiratet war, noch einmal auf: 1915 drehte er unter der Regie seines Schwagers Joe May den Stummfilmstreifen *Charly, der Wunderaffe*.

Ein »kleiner Mann, über den Millionen Menschen gelacht haben«: Der »Jargonkomiker« Heinrich Eisenbach feierte im Hotel Stefanie große Erfolge.

Der »kleine Mann, über den Millionen Menschen gelacht haben« (*Der Tag*, 15. April 1923), starb am 14. April 1923 mit nur 53 Jahren in seiner Wohnung in Hietzing an Bauchspeicheldrüsenkrebs; in seinem Nachruf in der *Stunde* am 17. April 1923 sah Anton Kuh in Heinrich Eisenbach, »diesem Genierepräsentanten der Gattung ‚Schlieferl', ein wahrhaftig völkerversöhnen-

Führte das Hotel durch schwierige Zeiten: Mathilde Witzmann, die Witwe Carl Witzmanns und Urgroßmutter des heutigen Hausherrn, leitete das Hotel von 1911 bis 1926.

des Element der alten Monarchie: Er gab den Juden die Wiener preis, den Wienern die Juden und beiden (als Einlage): Ungarn, Tschechen, Polen.«

Ein Schilling pro Nacht und Bett

Nach dem frühen Tod von Carl Witzmann (1911) übernahm die Witwe Mathilde Witzmann, geborene Obrist (1867–1948), die Leitung des Hotels; ihre jüngste Tochter Stefanie, geboren 1896, verheiratet mit dem Arzt Dr. Karl Schick, erwarb 1926 die Hotelkonzession und folgte ihr in der Führung der Geschäfte nach. Die Lachstürme des Varietés waren inzwischen dem politischen Streit gewichen, das Hotelgeschäft litt unter den wirtschaftlichen Bedingungen. Nach dem sogenannten »Anschluss« konnte sich auch das Hotel Stefanie nicht den Zumutungen der neuen Herren verschließen. So rollte etwa im April 1941 unter dem Leitwort »Mit Adolf Hitler für das Reich und Europa« eine »Versammlungswelle« über Wien, am 16. April 1941 sprach Kreisleiter Heinl um 20 Uhr im Festsaal des Hotel Stefanie zu dem genannten Thema.

Nachdem eine Fliegerbombe im Herbst 1944 das Gebäude beschädigt hatte, wurde der Betrieb eingestellt, und Stefanie Schick ließ das Hotel verbarrikadieren; die schweren Kämpfe um den nahen Donaukanal zwischen der SS und den Sowjets im April 1945 überstand das Haus zum Glück unbeschadet. Das Hotel diente nach Kriegsende als Herberge für sowjetische Offiziere, wobei die Familie Schick für jeden Offizier einen Schilling pro Nacht bekam. Bei 110 Zimmern und zwei Stockbetten pro Zimmer verdiente Stefanie Schick bis zu 440 Schilling pro Tag (Marion Luger, *Die Geschichte des Hotels Stefanie*).

Doch inmitten der Düsternis der Nachkriegszeit regte sich das politische Leben der Zweiten Republik. Am 24. November 1945 sprach Altbürgermeister Karl Seitz im Hotel Stefanie. Am 15. November 1946 fand zum Auftakt des SPÖ-Parteitags eine Versammlung im Stefanie statt, bei der Julius Deutsch, Reinhard Machold aus der Steiermark und der norwegische Minister Langhelle als Redner auftraten.

Und auch die jüdische Gemeinschaft Wiens meldete sich zurück: Am 8. April 1948 veranstaltete der »Verband der jüdischen

Kaufmannschaft, des Gewerbes und der Industrie« in den Festsälen des Hotel Stefanie eine »Kultuswähler-Massenkundgebung«.

Fußballerquartier in der Nachkriegszeit

In den Jahren 1949/1950 kam es offenbar zwischen dem Österreichischen Fußballbund (ÖFB) und dem Hotel Stefanie zu einer engen Zusammenarbeit. So warb Teamchef Walter Nausch (1907–1957) in einem Inserat der »Festschrift« zum Länderspiel gegen die Türkei am 20. März 1949 für das Hotel, das »von der internationalen Sportwelt bevorzugt« werde (zitiert nach Marion Luger, *Die Geschichte des Hotels Stefanie*). Das Stefanie wurde zu einem Stützpunkt der Nationalmannschaft, die hier mehrmals »kaserniert« wurde.

Aber auch ausländische Klubmannschaften schätzten dieses Hotel als Unterkunft: Im Februar 1949 bezogen die Spieler und Funktionäre von Roter Stern Belgrad im Stefanie Quartier. Am 12. Februar traten sie zu einem Freundschaftsspiel gegen die Admira auf dem Wacker-Platz an, das Spiel endete vor 7.000 Zuschauern mit einem torlosen Remis. »Die Gäste waren wohl in der ersten Hälfte leicht, nach Seitenwechsel deutlich überlegen, aber im Strafraum der Admira waren sie meist mit ihrem Latein zu Ende«, schrieb das *Neue Österreich* in seiner Kritik zum Spiel (13. Februar 1949). Am Tag darauf trafen die Belgrader Fußballer im Stadion auf die Austria und siegten vor 25.000 Zuschauern mit 5:2 – »schnell, technisch ausgezeichnet und fintenreich war ihr Spiel«, lobte das *Neue Österreich* (15. Februar 1949); die Tore für die unterlegene Austria schossen Melchior und Aurednik.

Man setzte im Stefanie auf Wien und Rot-Weiß-Rot: der Gepäckaufkleber des Hotels, um 1935.

Das Hotel Stefanie genoss bei den jugoslawischen Kickern offenbar einen besonders guten Ruf, denn nur wenige Wochen später kam die Mannschaft von Dynamo Zagreb nach Wien, und auch die Kroaten stiegen am 7. März 1949 im Hotel in der Taborstraße ab.

Eine Wiener Institution

In den Jahren nach dem Staatsvertrag (1955) »rissen die Umbauarbeiten nicht ab« (Marion Luger, *Die Geschichte des Hotels Stefanie*), Stefanie Schick und ihr Sohn Dr. Stefan Schick ließen den Trakt zur Taborstraße um zwei weitere Geschosse aufstocken; 1965 standen den Gästen bereits 220 Betten zur Verfügung. 1970 folgte ein weiterer großer Umbau. Die Familie Schick – 1992 übernahm in vierter Generation Dr. Martin Schick das Hotel – setzt in Abgrenzung zu den Kettenhotels sehr bewusst auf den »Geist der Vergangenheit«. Antiquitäten, die diesen »Geist« transportieren, u. a. eine vollständige Waschgarnitur der Kronprinzessin Stephanie, alte Uniformen, antike Uhren und Bücher, schaffen das passende Ambiente. Die Tradition ist im Hotel Stefanie lebendig geblieben.

Ausgewählte Literatur

Willibald Fuchs: Beiträge zur Entwicklung des Beherbergungswesens in Wien während der ersten Hälfte des 19. Jahrhunderts. Dipl.-Arb. Wien, 1990

Gemeinnütziges Schema der kaiserl. königl. Haupt- und Residenzstadt Wien. Zum Nutzen für In- und Ausländer. Wien, 1779

Alois Groppenberger von Bergenstamm: Geschichte des unteren Werds, oder der heutigen Leopoldstadt. Aus Urkunden gezogen. Wien, 1812

Anton Kuh: Eisenbach. In: Die Stunde, 17. April 1923, S. 5

Marion Luger: Die Geschichte des Hotels Stefanie. Seit 1600 erste Adresse für Wiener Gastlichkeit. Herausgegeben von der Schick-Hotels Betriebs GmbH. Wien, 2016

Richard Perger, Ernst Dieter Petritsch: Der Gasthof »Zum Goldenen Lamm« in der Leopoldstadt und seine türkischen Gäste. In: Studien zur Wiener Geschichte. Jahrbuch des Vereins für Geschichte der Stadt Wien. Band 55. Herausgegeben von Ferdinand Opll und Karl Fischer. Wien, 1999, S. 147–172

Felix Salten: Eisenbach. In: Ruth Beckermann: Die Mazzesinsel. Wien, 1992, S. 90

Hans Veigl: Luftmenschen spielen. Jüdisches Kabarett in Wien 1890–1938. Wien, 1992

Georg Wacks: Die Budapester Orpheumgesellschaft. Ein Varieté in Wien 1889–1919. Wien, 2002

Andreas Weigl: Vom Einkehrgasthof zum Hotel. Indikatoren des Wandels des Angebots im frühneuzeitlichen Beherbergungsgewerbe am Übergang zur Moderne. In: Ferdinand Opll/Martin Scheutz (Hrsg.): Fernweh und Stadt. Tourismus als städtisches Phänomen. Innsbruck-Wien-Bozen, 2018, S. 111–134

Die Situation am Neuen Markt um 1880: Die alte Mehlgrube hat sich in das Hotel Munsch verwandelt, rechts davon der Nachfolgebau des »Weißen Schwan«, im Hintergrund das Palais Schwarzenberg. Foto von August Stauda, Sammlung Wien Museum.

Zum weißen Schwan
Kärntner Straße 24/Neuer Markt 6

In meine Herberg ritt ich froh

Einer alten Sage nach soll einst Ulrich von Liechtenstein, der Minnesänger und edle Ritter, in diesem Gasthof abgestiegen sein: Als Göttin Venus verkleidet, mit einem »Kranz von weißen Rosen auf dem Haupte«, traf er am 17. Mai 1227 in Wien ein, Hadmar der Kuenringer und Diet von Lengenbach, der Domvogt zu Regensburg, begrüßten ihn mit einer starken Ritterschar vor den Toren der Stadt. Über seine Ankunft in der babenbergischen Residenz vermerkte Ulrich nur: »In meine Herberg ritt ich froh.« Der stets in weißen Samt gekleidete Abenteurer, der auch als »Österreichs weißer Schwan« bezeichnet wurde, soll im Schildnamen »Zum weißen Schwan« verewigt sein.

Zweifellos erregte der Aufenthalt des Minnesängers in Wien ungeheures Aufsehen – die Farbe Weiß war geradezu sein Markenzeichen: Seine Knappen trugen Kleidung aus weißem Tuch, die Pferde seines Gefolges weiße Wappendecken, und die Sättel waren »silberblank«, wie Moriz Bermann in *Alt- und Neu-Wien* zu erzählen weiß. Wenn Ulrich von Liechtenstein »zur Kirche ging, umgaben ihn edle Frauen und dienten der Königin Venus«. Ulrichs große Mission, der er wohl auch in Wien treu blieb: Er lehrte die Ritter den »Frauendienst«. Vor der Herberge, in der er abstieg, wurden ihm zu Ehren Ritterspiele abgehalten, wobei folgende Regel galt: »Welcher Ritter gegen sie (= die Frau Venus) kömmt und einen Speer entzwei sticht, dem gibt sie zum Lohne ein gülden Ringlein, das solle er dem Weibe senden, das ihm die liebste ist. Wirft die Frau Venus einen Ritter aus dem Sattel, der soll sich nach den Enden der Welt neigen einem Weibe zu Ehren; würde aber ein Ritter sie selbst sattellos machen, so soll derselbe alle Rosse erhalten, welche sie mit sich führt« (Moriz Bermann, *Alt- und Neu-Wien*).

Bezeugt ist, dass das Haus sich ab dem 14. Jahrhundert im Besitz des Heiligengeist-Spitals befand und später private Besitzer wie den Stadtschreiber Franz Iglshofer und seine Frau Margarethe hatte. Seit dem Jahr 1700 bestand an dieser Adresse ein Einkehrwirtshaus, das im Besitz der Erben des kaiserlichen Rates und Superintendenten Hanns Georg Harditsch war. Um 1780 zählte es zu den vornehmsten Gasthöfen der Stadt, hier konnte man »mit Pferd und Wagen, auch mehrerem Gefolge beherbergt und zugleich mit Lehenlakaien und Stadtlehenwägen bedient werden« (zitiert nach Felix Czeike, *Der Neue Markt*). Dass die Geschäfte gut liefen, bezeugen die Steuerleistungen des Gasthofs, die um die Mitte des 18. Jahrhunderts »auf 40 bis 50 Gulden« betrugen.

Fix Laudon!

Die alte habsburgisch-vaterländische Geschichtsschreibung vergaß auch nicht zu erwähnen, dass anno 1742 Gideon Ernst von Laudon (1717–1790), der spätere Feldmarschall, im »Weißen Schwan« wohnte. Laudon, der in russischen Diensten in den Steppen am Dnjepr gegen Krimtataren und Türken gekämpft hatte, soll hier vom berühmt-berüchtigten Pandurenobersten Franz von der Trenck (1711–1749) »aufgefunden« und angesprochen worden sein: Trenck bot dem jungen russischen Offizier eine Hauptmannsstelle in seinem Korps an – der Beginn von Laudons Aufstieg zu einem der Kriegshelden Maria Theresias.

Zuvor hatten frühere Kameraden versucht, ihn zum Dienst in der preußischen Armee zu überreden; eine Audienz bei König Friedrich II. verlief allerdings nicht besonders erfolgreich. Friedrich soll ihn scharf angeblickt und zu seinen begleitenden Offizieren gesagt haben: »La physiognomie de cet homme ne revient pas« – eine Entscheidung, die ihn um ein Haar sein Königreich gekostet hätte. Der Lexikograf Constantin von Wurzbach, der im Übrigen darauf beharrte, dass die Schreibung »Loudon« die einzig richtige sei, betonte, dass Laudon am »wüsten Treiben« der Panduren im Österreichischen Erbfolgekrieg keinen Anteil gehabt hätte. Nach der Schlacht von Soor am 30. September 1745 verließ Laudon die Pandurentruppe für immer; Trenck, der 1748 zu lebenslänglichem Gefängnis auf dem Spielberg in Brünn verurteilt wurde, sollte er schließlich vor Gericht wiedersehen.

Das bekannte Fluchwort »Fix Laudon!« soll Maria Theresia geprägt haben – das kann allerdings nicht 1740 gewesen sein, wie auf *Wikipedia* zu lesen ist: Beim Angriff Friedrichs II. auf Schlesien war der Livländer Laudon noch Offizier der Zarin Anna Iwanowna.

Vornehme Herren und vornehme Jägerinnen

Wer in geschäftlichen Angelegenheiten in der rumpelnden Postkutsche nach Wien kam – von »Tourismus« im modernen Sinne war noch keine Rede – und ausreichend Geldmittel zur Verfügung hatte, suchte nach einer »feinen Adresse«, und da stand der »Weiße Schwan« an vorderster Stelle. Wie zeitgenössische Stimmen dokumentierten, war das in der stolzen Kaiserstadt kein einfaches Unterfangen. So musste Johann Pezzl in seiner *Skizze von Wien*, erschienen in sechs Heften von 1786 bis 1790, lakonisch feststellen: »Die Gasthöfe oder Wirtshäuser in Wien sind für unsere Zeiten und für eine solche Stadt ohne Bequemlichkeit und Eleganz; das läßt sich auf seine Weise weder leugnen noch bemänteln.« Man wird Pezzl gerne Glauben schenken; gegen seine eindrückliche Wien-Beschreibung, so behauptete der Buchhändler und Antiquar Franz Gräffer, sei sogar Merciers *Gemälde von Paris (Tableau de Paris)* nur »oberflächliches Gewäsch«.

Der Gast, so Pezzl, finde hier nur »einen unsauberen Hof, schon mit einer Wagenburg von zwanzigerlei Fuhrwerken überlagert, schmutzige, finstere Treppen, viel Geschrei, Lärmen und Verwirrung, dunkle Zimmer, mit altväterlichen oder gar keinen Möbeln eingerichtet. Nachdem er seine Geduld an Warten, vergeblichen Rufen usw. eine Weile geübt hat, bekommt er es mit einem Kellner in einem grünen Jäckchen, runden, ungepuderten Haaren und schmierigem Vortuch zu tun, der ihm gleichsam aus Gnaden ein nicht besser eingerichtetes Zimmer anweist, dabei eine Miene macht, als ob ihm gar nicht viel an seinem neuen Gast gelegen sei und ihn daselbst in der lieben Einsamkeit sitzen läßt ...«

Einem anonymen Reisenden aus Bayern, der seine Eindrücke später zu Papier brachte, hatte man den »Schwan« empfohlen, und so glaubte er, dort ein Haus wie das berühmte Hôtel de Saxe in Paris vorzufinden – doch weit gefehlt: »Wie sehr fand ich mich getäuscht«, schrieb der junge Mann, »statt jener Eleganz, jener Bequemlichkeit, die auf jedes Bedürfniß gerechnet ist, Eigenschaften, die man gleichsam die Kardinaltugenden jener Hotels nennen könnte, und die dem ästhetischen Sinne des feineren Reisenden so wohl thun, vorzufinden, fand ich in obgenanntem Hause gerade das Gegentheil von allen diesen. Ein äußerst ekelhaf-

»In diesem Gasthaus steigen sehr viele vornehme Herren ab«: der Einkehrgasthof »Zum weißen Schwan« am Neuen Markt. Aquarell von E. Hutter, um 1750. Sammlung Wien Museum.

ter Geruch, bewillkommte meine Geruchsnerven, ein schmutziger Hofraum, wo sich die Küche nahe an den Viehställen befand, both sich meinen ersten Blicken in der Perspektive dar. Unreinliche und schmale Treppen führten zu meinem Zimmer, und die Dienerschaft des Hauses harmonierte mit dem Ganzen. Ich fühlte mich in meinen gespannten Erwartungen so unangenehm getäuscht, daß ich von einem nicht gemeinen Grade böser Laune beschlichen ward, und zürnte in Gedanken auf diejenigen, welche mir dieses Haus angepriesen hatten. Ich hätte mich sogleich nach einer andern Auberge begleiten lassen, wann nicht ein rechtlicher Mann, auch ein Fremder, der meine Absicht zu errathen schien, sich mir genähert und mich versichert hätte, ich würde meinen Zustand durch eine Translocation keineswegs verbessern, denn Wien litte an guten Gasthöfen völligen Mangel.« So machte der junge Reisende gute Miene zum bösen Spiel: »Ganz mechanisch ließ ich mich zu meinem Zimmer begleiten, das keineswegs dazu geeignet war, die ersten widrigen Eindrücke zu verwischen. Ich faßte im Geheim sogleich den Vorsatz, den mir ertheilten Rath ein Privatquartier betreffend, wo möglich noch heute ins Werk zu setzen.« Die wenig erbaulichen Eindrücke bei der ersten Mahlzeit im »Weißen Schwan« verstärkten dann diesen Entschluss: »Ein Tischtuch, worauf noch die Spuren der gestrigen Abendmahlzeit zu sehen waren, sehr grobe Servietten, kurz, der ganze Tischapparat war nicht weniger als Appetit erregend; was sollte ich machen? ... Kaum hatte ich an der fast vollzähligen Tafel Platz genommen, als ein dienstfertiger Kellner sogleich hinter meinen Sessel trat und mir mit einer unbeschreiblichen Zungenfertigkeit den ganzen Küchenzettel dieses Mittagsmahls, der wenigstens aus dreyßig Speisen bestand, her harangirte ...« *(Bemerkungen oder Briefe über Wien eines jungen Bayern auf einer Reise durch Deutschland an eine junge Dame von Stande).*

Der Aufklärer und Schriftsteller Joseph Richter, der die Wiener Leserschaft mit seinem legendären *Taschenbuch für Grabennymphen* für das Jahr 1787, einem »Ratgeber« für Prostituierte, verwirrte, fügte seinem Büchlein ein »Verzeichniß der Gasthäuser, welche die stärkste Einkehr haben« bei, und an erster Stelle liest man hier: »Der Schwan am neuen Markt. In diesem Gasthaus steigen sehr viele vornehme Herren ab, auf die freilich vornehmere Jägerinnen lauern, als ihr seyd. Indessen könnet ihr doch um die Fruhstückzeit bey den Fenstern vorbeystreichen. Grosse Herren haben verschiedene Launen, und wie oft tragen sie nicht die Stiefel am liebsten, die ihr Lakey oder Läufer ausgetretten hat?«

Beethoven schmeckt das Lungenbratel nicht

Der große Umschwung im »Weißen Schwan« kam mit einem neuen Wirt: 1802 verkaufte der aus Göllersdorf im Weinviertel stammende Franz Anton Munsch das Wirtshaus »Zur Roten Ente« auf der Wieden, das seine Frau Anna Maria in die Ehe mitgebracht hatte, und übernahm den »Weißen Schwan«, der unter seiner Führung eine neue Blüte erlebte. Munsch war ein großer Patriot und verpflegte 1809 während des Krieges gegen Napoleon in seinem Gasthof das vierte Wiener Freiwilligenbataillon unentgeltlich. Er ließ den Gasthof umbauen, in den Extrazimmern im ersten Stock zogen nun »Eleganz und Geschmack« ein, wie die *Eipeldauer-Briefe* im Jahre 1804 berichteten: »Glastüren à la Hotel de Paris, schöne ›Trapperien‹ und manefike *(sic)* Luster und Kandelaber, dann wunderschöne Tapeten und Öfen.« Zu den Stammgästen im »Weißen Schwan« zählte auch Ludwig van Beethoven, der hier zwischen 1798 und 1813 immer wieder zum Essen kam. Ferdinand Ries, ein Schüler Beethovens und einige Zeit hindurch auch sein Sekretär, hat folgende Episode überliefert: »Eines Tages saßen wir im Gasthaus ›Zum Schwanen‹ zu Mittag; der Kellner brachte eine unrechte Schüssel. Kaum hatte Beethoven darüber einige Worte gesagt, die der Kellner eben nicht bescheiden erwiderte, als er die Schüssel (es war ein sogenanntes Lungenbratel mit reichlicher Brühe) ergriff und sie dem Kellner an den Kopf warf. Der arme Mensch hatte noch eine große Zahl Portionen verschiedener Speisen auf seinem Arm (eine Geschicklichkeit, welche die Wiener-Kellner in einem hohen Grade besitzen) und konnte sich daher nicht helfen; die Brühe lief ihm das Gesicht herunter. Er und Beethoven schrieen und schimpften, während alle anderen Gäste laut auflachten. Endlich brach Beethoven beim Anblick des Kellners los, da dieser die über das Gesicht triefende Sauce mit der Zunge aufleckte, schimpfen wollte, doch lecken mußte und dabei die lächerlichsten Gesichter schnitt. Ein eines Hogarth würdiges Bild« (zitiert nach F. G. Wegeler, Ferdinand Ries, *Biographische Notizen über Ludwig van Beethoven*).

Stieg mit ihren Kindern und August Wilhelm Schlegel im Weißen Schwan ab: Madame de Staël. Porträt von Marie Eléonore Godefroid nach François Gérard, 1813.

Nach seinem Tod (1837) hinterließ Munsch, wie Felix Czeike dokumentiert hat, ein beträchtliches Vermögen von 17.332 Gulden; sein Sohn Franz Xaver Munsch (1797–1862) führte den Betrieb weiter.

Im Vormärz befand sich beim »Weißen Schwan« eine viel frequentierte Stellwagenstation. Von hier fuhr zwischen 7 und 19 Uhr zu jeder vollen Stunde der Stellwagen nach Hietzing, weiters gab es Fahrten nach Hernals, Hütteldorf, Meidling und Mödling. Wochentags alle eineinhalb Stunden und am Sonntag sogar alle Stunden ging ein Stellwagen zum Hirschenwirt nach Neuwaldegg, einem beliebten Ausflugsziel, wo es »stets hoch herging« (Felix Czeike, *Der Neue Markt*).

Grande entreprise de Vienne

Im Gasthof am Neuen Markt herrschte Hochbetrieb: Am 28. Dezember 1807 traf Madame de Staël in Gesellschaft August Wilhelm Schlegels und ihrer Kinder Albert und

Albertine sowie ihres Sekretärs Eugène Uginet in Wien ein; zum Standort für die *grande entreprise de Vienne*, wie sie in einem Brief schrieb, wurde der »Weiße Schwan«. Von der Unterkunft war sie offenbar nicht besonders angetan, doch das war nicht entscheidend: Wien empfing sie mit »offenen Armen« (Roger Paulin, *August Wilhelm Schlegel*), und sie feierte ein Wiedersehen mit dem jungen Grafen Maurice O'Donnell, den sie 1805 in Venedig kennengelernt und nicht vergessen hatte. Madame wurde von Kaiser Franz und Außenminister Graf Stadion empfangen, die Familien Lobkowitz, Liechtenstein, Lubomirski und Potocki luden sie ein; sie selbst veranstaltete *thés* und *dîners* und glänzte mit dramatischen Darbietungen ihrer eigenen Stücke. Mit der Hilfe O'Donnells gelang es ihr, ihren Sohn Albert in einer Schule unterzubringen, in der er die Prüfung für die Militärakademie ablegen konnte.

Engen Kontakt hielt Madame de Staël auch zu Prinz Charles-Joseph de Ligne, auch er berühmt für seinen Esprit. Der Buchhändler Franz Gräffer hat eine bezeichnende Anekdote überliefert: »Frau von Staël herbergt im Schwan. Der Prinz eilt, sie zu besuchen. Sie entschuldigt sich, in keinem anständigeren Lokal empfangen zu können. ›Wenn man‹, entgegnete der Prinz, ›bei Corinnen ist, befindet man sich stets auf dem Parnaß‹«, wobei sich de Ligne auf Madame de Staëls Roman *Corinne ou l'Italie* bezog (Franz Gräffer, *Kleine Wiener Memoiren und Wiener Dosenstücke*).

Daneben arbeitete Madame de Staël auch an der Fertigstellung ihres großen Buches *De l'Allemagne* und suchte nach einem Posten für Friedrich Schlegel, den Bruder ihres treuen Begleiters und Erziehers ihrer Kinder. Friedrich saß zusammen mit seiner Frau Dorothea in Köln und wartete auf Hilfe – immerhin gelang es ihr, bei Kaiser Franz eine Audienz für August Wilhelm Schlegel am 6. Mai 1808 zu erwirken.

Das *Morgenblatt für gebildete Stände* schrieb am 3. Mai 1808 über die prominente Besucherin: »Madame Staël wird, wie es heißt, länger hier bleiben, als sie anfänglich Willens war; auch mag die zuvorkommende, gefällige Art, womit alle Klassen der hiesigen gebildeteren Stände ihr begegnen, nicht wenig dazu beytragen, ihr den Aufenthalt in Wien angenehm zu machen. Diese seltene Frau ist eben so liebenswürdig als geistreich, und je weiter sie davon entfernt ist, durch ihre Ueberlegenheit imponiren zu wollen, desto mehr Heiterkeit und Leben bringt sie durch ihr mit allen Reizen geselliger Verfeinerung geschmücktes Betragen in jeden Zirkel.«

Das »Unternehmen Wien« ging dann allerdings doch schneller zu Ende als gedacht: Im Juni 1808 waren Madame de Staël und ihre Begleitung zurück auf Schloss Coppet am Genfersee – das bedeutete auch ein Aufatmen für die österreichische Polizei, die den Gast aus der Republik Genf im »Weißen Schwan« auf Schritt und Tritt überwacht hatte. Auch die Treffen mit dem liebenswürdigen Maurice O'Donnell ...

Vom »Weißen Schwan« zum Hotel Munsch

Der »Weiße Schwan« hatte seine Schuldigkeit getan: Während bereits modern eingerichtete Hotels wie das National in der Taborstraße geplant und gebaut wurden, ging die Ära der Einkehrgasthöfe klassischen Stils zu Ende. 1802 wurde das Haus mitsamt der Weinschankgerechtigkeit an Josef Fürst von Schwarzenberg verkauft; nach dessen Tod fiel es 1840 an seinen Sohn Johann Adolf Fürst von Schwarzenberg – damit waren die Tage der altehrwürdigen Herberge gezählt: Der Fürst ließ das Gebäude 1846/47 abreißen und durch ein dreistöckiges Zinshaus ersetzen – das versprach mehr Rendite.

Der Abriss blieb nicht unkommentiert: »In diesem Augenblicke (Juni 1846)«, so liest man im *Curiositäten- und Memorabilien-Lexikon* des Realis, »wird der uralte Gasthof ›Zum weißen Schwan‹ (1044), ein Besitzthum des Fürsten Schwarzenberg, abgebrochen, um durch ein neues Zinshaus ersetzt zu werden. Das alte Gebäude mit seinen Rondellen trug ganz den Charakter seiner mehrhundertjährigen Entstehung und glich vorzüglich auf der Seite des Schwangäßchens gegen das fürstliche Palais einer

Franz Xaver Munsch, der Wirt vom »Weißen Schwan«, verwirklichte seinen Traum: Das Hotel Munsch zählte zu den ersten Adressen der Stadt. Aquarell von Carl Pippich, vor 1897, Sammlung Wien Museum.

Ritterburg. Diese Gegend mag durch diese Veränderung an Schönheit – sie wird aber sicherlich nicht an Interesse gewinnen.«

Franz Xaver Munsch jedoch, der ehemalige Wirt des »Weißen Schwans«, setzte seine Karriere in der Hotellerie Wiens fort: Schon 1837 hatte er die benachbarte Vergnügungsstätte »Mehlgrube« (Neuer Markt 5) gepachtet, die er zunächst als »Casino« weiterführte. Munsch hatte große Pläne für die Wiener Hotelszene: Nachdem ein Hotelprojekt auf der Freyung gescheitert war, ließ er die »Mehlgrube« zum vornehmen »Hotel Munsch« umbauen, das 1850 eröffnet wurde und die Zeitgenossen durch seinen Luxus beeindruckte: »Außer dem Speisesalon im ersten Stocke, unstreitig dem schönsten in Wien, dann den Restaurations-Lokalitäten im Erdgeschoße und den zur Regie des Geschäftes benöthigten Räumen, umfaßt das Haus noch zahlreiche Gemächer, welche theils als einzelne Passagiers-Zimmer, theils als Appartments für Familien, mit einer Eleganz und einem Komfort eingerichtet sind, welche durchaus nichts zu wünschen übrig lassen. Eben so solide als geschmackvoll gearbeitetes Ameublement, mit den prachtvollsten Möbelstoffen, Vorhänge, Spiegel, Kronleuchter, Fußteppiche, elegante Tapeten, alles vereint sich, den Aufenthalt in diesen Gemächern angenehm zu machen« (*Fremden-Blatt*, 2. Juni 1850).

Nach dem Tod von Franz Xaver Munsch, der 1862 in Karlsbad an einer Typhusinfektion starb, übernahm sein jüngster Sohn Ferdinand die Leitung des Hotels; 1897 wurde das Hotel Munsch von Josef Krantz erworben, der das Gebäude abreißen ließ und nach Plänen von Franz Kupka und Gustav Orglmeister einen Neubau, das 1898 eröffnete Hotel Krantz, errichten ließ. Das durch zwei Bombentreffer am 12. März 1945 schwer beschädigte Hotel wurde nach dem Krieg als Hotel Ambassador neu eröffnet.

Moderner Funktionalismus statt Neorenaissance: der vom Architekten Hubert Matuschek neu gestaltete Eingang zum Hotel Krantz. Foto, 1929.

Ausgewählte Literatur

Bemerkungen oder Briefe über Wien eines jungen Bayern auf einer Reise durch Deutschland an eine junge Dame von Stande. Wien, 1804

Moriz Bermann: Alt- und Neu-Wien. Geschichte der Kaiserstadt und ihrer Umgebungen. Wien-Pest-Leipzig, 1881

Briefe eines Eipeldauers an seinen Herrn Vetter in Kakran über d'Wienstadt. Wien, 1804, Heft 26

Felix Czeike: Der Neue Markt. Wien-Hamburg, 1970 (= Wiener Geschichtsbücher, Band 4)

Franz Gräffer: Kleine Wiener Memoiren und Wiener Dosenstücke. Herausgegeben von Anton Schlossar unter Mitwirkung von Gustav Gugitz. 2 Bände. München, 1918

Roger Paulin: August Wilhelm Schlegel. Biografie. Paderborn, 2017

Johann Pezzl: Skizze von Wien. Ein Kultur- und Sittenbild aus der josefinischen Zeit. Herausgegeben von Gustav Gugitz und Anton Schlossar. Graz, 1923

Realis, Curiositäten- und Memorabilien-Lexikon von Wien. II. Band. Wien, 1846

Joseph Richter: Taschenbuch für Grabennymphen für das Jahr 1787. Wien, 1787

F. G. Wegeler, Ferdinand Ries: Biographische Notizen über Ludwig van Beethoven. Koblenz, 1838

Andreas Weigl: Vom Einkehrgasthof zum Hotel. Indikatoren des Wandels des Angebots im frühneuzeitlichen Beherbergungsgewerbe am Übergang zur Moderne. In: Ferdinand Opll/Martin Scheutz (Hrsg.): Fernweh und Stadt. Tourismus als städtisches Phänomen. Innsbruck-Wien-Bozen, 2018, S. 111–134

Der Beginn der modernen Hotellerie in Wien: Stiegenhaus im ehemaligen Hotel National. Heute ist das Grand Hotel des Visionärs Philipp Klier, ein »Lost Place« der Wiener Hotelkultur.

Hotel National
Taborstraße 18/Schmelzgasse 2

Im ältesten »Grand Hotel« Wiens

Unwillkürlich fühlt man sich beim Durchwandern der düsteren Korridore an Franz Kafkas Hotel Occidental aus Amerika erinnert, in dem sein junger Held Karl Roßmann hilflos dem grotesken Dreigestirn aus Oberportier, Oberkellner und Oberköchin ausgeliefert ist. Das monströse Hotel mit seinen dreißig Liften in Kafkas Romanfragment ist allerdings »voll besetzt«, das Hotel National dagegen vereinsamte; es blieb die gespenstisch wirkende Kulisse versunkener Hotelpracht – mit Brettern und Eisenklammern verbarrikadierte Türen, neben denen noch fein säuberlich die alten Schildchen mit den Zimmernummern prangen, eine museumsreife Aufzugsvorrichtung mit Holzkabine ... Und dennoch: Das war der Beginn der modernen Hotellerie in Wien.

»Wieder wird einem Bedürfnisse abgeholfen«, schrieb die Zeitschrift *Der Wanderer* am 24. Juli 1846, als sie die Errichtung eines Hotels »im größten Styl« in der Taborstraße Nr. 326, heute Taborstraße Nr. 18, ankündigte. »Wien, ja Deutschland« würden »kein gleich großes« haben, der Unternehmer, der dies wage, sei Herr Klier, der »Gasthof-Inhaber zum ›goldenen Ochsen‹«, ein »sehr reeller, industriöser und praktischer Mann«, der den Bau auch »würdig ausführen werde«.

Philipp Klier, der Mann, von dem sich *Der Wanderer* so begeistert zeigte, hatte ursprünglich ein Gasthaus in der Landstraße Nr. 373 geführt. Im Herbst 1842 hatte er von Rosina Much, der Witwe des verstorbenen Wirts Carl Much, des Eigentümers des Gasthauses »Zum Goldenen Ochsen«, den Betrieb als Pächter übernommen und diese später auch geheiratet; fünf unmündige Kinder gingen in seine Obhut über. Kliers erste Frau Margareth war im August 1841 im Alter von 35 Jahren gestorben. Der Gasthof »Zum Goldenen Ochsen« war ein angesehener Traditionsbetrieb; bereits 1678, im Jahr vor der Pestkatastrophe, wurde das

129

↖ Generationen von Gästen, Menschen aus allen Schichten der Gesellschaft, sind über diese Stiegen gewandert.

← Beinahe ein Jahrhundert ist seit der Einstellung des Hotelbetriebs vergangen, die Schilder mit den Zimmernummern sind geblieben.

↑ Heute möchte hier niemand mehr zu Gast sein: das labyrinthartige Gangsystem.

↗ Ludwig Förster und Theophil Hansen schufen eine Hotelarchitektur neuen Stils: die großzügig dimensionierte Hauptstiege mit dem Lichteinfall von oben. Der moderne Aufzug stammt aus jüngerer Zeit, das alte Stiegengeländer mit den Rankenornamenten ist allerdings noch erhalten.

Wirtshaus erstmals erwähnt. Philipp Klier gab sich damit jedoch nicht zufrieden und entwickelte die wahrhaftig große Vision eines vierstöckigen und unerhört innovativen »Prachthotels«. So sollten, wie *Der Wanderer* berichtete, die Stallungen für 50 Pferde unter die Erde verlegt und der Dachstuhl durch ein »Plateau« ersetzt werden, auf dem »die Gäste daselbst wie auf einer Terrasse werden lustwandeln können«. Durch »einen eigenen Mechanismus« würde »jedes Zimmer in wenigen Minuten geheizt seyn«, und zu den geplanten »Bequemlichkeiten« zähle auch ein »Sprachrohr«, das »in der umfangreichen Localität binnen Secunden jedem Wink eines Gastes Gewährung verschaffen wird«. Die Kosten für den revolutionären Hotelbau bezifferte die Zeitschrift mit »nahe einer halben Million Gulden«. Wie Klier, der offenbar auch im Weinhandel tätig war, dieses Geld, nach heutiger Kaufkraft etwa 11,5 Millionen Euro, aufbrachte, ist unbekannt; er musste wohl alle Reserven mobilisieren – so ließ er im Januar und Februar 1847 gleich 3.500 Eimer (= knapp 200.000 Liter) österreichische »Gebirgs- und Landweine« von »sehr guter Qualität« versteigern (*Wiener Zeitung*, 23. Februar 1847).

Mit den Plänen für sein neues Hotel betraute Philipp Klier den Architekten Ludwig Förster und dessen jungen Assistenten und späteren Schwiegersohn Theophil Hansen. Beide zeigten sich für die Wünsche Kliers aufgeschlossen, es begann die gemeinsame Umsetzung des ehrgeizigen Projekts, das erstaunlich schnell realisiert wurde: Am 30. Mai 1848, Wien stand gerade ganz im Zeichen der revolutionären Ereignisse, konnte »Klier's National-Gasthof« eröffnet werden; Klier schaltete im *Wegweiser und Anzeigeblatt im Gebiete der Industrie, des Handels, der Literatur, Kunst u.s.w.* des Blattes *Der Ungar* (18. Juli 1848) und in anderen Blättern große Annoncen, in denen er stolz darauf verwies, dass »Europa jetzt kein ähnliches Etablissement aufzuweisen« hätte, »welches sich mit dem seinigen messen könnte«, und er zählte noch einmal alle Trümpfe auf, so die »Schönheit der Lage des Hotels, mit der Fronte *(sic)* gegen den Platz; die Geräumigkeit und Helle der Zimmer, die splendide und comfortable Meublirung derselben, besonders aber die Benützung von eisernen Betten neuester Facon in Betreff der Reinlichkeit, die freundliche und belebte Aussicht« und die 16.000 Quadratfuß (= 1486 m^2) große »Terrasse, welche durch Bäume, Blumen und Springbrunnen zu einem reizenden Garten gestaltet« sei und »ganz Wien und dessen Umgebungen überblicken läßt, und ein herrliches Panorama darbietet«. Trotz »dieser vielfachen Vorzüge«, so der zum Hotelchef aufgestiegene Gastwirt, herrsche die »größtmögliche Billigkeit in den Preisen«.

Allein die Wahl des Namens setzte ein Zeichen: Erstmals entschied man sich in Wien für ein Abgehen von den bis dato üblichen Namen. Die Bezeichnungen »National-Gasthof« bzw. »Hotel National« für eine Herberge – das hob das neue Haus in eine andere Lebenswelt, deutete Internationalität und Vornehmheit an. Aus dem profanen »Goldenen Ochsen« der Postkutschenzeit wurde das elegante Hotel des Eisenbahnzeitalters – auch wenn man mit der Vergangenheit noch nicht ganz abgeschlossen hatte: Tatsächlich gab es auch im »National-Gasthof« noch einiges, das an die alte Zeit erinnerte – so etwa die große Einfahrt, die Platz für Pferd und Wagen bot; doch nun waren es zunehmend Fiaker, die auf den Bahnhöfen angekommene Reisende dort absetzten und das Hotel durch die Ausfahrt in die Schmelzgasse wieder verließen.

Wegweisend wurde der Grundriss des Hotels: Drei großzügig dimensionierte Stiegenhäuser mit Lichteinfall von oben wurden um einen halbrunden bzw. einen zweiten, rechteckigen Innenhof angelegt, neun im Gebäude verteilte Lichtschächte sorgten zusätzlich für Helligkeit und ausreichende Belüftungsmöglichkeiten, die Geschosshöhe bot mit 3,95 Metern ein angenehmes Raumerlebnis. Nicht zuletzt hatte man sich auch für den Eiskeller etwas Besonderes überlegt: »Um die Gäste stets mit kühlen Getränken und gut konservirten Speisen versehen zu können, ist ein noch 9 Schuh unter dem tiefsten Wasserstande der Donau reichender Schacht mit hydraulischem Zement und festen Ziegeln gebaut worden, welcher als Eisgrube dient« (*Allgemeine Bauzeitung, Ephemeriden*, 15, 1848). Zweifellos wäre es interessant, in den Kellerräumen des Hauses nach Spuren dieser »Eisgrube« zu fahnden.

Trotz aller Innovationen: Das »labyrinthartige« Gangsystem mit Zimmern auf beiden Seiten, das in einer scheinbar »endlos langen Schleife quer durch das ganze Gebäude« verläuft (Ute Petritsch, *Hotel National in Wien*), weckt heute beim Besucher eher wenig heimelige Gefühle – hier möchte niemand mehr zu Gast sein. Das Hotel National ist zum *Lost Place* einer versunkenen Hotelkultur geworden.

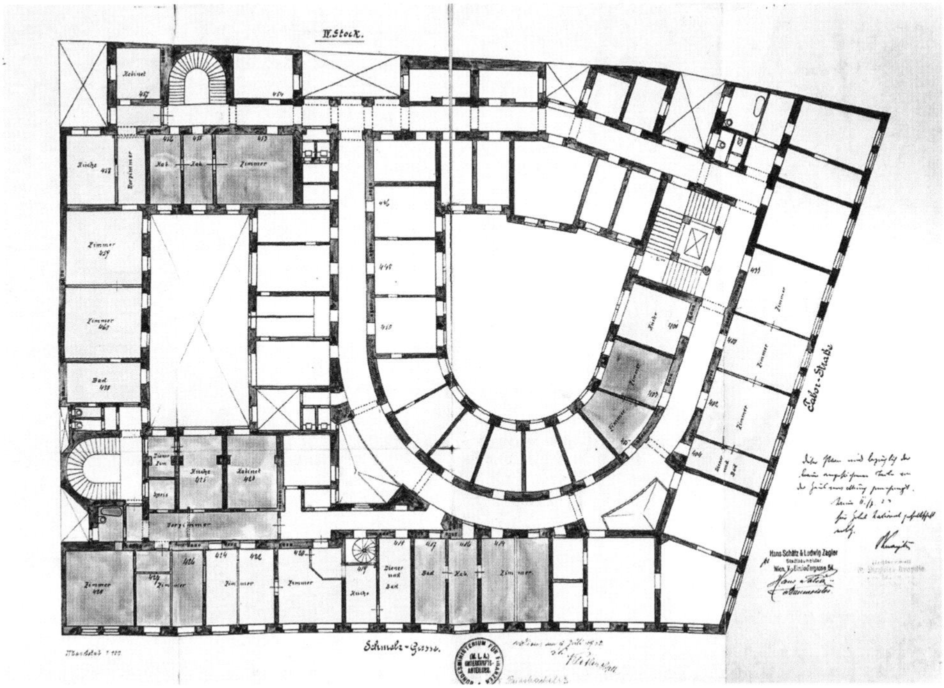

Wurde wegweisend für spätere Hotelbauten: der Grundriss des Hotel National mit einem halbrunden und einem rechteckigen Innenhof und drei Stiegenhäusern sowie neun Lichtschächten.

Der geheimnisvolle Aufzug

Doch damals, im »tollen Jahr« 1848, war die Euphorie groß. Philipp Klier schilderte die »Trefflichkeit der Stiegen« (*Der Ungar. Wegweiser und Anzeigeblatt im Gebiete der Industrie, des Handels, der Literatur, Kunst u.s.w.*, 18. Juli 1848) und pries eine besondere Neuheit an: Für »Personen, welchen das Steigen schwer fällt, ist eine Maschine hergerichtet, welche sie in jedes Stockwerk hinaufhebt« – Klier folgte mit der Installation dieser Aufzugsvorrichtung einem visionären Vorschlag von Ludwig Förster und war damit ein Pionier des Vertikaltransports in Wien. Leider ist nicht bekannt, wer den Hebemechanismus konstruierte. Auch Pläne bzw. Abbildungen davon sind nicht erhalten. Die »Aufzugmaschine« wurde in der *Allgemeinen Bauzeitung (Ephemeriden, 15,* 1848) erwähnt; zumindest die Planung dazu muss sehr konkrete Formen angenommen haben, doch wurde die Apparatur vermutlich nicht eingebaut.

Auch sonst hielten mit dem National-Gasthof technische Innovationen und Maschinen Einzug in der Wiener Hotellerie: Ein von einer Dampfmaschine angetriebener Ventilator führte allen Räumen des Hauses permanent »reine und frische Luft« zu, gleichzeitig bewegte die Dampfmaschine auch ein Pumpwerk, das die »Wannenbäder in jedem Stockwerke, so wie die ebendaselbst befindlichen Behältnisse« mit frischem Wasser versorgte. »Mittelst Dampf«, so Klier, könne auch die Wäsche der ankommenden Gäste »sofort gereiniget und zugerichtet« werden, nicht zuletzt würden auch die Speisen durch »Dampf trefflich bereitet«. Zur Wasserversorgung des Hotels hatte man zwei getrennte Systeme installiert: Für sanitäre Zwecke – die Klosetts (vier Mal je zwei Toiletten) befanden sich in den Gängen – führte man in einer eigenen Leitung Regenwasser in die Stockwerke, eine zweite Wasserleitung diente der Versorgung mit Trinkwasser. In jedem Gang gab es »Wasserstellen« in Form von Bassenas.

Am 9. Februar 1851 besuchte ein Mitarbeiter der Zeitung *Der Humorist* das Hotel. Anlass für den Ausflug in die Taborstraße war die Eröffnung des neuen Kaffeehauses im Hotel National, von dem der Zeitungsmann durchaus begeistert war. Es übertreffe, so schrieb er in seiner Kritik, »in vielfacher Beziehung« die »ersten Etablissements dieser Gattung«: »Die großen, hellen lichten Räume sind einladend und angenehm. Die Malerei, von dem als vorzüglich bekannten Maler Herrn Wimmer, ist äußerst gefällig und erlesen, in Pompejanischen Figuren, wahrhafte Musterstücke ihrer Art, Figuren und Arabesken eben so lebensvoll als sinnig. Die Möblirung elegant und solid, die herrlichen Billards mit Bronce-Piedestal von der Gaschlacher Offizin, die Tischfüße aus der Förster'schen Gießerei, Alles mit eben so viel Geschmack als Gefälligkeit gearbeitet. Die Kaffeeküche ist besonders ein Muster von herrlicher und zweckmäßiger Einrichtung« (*Der Humorist,* 26. Februar 1851).

Besonders großen Wert legte der Pächter, ein gewisser Herr Haberstrumpf, auf die Ausstattung des Etablissements mit internationalen Zeitungen. So war das Café des Hotel National das einzige Lokal in Wien, in dem man die *Times* lesen konnte. 1854 wurde es vom Dekorationsmaler Franz Wiener und vom Dekorateur J. Stehr neu gestaltet.

Der Berichterstatter des *Humoristen* sah bei seinem Besuch des Kaffeehauses den »National-Gasthof« zum ersten Mal und

Der »Theater-Zeitung« war die neue Hotel-Sensation eine Bildbeilage wert. Gut zu erkennen ist die Begrünung der Dachterrasse. Lithografie, 1848.

Noch immer eindrucksvoll und mit Ausnahme des Erdgeschosses und des Dachbereichs kaum verändert: die Fassade des ehemaligen Hotel National.

Angeblich das einzige Kaffeehaus in Wien, in dem man zu Beginn der 1850er-Jahre die »Times« lesen konnte: das elegant und solide ausgestattete Café National.

zeigte sich erstaunt darüber, dass »in Wien ein solches großartiges Hotel existirt, ohne daß man eigentlich viel davon Kunde hat, oder es viel besprechen zu hören«. Das Haus sei »stets voll und von Reisenden überfüllt« und es sei »Alles beisammen, was der Gast nur irgend zu wünschen haben mag«. Besonders »merkwürdig« in diesem »musterhaften Hotel«, hergestellt »nach Jahren voll Opfer und rastloser Bestrebung«, sei die Dampf-Anlage mit ihrem »großartigen Triebwerke«, durch das alles in »steter Bewegung und Wirksamkeit« gehalten werde. Etwas kryptisch deutete der Artikel jedoch auch an, dass Philipp Klier mit seinem Hotel im Revolutionsjahr 1848 »bedeutende Unfälle« erlitten habe, die ihm »Opfer entrissen« hätten – jetzt aber habe er diese überwunden und trage sich sogar mit dem Plan, noch ein Nebenhaus aufzukaufen und sein Hotel zu vergrößern.

Alles an einer Adresse

Von Beginn an war das National mehr als nur ein Hotel – auch hier folgte Philipp Klier einer neuen Idee. Rund um den klassischen Hotelbetrieb sollte sich ein buntes, lebendiges Geschäftsleben entfalten. Einzelne Räume wurden daher an Kaufleute und Handwerker vermietet, die dort ihre Waren und Dienste offerierten. Auch spezielle ärztliche Dienste gehörten offenbar zum Service des Hauses – so bot, wie ein Inserat in der *Wiener Zeitung* vom 6. November

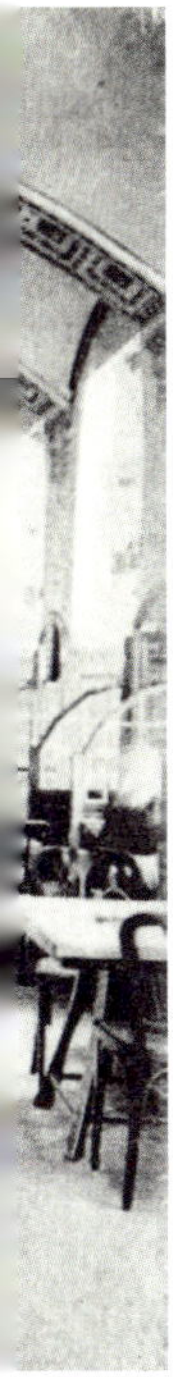

Plante den revolutionären Hotelbau: der Architekt Ludwig Förster, ab 1863 Ludwig Ritter von Förster. Ölgemälde, Jüdisches Museum, Wien.

1850 verrät, ein Doktor »der Medizin und Chirurgie, Mitglied der Facultät, früher in Militär- und Civilspitälern angestellt«, im National-Gasthof, 2. Stock, von 9 bis 12 Uhr die »radikale Behandlung« von »syphilitischen Geschlechts-Krankheiten« an. In der Anonymität des Hotelbetriebs, so wohl das Kalkül, suchten manche Patienten in ihrer Notlage eher nach ärztlicher Hilfe.

Das Hotel wurde zur Drehscheibe für diverse Geschäfte: Ein gewisser Johann Farkas, der auf Zimmer Nr. 99 residierte, offerierte im November 1853 »10 Gattungen bei 2000 Eimer ungarischer, weißer Tafelweine aus der besten Gegend von Waizen, in Gebinden zu 10 – 12 Eimer«; wer sich dafür interessierte, konnte bis 1. Dezember von 2 bis 4 Uhr nachmittags »Muster derselben« bei Herrn Farkas begutachten oder Weine auch schriftlich bestellen (*Fremden-Blatt*, 26. November 1853).

Kein Zufall ist es daher auch, dass das Hotel National in der Geschichte der modernen Kommunikation in Wien eine besondere Stellung einnahm. Am 20. März 1858 wurde dort eine »Filial-Telegraphenstation« eröffnet, von der aus »Depeschen nach allen Telegraphenstationen des In- und Auslandes« aufgegeben werden konnten. »Vom 1. April an«, so berichtete die *Morgen-Post* am Eröffnungstag, konnte man vom Hotel National aus »Privatdepeschen aus der innern Stadt nach den Vorstädten, und umgekehrt, und zwischen den Vorstädten untereinander« schicken. Die Gebühr: 18 Kreuzer CM (Konventionsmünze) für 20 Worte, für alle zehn weiteren Worte 9 Kreuzer CM. Nicht ganz billig waren die Depeschen ins Ausland: So zahlte man laut Tarifordnung von 1859 für eine Nachricht nach Berlin drei Gulden, nach heutiger Kaufkraft knapp 50 Euro.

Das Fotostudio Fritz Luckhardt

Er hätte Seifenfabrikant werden und das Unternehmen des Großvaters übernehmen sollen, zog aber die Fotografie vor: 1867 übersiedelte der 1843 in Kassel geborene Fritz Luckhardt nach Wien, wo er zunächst als Fremdsprachenkorrespondent im Atelier seines Fotografenkollegen Oscar Kramer arbeitete und dann im Hotel National sein eigenes Fotostudio eröffnete: 1867 mietete er den Glas-Pavillon auf der Dachterrasse, den Heinrich Förster, der Sohn Ludwig Försters, 1862 für seinen bekannten Vorgänger Emil Rabending errichtet hatte. Durch seine prägnanten Porträtaufnahmen wurde Luckhardt bald weithin bekannt; erfolgreich war er vor allem mit Stereobildern, die beim weiblichen Publikum großen Anklang fanden. Auch Angehörige der kaiserlichen Familie ließen sich von ihm ablichten – so etwa Kaiser Franz Joseph, Kaiserin Elisabeth oder Kronprinzessin Stephanie. Ab 1871 war Luckhardt Sekretär der Wiener Photographischen Gesellschaft. Sein besonderes Interesse galt technischen Neuerungen – so brachte er von einer Reise nach England die ersten Panoramakameras nach Wien.

1870 wurde Fritz Luckhardt der Titel »k. u. k. Hoflieferant« verliehen. Nach seinem Tod (1894) führte seine Witwe Franziska, geborene Uchatius, das Atelier weiter. Zahlreiche Fotos Luckhardts tragen den Hinweis »Leopoldst. Taborstr. 18 im Hôtel National«.

Much & Mayer setzen auf Internationalität

Nach dem Tod von Philipp Klier 1852 fiel das Hotel an seine Erben Thomas Much und Michael Mayer, die es nun als »Grand Hôtel National« weiterführten. In einer Annonce im *Ischler Fremden-Salon* vom 26. Juli 1855 verwiesen die neuen Besitzer auf die »außerordentliche Fremdenfrequenz«, durch die das Hotel schnell bekannt geworden sei, und gaben die Zahl der Zimmer mit 200 an; die Größe der Terrasse war inzwischen allerdings auf 6.000 Quadratfuß (= 557 m^2) geschrumpft. Die Lohndiener würden »alle europäischen Sprachen sprechen«, sie selbst hätten sich »in ihrem Geschäftszweige eine mehrjährige Praxis sowohl im Inn- als auch im Auslande, namentlich Frankreich, England und Amerika erworben« und wären dadurch »in der angenehmen Lage, einen hohen Adel und die P. T. Herren Passagiere nach den Gebräuchen ihrer Länder und ihren verschiedenen Sprachen zu bedienen«.

1873, im Jahr der Weltausstellung, wies das Hotel National laut Reiseführer 160 Zimmer mit insgesamt 200 Betten auf; im Vergleich dazu offerierte der neue Hotel-Gigant der Leopoldstadt, das gegenüber dem Nordbahnhof erbaute Hotel Donau, 320 Zimmer mit angeblich 640 Betten – eine Dimension, die sich rasch als unwirtschaftlich erwies: Das Hotel Donau, heute Sitz der Direktion der Österreichischen Bundesbahnen, musste nach wenigen Jahren geschlossen werden.

Dunkle Affären in turbulenten Zeiten

Der Erste Weltkrieg sollte für das Hotel National, das sich bis dahin gegen die große Konkurrenz der Ringstraßenhotels einigermaßen gut gehalten hatte, der Anfang vom Ende werden. 1917 forderte das Kriegsministerium die Zimmer im dritten und vierten Stock für die Heeresverwaltung an und drohte dem Eigentümer (es war dies der galizische »Naphtaindustrielle« Johann Lockspeiser) mit der Beschlagnahmung des Gebäudes aufgrund des Kriegsleistungsgesetzes, sollte er der Forderung nicht »freiwillig« nachkommen. Die Hotelleitung gab nach und schloss mit der Heeresverwaltung einen »Bestandsvertrag« über die benützten Räumlichkeiten ab, in denen nach dem »Umsturz« das Amt für »Sachdemobilisierung« eingerichtet wurde. (Im Dezember 1922 hatte auch dieses Amt seine Schuldigkeit getan und zog aus, die Räume – von 220 Zimmern waren mehr als die Hälfte von dieser Maßnahme betroffen – konnten vom Hotel nicht mehr bewirtschaftet werden, denn nun meldete sich die Stadt Wien und beanspruchte aufgrund des »Wohnungsanforderungsgesetzes« das ganze Haus. Das hätte praktisch das Aus für den regulären Hotelbetrieb bedeutet.)

Johann Lockspeiser verkaufte das Hotel 1919 an das Ehepaar Franziska und Heinrich Weinberger – nicht ahnend, dass er das traditionsreiche Haus damit in die Hände von Kriminellen lotste. Der so bieder auftretende Herr Weinberger, der 1914 als galizischer Flüchtling nach Wien gekommen war und nun Hotelier sein wollte, zahlte bar – 630.000 Kronen legte er dem Verkäufer auf den Tisch. Als Käufer trat die Handelsgesellschaft »Domus« auf, alleinige Gesellschafterin der »Domus« war Weinbergers Gattin Franziska. Allerdings hatte Weinberger, wie *Die Stunde* am 17. April 1925 berichtete, »große Mengen österreichisch-ungarischer Banknoten mit Hilfe einer zu diesem Zwecke hergestellten Stampiglie und durch Anwendung falscher tschechischer Stempeln in tschechische Noten umgewandelt« und mit dem Gewinn aus dieser »Transaktion« das Hotel erworben. Hergestellt hatte er die Falsifikate in einer kleinen Druckerei, die er sich selbst eingerichtet hatte. Wie sich später herausstellte, hatte das Ehepaar 1916 im Zuge der Ausspeisung für jüdische Flüchtlinge im Café National das Haus kennengelernt. Lange konnten sich die Weinbergers über ihren plötzlichen Aufstieg in den Kreis der Wiener Hoteliers allerdings nicht freuen: Der Fälscherring um Heinrich Weinberger wurde bereits 1920 entlarvt, er selbst als »Haupt« der Bande im Mai 1920 verhaftet. Am 4. Juni 1923 wurde der »Hotelier« am Landesgericht I zu zehn Monaten einfachen Kerkers sowie zu einer Geldstrafe von 200.000 Kronen verurteilt; auch wurde er des Landes

Nach dem Tod von Philipp Klier (1852) übernahmen seine Erben Thomas Much und Michael Mayer die Geschäftsleitung; das Haus wurde als »Grand Hôtel National" beworben. Lithografie von Vinzenz Katzler, 1861, Sammlung Wien Museum.

Die »Hall« des Grand Hotel National zu Beginn des 20. Jahrhunderts: Neue Möbel in modernem Design verliehen ihr einen Hauch von Mondänität. Ansichtskarte, um 1910.

Auch für die Appartements hatte man neue Möbel angeschafft: Einbauschränke und Chesterfield-Möbel galten als besonders chic. Ansichtskarte, um 1910. Fraglich ist, ob die Zahl der angegebenen Zimmer – 300 (!) – stimmt.

verwiesen. Da ihr ebenso die »Abschaffung« drohte, ließ sich Franziska Weinberger von ihrem Gatten scheiden, konnte aber die Ausweisung nicht verhindern – sie übersiedelte mit den beiden Kindern Josef und Mia nach Pressburg; nach dem Absitzen seiner Strafe sollte ihr Heinrich Weinberger dorthin folgen.

Nur wenige Monate später stand Weinberger, diesmal zusammen mit seiner Frau Franziska, neuerlich vor Gericht. Sie waren angesichts der tristen wirtschaftlichen Lage des Hotel National auf die Idee verfallen, unverhältnismäßig hohe Preise für die verbliebenen Zimmer zu verlangen und diese auch monatsweise zu vermieten – prompt handelten sie sich dafür eine Anzeige ein und mussten sich im Dezember 1923 wegen Wuchers vor Gericht verantworten. Heinrich Weinberger, der angab, nur »Geschäftsführer« zu sein, bestritt die Vorwürfe entschieden; er und seine Frau hätten nie »übermäßig hohe Zinse« verlangt – ein Zeuge sagte dagegen aus, dass er für ein kleines leeres Zimmer 450.000 Kronen gezahlt habe, die Möbel habe er von Weinberger um sechs Millionen Kronen in bar kaufen müssen (*Die Neue Zeitung,* 21. Dezember 1923). Ein weiterer Zeuge erzählte, dass er im Hotel National ein »Loch mit einem Fenster« als Speditionsbureau gemietet habe; der stolze Preis: 300.000 Kronen. Das Zimmer sei ihm von einem Vermittler angetragen worden (*Kleine Volks-Zeitung,* 21. Dezember 1923).

Vor Gericht ergab sich ein ernüchterndes Bild: Von einem regulären Hotelbetrieb konnte eigentlich schon seit der Kriegszeit keine Rede mehr sein. Die ehemaligen Büros des Sachdemobilisierungsamtes hatte man nun an Privatparteien, Rechtsanwälte und Geschäftsleute vermietet, von denen die Weinbergers zunächst Tagespreise forderten und dann – als die Mieter sich wehrten – monatlichen Zins. Die Zimmer waren »zumeist gar nicht eingerichtet, es gab weder Wäsche noch Bedienung, dagegen viele Mäuse, Ratten und Ungeziefer im Hause. Auch die übrigen Merkmale eines Hotelbetriebes, ein Portier, Stubenmädchen fehlten« (*Illustrirtes Wiener Extrablatt,* 25. April 1924). Der Zeuge Johann Uheral, Verwaltungsoffizial der Magistratsabteilung 5 und ehemals Kommissär des Wohnungsamtes, der mit der »Überwachung« des Hotel National betraut gewesen war, sagte aus, dass er »erst nach wiederholten Kontrollen« einen Hotelportier und zwei Stubenmädchen, »eines von ihnen war eine ehemalige Partei des Hauses«, bemerkt hätte, viele leere Räume seien an Mieter vergeben worden, die darin Werkstätten eingerichtet und eigene Küchen eingebaut hätten. Mit dem Argument, dass ja kein regulärer Hotelbetrieb stattgefunden habe, sprach der Richter das Ehepaar Weinberger, das sich bis dahin in Untersuchungshaft befunden hatte, am 24. April 1924 von der Anklage frei. Als die tschechoslowakischen Behörden die Familie in ihr Herkunftsland Polen »abschaffen« wollten und mit einem Durchreisevisum ausstatteten, wichen die Weinbergers nach Brünn aus, wo sie für einige Zeit unbehelligt leben konnten und von wo aus sie auch die Geschäfte des Hotel National leiteten. Doch dann tauchte umfangreiches neues Belastungsmaterial zur Falschgeldaffäre auf; es stellte sich heraus, dass die ganze Familie (auch die Kinder Josef und Mia) an der Herstellung und am Vertrieb der Fälschungen beteiligt und der Schaden wesentlich größer als ursprünglich angenommen war. Die Brünner Polizeibehörden zögerten nun nicht länger: Die gesamte Familie wurde im April 1925 verhaftet; von den Wiener Kollegen verlangte man sogar die gerichtliche Beschlagnahmung des Hotel National.

Zwangsverwaltung und Zwangsversteigerung

Inzwischen tobte noch immer der Streit um die von der Gemeinde Wien zwangsweise an Mieter übergebenen Räumlichkeiten. Franziska Weinbergers rechte Hand im Hotel, Direktor Wilhelm Waktor, ließ in seinem »erbitterten Kampf« gegen die Mietparteien nicht locker und beschäftigte mehrere Gerichte mit Prozessen; im Sommer 1924 endeten diese vorläufig »mit einem Siege der Parteien, indem die Schlichtungsstelle einen den gegenwärtigen Wohnungspreisen entsprechenden monatlichen Zins feststellte und die Mietparteien als regelmäßige Mieter anerkannte« (*Die Stunde,* 17. April 1925).

Franziska Weinberger gab sich jedoch nicht geschlagen: Ihr findiger Anwalt, ein Dr. Siegfried Knappitsch (*Der Morgen,* 16. Februar 1925), grub die Hotelkonzession für den Standort aus dem Jahr 1838 aus – damals befand sich dort noch der »Goldene Ochse« –, in der dem jeweiligen Hotelbesitzer das Recht zugesprochen wurde, »den Hotelbetrieb wann immer wiederaufzunehmen und die Mietparteien als Hotelgäste zu betrachten«. Dem Anwalt gelang es, diese »Reallizenz« am 12. Januar 1925 im Grundbuch eintragen zu lassen, den Mietparteien drohte damit die Delogierung – das Mietamt der Stadt Wien erreichte in Verhandlungen mit den Weinbergers einen Aufschub von einigen Monaten, die Mieter mussten sich an die Schlichtungsstelle der Bezirksmietkommission wenden. Schließlich einigte man sich darauf, 70 Zimmer wieder für den Hotelbetrieb freizugeben.

Im Dezember 1925 kündigte die »Hotel National Ges. m. b. H.« einen Neustart an. Das Hotel sei, so behauptete man, »vollständig neu renoviert«, vor allem aber gebe es eine »neue Leitung« – nach den Turbulenzen der ersten Nachkriegsjahre ein wichtiger Aspekt. Zum Geschäftsführer wurde der Kaufmann Wilhelm Ball bestellt, der die Anteile der Franziska Weinberger übernahm und noch einmal Geld in das Unternehmen pumpte. Die 128.000 Schilling, die Ball mitbrachte, konnten jedoch nicht entscheidend zur Rettung beitragen. Die wirtschaftliche Lage des Hotels verschlechterte sich zusehends, im Dezember 1926 wurde am Wiener Handelsgericht ein Ausgleichsverfahren eröffnet; bereits zuvor, im November 1926, war vom Wiener Exekutionsgericht auf Verlangen der Gläubiger, darunter auch die Gemeinde Wien, die Zwangsverwaltung bewilligt worden. Die angebotene Quote von 35 Prozent wurde von den Gläubigern zwar akzeptiert, der weitere Niedergang war jedoch nicht aufzuhalten. 1928 musste das Restaurant geschlossen werden; der wütende Restaurantbetreiber, ein Herr Spritzer, ließ daraufhin in ganz Wien Plakate affichieren, auf denen er behauptete, dass er infolge der »Machi-

Das Hotel „National“ wird versteigert

Schätzwert eine Million Schilling – Prozesse und Zwangsverwaltung

Die öffentliche Zwangsversteigerung, die von dem Exekutionsgericht für die ersten Tage Mai angesetzt wurde, dürfte den Schlußpunkt eines finanziellen Kampfes bedeuten, den ein großes Wiener Hotel schon seit Jahren vergeblich führt.

Das bekannte Hotel „National“ in der

großen Betriebe des Hotel National, vor allem des Restaurationsbetriebes, maßgebend waren.

So ruht der Restaurationsbetrieb, der einst sehr gut war, bereits seit drei Jahren,

und das Fehlen eines eigenen Restaurants beeinträchtigt natürlich auch den übrigen Hotelbetrieb. Günstig gestalten sich bloß die Ein-

Zwangsversteigerung (1931): Schulden in der Höhe von etwa 1 Million Schilling wurden dem Hotel zum Verhängnis. Bericht in der Tageszeitung *Die Stunde*, 2. April 1931.

nationen des Herrn Ball um seine Existenz gebracht worden sei« (*Wiener Sonn- und Montags-Zeitung,* 7. November 1927). Mit den Pächtern des Café National, dem Ehepaar Hermann und Helene Konrad sowie Anton Novoselc, lag man seit 1922 – damals hatte man die Kündigung gegen die Pächter eingebracht – im Streit; einem Vergleich vor dem Bezirksgericht Leopoldstadt folgten neue heftige Auseinandersetzungen, ausgelöst durch extrem hohe Forderungen Balls.

In dieser beinahe aussichtslosen Lage versuchte Wilhelm Ball einen letzten Befreiungsschlag: Er brachte im Juli 1929 eine Klage gegen die Stadt Wien auf Zahlung von Schadenersatz in der Höhe von knapp 500.000 Schilling ein. Dic Bcgründung der Anklage: die »unterlassene Freigabe« der seinerzeit von der Stadt Wien angeforderten Räume für den Hotelbetrieb. Diese Zwangsmaßnahme, die, wie bereits erwähnt, im Dezember 1922 auf Grundlage des sogenannten »Wohnungsanforderungsgesetzes« verfügt worden war, hatte zur Folge, dass vom 1. Januar 1923 bis zum 27. März 1925 alle 220 Zimmer dem Zugriff des Hoteleigentümers entzogen waren. Zwar hatte man sich, wie ebenfalls schon erwähnt, in einem Vergleich im März 1925 darauf geeinigt, dass 70 Zimmer im ersten und zweiten Stock wieder für »Zwecke der Fremdenbeherbergung« genützt werden konnten, doch Ende 1925 war das Wohnungsanforderungsgesetz außer Kraft getreten. Daher hätten laut Klage die Räume im dritten und vierten Stock ebenfalls von den »Zwangsmietern« geräumt werden müssen – dieser im Gesetz enthaltenen Verpflichtung sei die Stadt Wien nicht nachgekommen, dem Hotel seien so für die Zeit vom 28. März 1925 bis zum 15. März 1929 die Einnahmen aus der Vermietung von 100 Zimmern entgangen.

Die Stadt Wien wies die Forderung auf Schadenersatzzahlung mit dem Argument zurück, dass die Weiterbenützung der seinerzeit angeforderten Räume aufgrund eines privatrechtlichen Titels erfolgt sei und die betroffenen Parteien als »Mieter« anzusehen gewesen wären; die Stadt Wien habe mit der Anforderung nur einen behördlichen »Verwaltungsakt« gesetzt, der nicht nach privatrechtlichen Grundsätzen zu beurteilen und daher auch nicht schadenersatzpflichtig sei (*Wiener Sonn- und Montags-Zeitung,* 22. Juli 1929).

Diverse Zeitungen witterten nun »Korruptionswirtschaft«; das der Heimwehr nahestehende *Wiener Montagblatt* sah in den Vorgängen Beweise für die »Praktiken der roten Herrschaften, ihr kontrolloses Wirtschaften mit Steuergeldern und die Willkür, mit der im Wiener Rathause von den Oberbonzen die schlimmsten Schiebungen vorgenommen werden« (*Wiener Montagblatt,* 9. September 1929). Bei der Verhandlung vor dem Zivillandesgericht Wien am 14. Oktober 1929 wurden alle Beweise abgelehnt, es erging ein schriftliches Urteil: Die Schadenersatzforderung wurde abgewiesen, der Anspruch des Klägers bestehe »dem Grunde nach nicht zu Recht«. Die Begründung klang fadenscheinig: »Die Gemeinde Wien könne nicht haftbar gemacht werden, weil ein Durchführungsgesetz über die Haftung des Bundes und der Gemeinden für Verfehlungen ihrer Organe noch immer nicht erlassen worden ist« (*Neues Wiener Tagblatt,* 26. November 1929).

Die Schulden des Hotel National beliefen sich schließlich auf etwa eine Million Schilling, ebenso hoch schätzten gerichtliche Sachverständige den Wert des Hotels. Um die Verbindlichkeiten nicht weiter wachsen zu lassen, drängte der Hauptgläubiger, die Sparkasse Oberhollabrunn, auf eine öffentliche Zwangsversteigerung des Hotels, der Ausrufungspreis wurde mit bescheidenen 500.000 Schilling festgesetzt. Die Kritik an diesem Vorgehen blieb nicht aus; so sah die Tageszeitung *Freiheit!* darin »ein klassisches Beispiel dafür, wie durch die ruinösen Steuern und besonders durch die Abgaben der Gemeinde Betriebe zugrunde gerichtet werden« (*Freiheit!*, 13. Mai 1931).

Nach einer Verschiebung der Versteigerung aufgrund eines Formalfehlers fand diese am 25. Juni 1931 am Bezirksgericht Innere Stadt statt, den Zuschlag erhielt der jüdische Geschäftsmann Isidor Guttmann, der das Hotel um 500.000 Schilling erwarb – Guttmann war als einziger Interessent zur Versteigerung erschienen.

Der neue Besitzer hatte jedoch bald mit »den größten Schwierigkeiten« zu kämpfen: Im März 1932 eröffnete das Handelsgericht Wien das Konkursverfahren über die »Hotel National Ges. m. b. H.«, die endgültige Schließung des Hauses schien nur mehr eine Frage der Zeit zu sein. So wusste *Die Stunde* am 6. Dezember 1932 zu berichten: »Da der Hotelbetrieb ... infolge des Rückganges des Fremdenverkehrs immer unrentabler geworden ist, sieht sich die Leitung des Hotels nunmehr veranlaßt, ihn aufzulassen. Sie hat die Absicht, das Hotel von nun an als Miethaus zu führen, und die freien Zimmer womöglich an Jahresparteien zu vermieten. Das im Hotelgebäude befindliche Restaurant und Kaffeehaus erscheint von den getroffenen Maßnahmen nicht berührt und wird wie bisher weitergeführt.« Tatsächlich wurde mit 1. Dezember 1932 der Hotelbetrieb, wie in einem Schreiben der MA 5 an die MA 56 zu lesen ist, »gänzlich aufgelassen« und das Haus von Isidor Guttmann »unter Aufwendung von mehr als 6000.- S (sic) baulich in ein Miethaus umgewandelt« (zitiert nach Ute Petritsch, *Hotel National in Wien*).

Eine gewisse Öffentlichkeit behielt das Haus jedoch bei: Knapp vor dem sogenannten »Anschluss« organisierten zionistische Aktivisten – wohl mit Unterstützung Isidor Guttmanns – im »Marmorsaal« des ehemaligen Hotels eine Veranstaltungsreihe: So sprach am 9. Februar 1938 der Publizist und Zionist Paul Diamant über »Politisches und Unpolitisches aus Palästina«; am 17. Februar 1938 meldete der *Wiener Tag* anlässlich des 100. Geburtstags von Josef Popper-Lynkeus einen Vortrag des engagierten Zionisten Leopold Plaschkes zum Thema »Die Vernichtung der Not«.

Tauziehen um ein Hotel-Monument

Wer heute die belebte Taborstraße entlangwandert, ahnt nicht, dass sich hinter der nach wie vor intakten Fassade des Riesenbaus beklemmende Stille und Leere verbergen; das *Grand Hotel* von einst, ein von Leben und Geschäftigkeit erfüllter Hotspot der Leopoldstadt, ist zu einem schweigenden Monument verkümmert.

Isidor Guttmann, der jüdische Besitzer des ehemaligen Hotels, musste die Liegenschaft nach dem »Anschluss« an die Polizeidirektion Wien verkaufen; im Gebäude machten sich während der Nazi-Zeit diverse Dienststellen der Schutzpolizei (Ordnungspolizei) breit. Guttmann konnte sich nach England in Sicherheit bringen und lebte nach dem Krieg in Berlin; sein ehemaliger Besitz wurde durch die Bombenangriffe der Alliierten schwer beschädigt, betroffen waren vor allem der Dachstuhl, die Kamingruppen und einige Decken sowie Fenster, Fensterstöcke und Türen. Nach Kriegsende reklamierten die Sowjets aufgrund der Beschlüsse der Potsdamer Konferenz das Gebäude als Eigentum der UdSSR und ließen es von der Sowjetischen Hausverwaltung betreuen, die ohne Baubewilligung Umbauten vornahm – das Stadtbauamt musste ohnmächtig zusehen. Auch der Auftrag zu einer nachträglichen Genehmigung der Umbauten wurde ignoriert, das Stadtbauamt kapitulierte: »Eine zwangsweise Durchsetzung dieses Auftrags dürfte unter den herrschenden Umständen aussichtslos sein«, meldete resignierend Oberstadtbaurat Wagner dem Bezirkspolizeikommissariat Leopoldstadt am 29. Mai 1952 (zitiert nach Ute Petritsch, *Hotel National in Wien*).

Nach Abschluss des Staatsvertrags wurde das Gebäude zwar an Isidor Guttmann restituiert, an eine neuerliche Hotellizenz war jedoch nicht mehr zu denken. Nach dem Tod Guttmanns übernahmen seine Erben das Haus; 2009 verkaufte es Isidor Guttmanns Enkel an den Orden der Barmherzigen Brüder, der für sein Spital nebenan dringend nach einer Erweiterungsmöglichkeit suchte (Olga Kronsteiner, *Erstes Grandhotel Wiens: Bedrohter Prototyp*). Nach und nach verließen zahlreiche Mieter das Haus, das mittlerweile unter Ensembleschutz steht. Eine Bürgerinitiative, ins Leben gerufen von dem Mieter Stefan Ohrhallinger, forderte Denkmalschutz für das ehemalige Hotel. Die Überlegungen zu einer sinnvollen Nutzung des historisch so bedeutsamen Gebäudes dauern an.

Ausgewählte Literatur

Monika Faber: Kaiserin im Grand Hotel. In: Wiener Zeitung, 21./22. September 2019, S. 40

Olga Kronsteiner: Erstes Grandhotel Wiens: Bedrohter Prototyp. In: Der Standard, 8. Juli 2017 (Online-Ausgabe)

Andreas Nierhaus, Benjamin von Radom: Revolutionär auf allen Ebenen. Das Grand Hotel National in der Taborstraße. In: Wien Museum Magazin, 13. Juni 2024 (Online-Ausgabe)

Ute Petritsch: Hotel National in Wien. Dipl. Arb., Technische Universität Wien, 2006

Das elegante Vorstadt-Hotel der Belle Époque ist zum Reich der Algorithmen geworden: Die riesigen Lettern an der Fassade des ehemaligen Victoria künden von der neuen Aufgabe, der »Technik für Menschen«.

Hotel Victoria
Favoritenstraße 11

Ich weiß auf der Wieden ein kleines Hotel

Die Walzerklänge der Tanzfeste und Konzerte sind längst verklungen, der prächtige Hotelgarten, einst »stets in üppigem Flor« und »einzig in seiner Art in Wien«, ist nur mehr in Ansätzen zu erkennen, die Salons, Chambres séparées und »Localitäten«, in denen ein internationales Publikum, aber auch Ansässige Erholung und Vergnügen suchten, sind zum Reich der Algorithmen geworden. Heute wird hier zur künstlichen Intelligenz geforscht, die Institute der Fakultät für Informatik der Technischen Universität Wien arbeiten an der Zukunft, die Vergangenheit ist kein Thema mehr …

»Die Wiedener Vorstadt war das Saint Germain von Altwien«, schrieb einst der Schuldirektor und Heimatdichter Josef Allram und dachte dabei an die hier befindlichen Paläste und prachtvollen Gartenanlagen des österreichischen Adels. Da war der Kaiserweg (heute die Favoritenstraße), der hinausführte zum Sommersitz Kaiser Karls VI., der Favorita, dem heutigen Theresianum, da entstanden in der Alleegasse (heute die Argentinierstraße) die pompösen Refugien der Millionäre des Fin de Siècle. Die uralte Vorstadt, die auf dem Weg nach dem Süden passiert werden musste, war jedoch auch bekannt für ihre zahlreichen Gasthöfe und Herbergen; sie stand für Wiener Gastfreundschaft und Gemütlichkeit. Hier lagen ebenso beliebte wie legendäre »Backhendlstationen«, zu denen der Weg u. a. durch die Kapaunergasse (Kapäundlgasse), heute Schäffergasse, führte, vorbei an den »Häusern zum weißen und zum goldenen Kapaun« (Josef Allram, *Von der Wieden*).

Die Örtlichkeit, an der sich später unter der Adresse Favoritenstraße 11 das Hotel Victoria befinden sollte, trug noch im 18. Jahrhundert den Flurnamen »In der Haberpoint« und umfasste zwei »Hofstatt Weingärten«. 1835 wurde hier ein Haus neu errichtet, das den Schildernamen »Zur Flucht nach Ägypten« trug; wohnhaft waren dort der Stadt-Bauinspektor Anton Behsel (1781–1838) – bekannt durch sein 1829 publiziertes Wiener Häuserverzeichnis – und seine

↑ Beinahe unverändert blieb die eindrucksvolle Front der Fenster an der Rückseite des ehemaligen Hotels. Hier schloss einst unmittelbar der Gastgarten an. Im Bild unten die Gartenfassade des Hotels um 1910. Sammlung Landrichter, Bezirksmuseum Favoriten.

↗ Erhalten blieb auch das luftig-filigrane Glasdach der Eingangshalle, heute das Foyer der im Gebäude beheimateten TU-Informatik-Institute.

Familie. 1857 erwarb der aus Tulln stammende Gastwirt und Hotelier Alois Katzmayr die Liegenschaft und eröffnete am 18. Januar 1862 das Hotel Katzmayr. Alois Katzmayr war zuvor Pächter des Hotels »Zum römischen Kaiser« in der Renngasse 1 gewesen und eine stadtbekannte Figur – verantwortlich dafür war seine Rolle während der Revolution des Jahres 1848: Am 20. Juli 1848 wurde eine Sitzung eines demokratischen Vereins im »Römischen Kaiser« durch ihn – Katzmayr war damals »Oberlieutenant« der bürgerlichen Kavallerie – und seine Reiter gesprengt. Der reaktionäre und antisemitische *Österreichische Zuschauer* würdigte ihn dafür noch 1852 ausführlich: Er wäre ein »Vater, Volksfreund von altdeutscher und altösterreichischer Tüchtigkeit, einer der achtbarsten Bürger der Hauptstadt, der bis dahin dem tollen Treiben der Aula, der Synagoge, des Odeons und des bürgerlichen Zeughauses mit philosophischer Resignation und unterdrückter Loyalität stille zugesehen« hätte, der »Inhaber eines der ersten Hôtels der innern Stadt, eines Hôtels, das zu einem Tummelplatze der bösen Leidenschaften jener Tage herabgewürdigt worden war« (*Der Österreichische Zuschauer,* 12. Mai 1852).

Alois Katzmayr sah sich nach der Eröffnung seines neuen Hotels mit Vorwürfen konfrontiert, dass er »enorme, übermäßige Tarif-Ansätze« gemacht hätte, um Komfort und Luxus in seinem Haus zu finanzieren. Um »solche Unwahrheit« zu widerlegen, verkündete er daher in einem Inserat, dass er den »keineswegs zu hohen Speisen- und Getränke-Tarif« auf das Niveau der »gewöhnlichen Gasthauslokale« senken würde (*Waldheim's Illustrirte Zeitung*, 11. Oktober 1862). Vom reisenden Publikum wurde das

»Einzig in seiner Art in Wien«: Der prachtvolle Garten war in den Sommermonaten die große Attraktion des Hotel Victoria.

neue Hotel jedenfalls gut angenommen, zahlreiche Adelige wählten es als Quartier. Der Name allerdings, so fand man bereits 1863, war nicht besonders werbekräftig gewählt, und so entschied man sich bereits 1863 für eine Umbenennung: Aus dem Hotel Katzmayr wurde das Hotel Victoria; man hoffte, vor allem bei Gästen aus England mit diesem mondän klingenden Namen punkten zu können.

Wie viele andere Hotels verstärkte das Victoria – inzwischen hatte sich die Familie Katzmayr aus dem Hotelgeschäft zurückgezogen – zur Weltausstellung (1873) seine Werbeaktivitäten. So machte die *Wiener Weltausstellungs-Zeitung* in ihrer Ausgabe vom 29. August 1873 auf das Hotel besonders aufmerksam: »Dieses, von dem Besitzer Herrn Gruber persönlich musterhaft geleitete Hotel bietet dem Reisenden all' jenen Comfort und jene ansprechende Eleganz, wie man dieselbe selbst in den luxuriösest ausgestatteten Hotels des Auslandes nicht besser vorfindet. 80 elegant möblirte Zimmer zu den billigsten Preisen mit vorzüglichen und, was wohl die Hauptsache ist, vollkommen reinlichen Betten empfangen die ankommenden Fremden, welche in der im Hause befindlichen Restauration an den exquisitesten Speisen und vortrefflichsten Getränken ihren von der Reise derangirten Körper wieder herstellen können. Der prachtvolle zu dem ›Hotel Victoria‹ gehörige schattige Garten sendet nicht nur freundliche Kühle in die einzelnen Appartements, sondern gestattet auch das Speisen im Freien, was bekanntermaßen den Genuß des Speisens um ein Bedeutendes erhöht.

Die günstige Lage des Hotels an einer frequenten, durch Tramway und Omnibuswagen mit allen Stadttheilen in beständiger Verbindung stehenden Haupt-Verkehrsstraße sowie die persönliche Liebenswürdigkeit des Hotelier's Herrn Gruber, der jedem Fremden bereitwilligst mit Rath und That an die Hand geht, vereint mit den oben angeführten Vorzügen, lassen uns dieses Hotel mit bestem Gewissen allen Ausstellungsbesuchern aufs Wärmste empfehlen.« Die Zimmerpreise waren allerdings anspruchsvoll. So kostete ein Zimmer mit Bett, wie *Das Vaterland* am 2. August 1873 berichtete, von 2 Gulden 20 Kreuzer bis zu 3 Gulden 80 Kreuzer; ein Zimmer mit zwei Betten 3 bis 6 Gulden und »vollständige Appartements« 8 bis 16 Gulden – dafür hatten die »distinguirten Fremden« 80 Zimmer mit »elegantester Einrichtung« zur Auswahl. Auch *Das Vaterland* versäumte es nicht, auf den großen Garten hinzuweisen, eine »Zierde«, die den meisten anderen Hotels fehlen würde.

Von der Haagengesellschaft zum Hagenbund

Die Blütezeit des Hotel Victoria begann mit der Übernahme durch Josef Haagen und Georg Bullinger zu Beginn der 1890er-Jahre. Der Hotelier und Gastwirt Josef Haagen (1846–1918), zu seiner Zeit eine bekannte Persönlichkeit der Vorstadt Wieden, ist mittlerweile vergessen, nicht jedoch die Künstlergesellschaft, der er seinen Namen gab: der Hagenbund. Haagen war damals auch Besitzer des »uralten, weitbekannten« Gasthauses »Blaues Freihaus« in der Gumpendorfer Straße, in dem »fast jeder Tisch und jedes Zimmer seine feste Bestimmung hatte« und in dem das *Neue Wiener Tagblatt* (22. Mai 1903) die »Geburtsstätte der modernen Wiener Kunst« erblicken wollte – nicht zu Unrecht, denn 1879 schlossen sich hier junge Maler, Architekten und Bildhauer zur »Haagengesellschaft« zusammen, aus der später die Wiener Sezession und der Hagenbund hervorgehen sollten. »Zur Wut von Wirt und Kellnern«, so das *Neue Wiener Tagblatt* in seinem »Nachruf« auf das »Blaue Freihaus«, wurden von den Künstlern »sämtliche Tische vollgeschmiert«, ehe man auf die Idee kam, die Einfälle nicht »zu Tisch«, sondern auf Papier zu bringen. Auch bei Sängern und Schauspielern wie Alexander Girardi war das 1903 abgerissene Wirtshaus beliebt; ihren Stammtisch hatten hier des Weiteren die Schlögl-Gesellschaft des Wien-Chronisten Friedrich Schlögl, der Albrecht-Dürer-Verein und ein Kreis von Flugbegeisterten um den Flugpionier Wilhelm Kress.

Josef Haagen mit seiner Gattin Maria. Foto, 5. Oktober 1896, Bezirksmuseum Favoriten. 1913 übernahm Sohn August Haagen zusammen mit dem Hotelfachmann Otto Stepka den Betrieb.

Picknick im Fasching

So wie das »Wimberger« am Neubaugürtel war auch das Hotel Victoria ein Fixpunkt im Wiener Vergnügungskalender. Bei den Tanzfesten im Fasching ging es allerdings vornehm und gesittet zu; bekannt war das »Victoria« für seine noblen »Picknicks«, bei denen nach klassischem französischem Vorbild exquisit soupiert und anschließend getanzt wurde – mit dem Cotillon als Höhepunkt. Über das dritte der »Picknicks der arrangirenden Familien« am 4. Februar 1892 berichtete das *Wiener Salonblatt* (7. Februar 1892): »Die »Gäste verließen das schöne Fest hochbefriedigt über das gelungene Arrangement und enthusiasmirt von dem vornehm intimen Ton, der alle Anwesenden wie gute, alte Freunde mit einander verbindet. Während beim II. Picknick nur in zwei Nebensälen soupirt wurde, mußte diesmal bereits ein drittes, großes Zimmer als Speisesaal adaptirt werden. Die wunderhübsch arrangirten Quadrillen wurden im Carré getanzt und der Cotillon brachte sehr gelungene, ganz neue Touren, so eine Schießtour, bei welcher sich sechs Herren die Ehre mit einer Dame zu tanzen, auf der Scheibe erkämpfen mußten.«

Am Rosenmontag des Jahres 1893 veranstalteten die Gräfin Strasoldo und andere Damen im Hotel Victoria ein »Picknick«, das »einen noch glanzvolleren Verlauf nahm als seine Vorgänger«, wie das *Wiener Salonblatt* am 19. Februar 1893 berichtete: »Die geladene vornehme Gesellschaft war eine so zahlreiche, daß in zwei Salons getanzt wer-

Vergnügungs-Anzeiger.

K. K. Volksgarten.
Heute Donnerstag:
Militär-Promenade-Musik
Eintritt frei.

Weghuber's
Kaffeegarten.
Heute Donnerstag:
Concert-Soirée
der Musikkapelle von
C. M. Ziehrer.
Anfang halb 6 Uhr. Eintritt 40 kr.
A. Weghuber.

Thiergarten am Schüttl.
Heute Donnerstag:
Konzert
der Militärkapelle
Grossherzog v. Hessen.
Entree: Erwachsene 25 kr. Kinder 10 kr.

UNIVERSUM.
Auf Veranstaltung des Unterzeichneten. — Heute und jeden Donnerstag:
Grosse
Nachmittags-Unterhaltung
mit
Ball
und
Militär-Concert.
Graf Jellacic.
Charles und seinem 4 Jahre alten Sohn Sylvester Schäffer.
Pfingstmontag: Wasser- Feuerwerk
A. Stuwer.
A. Ehmann,

Pariser-Garten,
Margarethen, Siebenbrunnengasse Nr. 59. — Heute Donnerstag: Erste Produktion der
Betty Kubin,
J. Kempny.

K. k. priv. Südbahn-Gesellschaft.
Vergnügungszug zu Pfingsten
von
Wien, Bruck, Graz, Marburg nach Triest
und zurück.
Separatzug nach Miramare. Grottenfest in Adelsberg.
Besichtigung der am Pfingstmontag festlich beleuchteten Grotten,
Fahrpreise:
Von Wien 18 Gulden Oe. W. in der II. Wagenklasse
12 III.
Von Bruck, Graz, Marburg 12 Gulden Oe. W. in der II. Wagenklasse
8 III.
Abfahrt in Wien am Samstag den 3. Juni
Rückfahrt in Wien Dienstag am 6. Juni
Wien, im Mai 1865.
Die Betriebs-Direction.

Hôtel Victoria,
Wieden, Favoritenstraße Nr. 11.
Hotel „Victoria“
reine und gute Getränke
Hotel-Garten,
Wien, den 8. Mai 1865.
Alois Katzmayr, Hotel-Inhaber.

Alois Katzmayr, der Gründer des Hotel Victoria, warb mit einem »vorzüglichen preiswürdigen Mittagstisch« und Speisen à la carte »zu jeder Tageszeit« für sein Haus. Inserat im »Vergnügungs-Anzeiger« des Neuen Fremden-Blatts, 1. Juni 1865.

den mußte, die allgemeine Stimmung ungewöhnlich animirt. Den Höhepunkt des in jeder Weise gelungenen Abends bildete ein reizender, von Baron Mundy Temnitschka arrangirter Cotillon mit ganz neuen, sensationellen Touren. Blumen und Mascherln gab es in Hülle und Fülle. Auf allgemeines Verlangen dürfte im Laufe der Fastenzeit noch eine musikalische Soirée im Hotel Victoria veranstaltet werden.«

Ein Liebesnest für Arthur Schnitzler

Mit dem Schlager *Ich weiß auf der Wieden ein kleines Hotel* landete Ralph Benatzky 1915, mitten im Krieg, einen seiner großen Hits. Nicht ausgeschlossen ist, dass der Komponist dabei an das Hotel Victoria und seine verschwiegenen Séparées dachte. In der »Liebespraxis« (Ulrich Weinzierl, *Arthur Schnitzler*) seines erfahrenen Zeitgenossen Arthur Schnitzler, der sich auf der Wieden wie zu Hause fühlte, war das Hotel Victoria jedenfalls ein absoluter Fixpunkt. Kein Zufall, denn das Etablissement bot diese *Chambres séparées* ganz offiziell an – für Schnitzler, den Meister der Liebes-Heimlichkeiten und des diskreten Genießens, ein besonderes Atout. Über ein Jahrzehnt lang stieg er mit seinen »süßen Mädeln« hier ab – so auch mit seiner großen Liebe Marie »Mizi« Glümer, geborene Chlum (1867–1925), die am 31. Mai 1889 zum ersten Mal in seiner Ordination in der Frankgasse 1 auftauchte. »Ich brauche – Liebe. Oder vielleicht nur Abwechslung«, notierte er an diesem Tag in seinem Tagebuch, nicht ahnend, dass schon die nächsten Monate mit Mizi zu einem wahren Rausch werden würden. Schnitzler war »förmlich krank vor Begier nach dem süßen Mädl«, und als die Schauspielerin Anfang September 1889 für einige Tage allein nach Wien kommen konnte, wollte er seiner Geliebten einiges bieten: Dem eleganten Souper folgten die Liebesstunden in einem Hotel, Schnitzler war allerdings mit der Unterkunft, einem »elenden Hotel garni«, dessen Namen er in seinem Tagebuch später nicht verriet, nicht zufrieden, und so wählte er für die nächste Nacht seine Lieblingsabsteige, das Hotel Victoria. Aber auch hier war das Glück nicht ungetrübt. Mizi nervte mit einem »plötzlichen Anfall von Eifersucht« – nicht ganz zu Unrecht, lebte Schnitzler zu diesem Zeitpunkt doch noch mit der Kunststickerin Anna Heeger, von ihm »Jeanette« genannt, zusammen; schließlich verzieh Mizi ihm aber. Am Abend des dritten Tages brachte Schnitzler, ganz Kavalier, Mizi zum Westbahnhof, doch auch das passte ihr nicht – wie könne er sie nur so einfach »fortfahren lassen«? Also hängte man noch eine weitere gemeinsame Nacht im Victoria an. Die Zicken sah Schnitzler seinem »süßen Mädel« gerne nach, denn sie sei »das rechte Mädl, um einen toll zu machen«, wie er am 7. September 1889 im Diarium notierte.

Comtesse Mizi

Als Marie Glümer im Oktober 1892 nach Wiesbaden abreiste, um dort einem Engagement nachzukommen, litt Schnitzler an »schmerzlicher, herzzersprengender Sehnsucht« und weinte »bitterlich« – tröstete sich aber rasch mit einer neuen Bekanntschaft: In Margareten traf er auf Mizi Zach, ein »Weiberl mit Wiener Gesichtl«, dem er nicht widerstehen konnte. Mizi, die behauptete, eigentlich eine »Comtesse Wimpffen« zu sein, bezauberte den aufstrebenden Dichter durch ihr herausforderndes, kokettes Wesen. Von acht Uhr früh bis acht Uhr abends stand sie als Verkäuferin in einem Zuckerbäckerladen in der Rotenturmstraße, erst dann hatte sie Zeit für Schnitzler, der sich trotz »unermesslicher Sehnsucht« nach Marie Glümer auf ein Verhältnis mit ihr einließ.

Für den 3. November 1892 vereinbarte man ein Rendezvous im Hotel Victoria – doch jetzt verweigerte Schnitzler, zu mächtig war die Erinnerung an Marie Glümer: »Ging nicht zum Rv. mit Z. – Dass es auch gerade dort sein musste! – Nie liebte ich sie heißer, als gerade wenn ich mit jener Vertreterin des genus *(sic)* zusammen war. – Ich ging nicht hin. – Die Unbequemlichkeit des Hotels etc. etc. – Nein.« Mizi Zach wollte das nicht so einfach hinnehmen und schrieb ihrem »lieben Arthur« einen Brief – warum er denn zum letzten Rendezvous nicht gekommen sei, ob er vielleicht krank sei? Dann gab sie sich versöhnlich: »Solltest du daher den Wunsch haben, mit mir zusammen zu kommen, wie ich, so würde ich mich sehr freuen, Dich bei mir zu sehen. – Also lieber Arthur komm recht bald, wenn nicht, so schreibe, damit ich weiß, was mit Dir ist« (*Brief von Mizi Zach an Arthur Schnitzler,* Deutsches Literaturarchiv Marbach).

Schnitzler lenkte noch einmal ein, am 11. und am 18. November 1892 verbrachte er jeweils den Abend mit ihr, am 23. besuchte er Mizi Zach sogar im Zuckerbäckerladen. Ihr Pech war es, dass der »liebe Arthur« am 26. November ein weiteres Mädchen kennenlernte, nämlich Josefine »Fini« Weißwasser, die zur übermächtigen erotischen Konkurrenz wurde. Mizi Zach wehrte sich gegen dieses lieblose Zur-Seite-Schieben mit verzweifelten Briefen. So schrieb sie ihm am 29. Dezember 1892: »Lieber Arthur! Es ist mir fast unmöglich, von Dir zu glauben, dass Du mich schon ganz vergessen haben solltest, da Du mich nach dem Anscheine einst doch so lieb hattest; es muß aber dennoch so sein, da Du es nicht einmal der Mühe wert befunden hast, meinen Brief wenigstens als guter Freund zu beantworten. ... Ich habe eine bessere Erziehung genossen und kann daher nicht so gleichgiltig über jene wegwerfende Behandlung hinwegsehen, worüber ich mich sehr kränke, und nicht Ruhe finden kann« (*Brief von Mizi Zach an Arthur Schnitzler,* Deutsches Literaturarchiv Marbach).

Darauf reagierte Schnitzler doch: Am 4. Januar 1893 besuchte er Mizi Zach in ihrer Wohnung in der Grünangergasse und erklärte ihr mit den gewohnt verlogenen Argumenten, dass er nicht genug Mittel habe, um sie zu unterstützen, dass es zu Ende sei – »Sie weinte große Tränen und ich spielte Komödie« (Arthur Schnitzler, *Tagebuch,* Eintrag 4. Januar 1893).

Ich log nicht viel weniger als sie …

Am 29. Oktober 1995 lernte Schnitzler im »Deutschen Volkstheater« Ida Falk kennen. Die junge Frau saß in der Vorstellung von Oskar Blumenthals *Gräfin Fritzi* neben ihm; anschließend wurde sie ihm von ihrem Begleiter Felix Salten vorgestellt. Ida Falk (1862?–1926?), die in einem »Geschäft« arbeitete und offenbar keine geborene Wienerin war, erinnerte Schnitzler an seine andere große Liebe Olga Waissnix, und da er wieder einmal auf der Suche nach Abwechslung war und auch Ida sich »sehr zutunlich« gab, traf er sie im März 1896 öfter. Ida wohnte in der Gumpendorfer Straße 16, und Schnitzler hatte eine gute Strategie parat, um die Bekanntschaft zu vertiefen: Er schrieb ihr, dass sie unbedingt Radfahren lernen müsse – doch dieser Umweg über sportliche Anstrengungen war gar nicht notwendig: Am 21. März kam er ihr nach einem Volkstheaterabend im Ronacher weiter näher: »… zuerst Küsse auf der Stiege; dann hinauf, zum Springbrunnen, ganz leer, nahezu drei Uhr, sie sah rechts, ich links den Gang hinauf, ob wer käme – dann liefen wir aufeinander zu und küssten einander rasend, was eine hübsche Pantomime war« (Arthur Schnitzler, *Tagebuch,* Eintrag 21. März 1896).

Schnitzler wusste, dass er jetzt leichtes Spiel haben würde. Am 25. März dinierte er mit Ida im Riedhof, dann fuhr er mit ihr

Arthur Schnitzler schätzte die Diskretion des Hauses: das Hotel Victoria und die untere Favoritenstraße um 1910. 1917 wurde das Hotelgebäude an die Straßenbahndirektion verkauft.

zum Hotel Union in der Nußdorfer Straße und nahm dort ein Zimmer. Sein etwas zynischer Kommentar im Tagebuch: »Im ganzen wars kein erfreulicher Tag. Sie log viel; hat eine sozusagen transparente Gemeinheit, spielt die demütig zärtliche. Ich log nicht viel weniger als sie, denn ich sagte ihr, dass ich sie liebte« (Arthur Schnitzler, *Tagebuch,* Eintrag 25. März 1896). Diese selbstkritische Sicht auf die Beziehung zu Ida Falk hinderte ihn jedoch nicht daran, gleich die nächste Nacht wieder mit ihr im Hotel Union zu verbringen; »... im ganzen wars sehr schön«, notierte er diesmal in seinem Tagebuch, allerdings mit einer Einschränkung: »Sie wollte einen Schwur, dass ich ihr treu bleiben wolle ... und weinte, als ich es nicht thun wollte.«

Schließlich landete er auch mit Ida wieder im Victoria; inzwischen ging ihm die junge Frau »schon beträchtlich auf die Nerven«. Doch noch war die Lust größer – und dann war da auch noch ein willkommener Nebeneffekt: »Seit ich eine zweite Geliebte habe, hab ich Mz. Rh. (Anm.: = Marie »Mizi II« Reinhard) auch phys. viel lieber wie früher« (Arthur Schnitzler, *Tagebuch*, Eintrag 5. April 1896). Also verbrachte Schnitzler mit Ida Falk weitere Nächte im Hotel auf der Wieden, obwohl er laut Tagebuch (10. April 1896) »ungern« zu diesen Rendezvous ging und froh war, wenn er wieder wegkam. »Wie gewöhnlich« ließ er Ida nach der gemeinsamen Liebesstunde allein im Hotel zurück. So auch am 5. Mai 1896: »Anfangs reizt sie mich sehr, wird mir aber rasch zuwider. Heute stellte sie sich literar. interessiert – ich sollte etwas nur für sie schreiben – wie süss!« (Arthur Schnitzler, *Tagebuch,* Eintrag 5. Mai 1896).

Schnitzler, der in diesen Tagen wieder von seinen beiden Mizis in Anspruch genommen wurde, hatte jedoch schon beschlossen, sich von »dieser albernen Frau F.« (Arthur Schnitzler, *Tagebuch,* Eintrag 30. Juli 1896) zu trennen – Ida musste sich damit abfinden, da halfen auch Tränen und Liebesschwüre nichts. Nach einem letzten gemeinsamen Spaziergang am 30. Dezember 1899 brach Schnitzler den Kontakt zu Ida Falk endgültig ab. Sein zwiespältiges Resümee zu seinen Beziehungen: »Im ganzen gegen jede rücksichtsvoll und rücksichtslos zugleich« (Arthur Schnitzler, Tagebuch, Eintrag 10. April 1896).

Silvesterabend mit P. M.

Am 26. August 1903 heiratete Schnitzler Olga Gussmann, schon ein Jahr früher, im August 1902, war der gemeinsame Sohn Heinrich geboren worden. Doch zuvor sollte das Hotel Victoria ein letztes Mal als Ort amouröser Heimlichkeiten von Bedeutung sein: Am 3. November 1899 tauchte eine neue Bekanntschaft, die hübsche 26-jährige Schauspielerin Leopoldine »Poldi« Müller, unter dem Kürzel »P.M.« zum ersten Mal in Schnitzlers Tagebuch auf: Er hat die 1873 geborene Schauspielschülerin im Salon der Hand- und Nagelpflegerin Anna Springer in der Dorotheergasse 3 kennengelernt, in dem er Stammkunde war. »Zufällig« war Leopoldine Müller, die alle nur »Poldi« nannten, eine Woche später wieder bei Anna Springer zugegen, und so ergriff Schnitzler die Gelegenheit beim Schopf: Für den 12. November 1899 lud er sie zu einem feinen Abendessen im »Silbernen Brunnen« in der Berggasse 5 ein, am 14. November war er mit ihr auf der Hohen Warte spazieren; sie fielen sich »im

Feierte mit Arthur Schnitzler im Victoria den Silvesterabend des Jahres 1900: die Schauspielerin Leopoldine »Poldi« Müller.

freien um den Hals« und am 16. besuchte er »P. M.« in ihrer Wohnung, Tuchlauben 22. Am 18. November erstattete ihm Poldi einen Gegenbesuch in der Spöttelgasse (heute Edmund-Weiß-Gasse 7); es kam zum ersten zärtlichen Zusammensein, das allerdings zum Fiasko geriet – Schnitzlers Manneskraft versagte, was ihn »unverhältnismäßig verstimmte« (Arthur Schnitzler, *Tagebuch,* Eintrag 18. November 1899).

Das Verhältnis mit Poldi Müller dauerte dennoch an; im Sommer 1900 unternahm Schnitzler mit ihr einen Ausflug ins Gesäuse und ins steirische Salzkammergut, danach schien die große Leidenschaft verflogen – Schnitzler, der zu diesem Zeitpunkt auch schon mit Olga Gussmann bekannt war, ärgerte sich über die zunehmende Kühle Poldis. Erstmals sah er sich in der ungewohnten Situation, dass er um mehr Liebe betteln musste. So gestand er sich am 8. September 1900 im Tagebuch ein: »Unzufriedenheit mit der zu geringen Zärtlichkeit von P. M. und Aerger über mich, dass ich sie brauche. Antipathie gegen mein ganzes Wesen.« Am 16. November 1900, am Abend zuvor hatte Schnitzler ein zweites Mal mit Olga Gussmann geschlafen, kam es zwischen ihm und Poldi Müller zu einer turbulenten Szene: »Sie hatte einen ihrer gemeinen Tage; ich prügelte sie; sie ging, wollte gehen – zu meiner Schande: war ich so hin, als sie gehen wollte, dass ich ihr zuerst ein halbes Gansl nachwarf und dann weinte; dann blieb sie und es war sehr hübsch« (Arthur Schnitzler, *Tagebuch,* Eintrag 16. November 1900).

Die »Agonie« der Beziehung zu Poldi Müller ließ sich nicht mehr leugnen, dennoch war sie die Frau, mit der zusammen er das Jahr 1900 ausklingen lassen wollte. Am Vormittag des 31. Dezember 1900 war er noch bei Olga Gussmann, für den Silvesterabend zog er jedoch die Gesellschaft Poldis vor – und feierte mit ihr im Hotel Victoria. »Ende des 19. Jahrhunderts«, notierte Schnitzler im Tagebuch. Nach dieser symbolträchtigen Silvesterfeier, die auch für ihn das Ende eines Lebensabschnitts markierte, gab es wieder Streit mit Poldi, und dann, am 21. Januar 1901, noch einmal eine Versöhnung – auch diese wurde im Hotel Victoria gefeiert. Es war wohl die letzte gemeinsame Liebesstunde, im Februar 1901 erfolgte der »endgiltige Abschied« von »P. M.« (Arthur Schnitzler, *Tagebuch,* Eintrag 3. Februar 1901).

Ganz vergessen konnte Schnitzler die Affäre mit »P. M.« jedoch nicht. In seinen Träumen, so bezeugen die Tagebuchnotizen, tauchte Leopoldine Müller einige Male wieder auf. Sie heiratete im Juli 1905 den Fabrikanten Heinrich Manoschek (1862–1922) und machte als Schauspielerin eine ansehnliche Karriere. Für kurze Zeit war sie auch am Burgtheater engagiert, wo sie 1909 bei der Wiener Premiere von Arthur Schnitzlers Stück *Der Ruf des Lebens* mitwirkte. 1910 ging sie nach Frankfurt am Main, es folgten Engagements in Berlin, Dresden und Stuttgart. 1915 holte sie Direktor Josef Jarno an das Theater in der Josefstadt, 1920 war sie als »süßes Mädel« in der ersten Berliner Fassung von Schnitzlers *Reigen* zu sehen, daneben spielte sie in einer Reihe von Stummfilmen, so 1915 in *Das Kriegspatenkind* (Regie: Emil Leyde) und 1920 in *Brigantenliebe* (Regie: Martin Hartwig).

Im Oktober 1924 kam es in der Nähe des Hotel Victoria noch einmal zu einer Begegnung mit Schnitzler: »Ging an der Paulanergasse vorbei – dachte M. G.s (Anm.: = Marie Glümers); – traf dann nach vielen vielen Jahren Poldi M. (die indes Witwe geworden und ganz allein lebt)« (Arthur Schnitzler, *Tagebuch*, Eintrag 31. Oktober 1924). Möglicherweise hat Schnitzler bei diesem zufälligen Zusammentreffen aber etwas missverstanden oder Poldi Müller verschwieg ihm etwas: Sie war zwar 1922 Witwe geworden, hatte aber im Oktober 1923 den jüdischen Architekten Bruno Bauer (1880–1938) geheiratet, der nach dem sogenannten »Anschluss« nach London emigrierte. Schnitzlers Gefährtin vom Silvesterabend 1900 blieb allein in Wien zurück, sie starb 72-jährig am 18. Januar 1946.

Erinnerung ist nicht gefragt

Nach der Schließung des Hotel Victoria befand sich in den Häusern Favoritenstraße 9 und 11 jahrzehntelang die Direktion der Wiener Stadtwerke. Seit 1999 sind in beiden Gebäuden Institute der Fakultät für Informatik der Technischen Universität beheimatet, unter ihnen auch das Institut für »Logic and Computation«. Im Zuge der »Neugestaltung der Erdgeschoßzone« ab 2017 wurde ein Hörsaal für knapp 130 Personen eingerichtet, im ersten Obergeschoss wurden drei Seminarräume und zwei PC-Labors geschaffen. Die Fassade ist von einer riesigen Aufschrift in Großbuchstaben bedeckt, die nur mit Mühe von der anderen Straßenseite aus zu entziffern ist:

TU WIEN TECHNIK FUER MENSCHEN WISSEN
SCHAFTLICHE EXZELLENZ ENTWICKELN &
UMFASSENDE KOMPETENZ VERMITTELN

Eine Tafel mit Informationen zur Geschichte des Hauses sucht man dagegen vergeblich. Ich frage mich, ob »umfassende Kompetenz« nicht nur technische Fertigkeiten meinen sollte, sondern auch ein bisschen mehr Gespür für das, was einmal war …

Ausgewählte Literatur

1835: Hotel Victoria. In: Die Fakultät für Informatik: Schlüsseltechnologie der Informationsgesellschaft = The Faculty of informatics: key technology of the information society. Herausgegeben von Gerald Steinhardt. Wien-Köln-Weimar, 2016, S. 87–88

Josef Allram: Von der Wieden. In: Neues Wiener Tagblatt, 9. Februar 1903, S. 1-2

Karl Hofbauer: Die Wieden mit den Edelsitzen Conradswerd, Mühlfeld, Schaumburgerhof und dem Freigrunde Hungerbrunn. Histor.-topogr. Skizzen zur Schilderung der Vorstädte Wiens. Wien, 1864

Johannes Sachslehner: Alle, alle will ich. Arthur Schnitzler und seine süßen Wiener Mädel. Wien-Graz-Klagenfurt, 2015

Arthur Schnitzler: Tagebuch 1879–1931. Unter Mitwirkung von Peter Michael Braunwarth u. a. herausgegeben von der Kommission für literarische Gebrauchsformen der Österreichischen Akademie der Wissenschaften. Obmann: Werner Welzig. 10 Bände. Wien, 1981–2000

Ulrich Weinzierl: Arthur Schnitzler: Lieben, Träumen, Sterben. Frankfurt am Main, 1998

Dokumente

Deutsches Literaturarchiv Marbach am Neckar, Bestand Nachlass Arthur Schnitzler, Handschriftensammlung: Briefe und Karten an Arthur Schnitzler von Marie Glümer, Ida Falk, Mizi Zach und Leopoldine Müller

Bei hohen Militärs und ungarischen Diplomaten ein beliebtes Quartier in bester Lage: das Hotel Klomser in der Herrengasse 19. Doch dann kam Alfred Redl ... Foto 1910.

Suizid auf Zimmer Nummer 1

Über das Hotel Klomser wurde immer wenig gesprochen. Eigentlich gab es nur einen Grund, seinen Namen und seine Existenz zu erwähnen: die Affäre Redl. Ein Suizid am Vorabend des Ersten Weltkriegs, der zur Legende wurde und dessen Hintergründe bis heute nicht vollständig geklärt sind. Das Hotel, bis zu diesem Zeitpunkt ein Hort Wiener Gastlichkeit und heiterer Lebensfreude, hatte plötzlich mit seiner Reputation zu kämpfen – das vielgepriesene, alt-wienerische Gemütlichkeit ausstrahlende Klomser wurde zum »unheimlichen Hotel« und zum »Hotel des Hochverrats« – Zuschreibungen, die jedoch vieles überdeckten und der Bedeutung des Hotels nicht gerecht wurden.

Elf Jahre lang sollte das Klomser nach den spektakulären Ereignissen vom 24. und 25. Mai 1913 noch existieren, dann musste es zusperren. Mit dem Zusammenbruch der Monarchie hatte es einen großen Teil seines Publikums verloren. Ein Jahrhundert später sind die Spuren verwischt, an der Ecke Herrengasse 19/Bankgasse 2 erinnert nichts mehr an den Hotelbetrieb; geblieben ist das eindrucksvolle Rundbogenportal, das von Wappen und Krone der Fürsten Batthyány bekrönt wird – eine letzte Reminiszenz an Eleonore Gräfin Batthyány, die Freundin Prinz Eugens, die den barocken Palastkomplex einst für sich umgestalten ließ.

Das noble Palais hat seine plebejische Hotelvergangenheit rigoros abgestreift, niemand scheint ein Interesse daran zu haben, die Erinnerung hochzuhalten. Das ist schade, denn wer sich auf die Spur des Hotels und seines Gründers setzt, taucht ein in die faszinierende, schillernde Welt der Alt-Wiener Gastronomie.

Alois Klomser, geboren 1816 in Gedersdorf bei Krems, hätte dem Wunsch seiner Eltern zufolge Fleischhauer werden sollen, ging aber 1834 nach Wien und begann dort als Kellner und später auch als Geschäftsleiter in den »ersten Restaurationen« der Residenzstadt zu arbeiten, so u. a. im »Gol-

↑ Durch das typische Hotel-Metalldach und den markant vorspringenden Fensterverbau wurde dem barocken Portal Fischer von Erlachs viel von seiner Wirkung genommen. Das Restaurant wurde verpachtet und besaß einen separaten Eingang. Foto, um 1900.

↑ Vom Hotel Klomser sind keine Spuren mehr zu entdecken; geblieben ist allerdings das prachtvolle hochbarocke Portal mit Wappen und Krone der Fürsten Batthyány.

denen Fassel« auf der Landstraße, im Hotel »Zur goldenen Krone« in der Wiedner Hauptstraße, im »Römischen Kaiser« auf der Freyung und bei Georg Streitberger im »Goldenen Jägerhorn« in der Dorotheergasse. 1854 kaufte er die Gastwirtschaft »Zum Strobelkopf« in der Wollzeile Nr. 866 (heute Wollzeile 6–8) und benannte sie in »Zum alten Strobelkopf« um. »Diese Restauration«, so die *Morgen-Post* vom 15. Oktober 1884, »blühte unter Klomser's Leitung in großartiger Weise auf und bald war Klomser der populärste Restaurateur Wiens.« Zu diesem Ruf trug nicht zuletzt auch »Klomser's Biergarten zum Stadtpark« bei, kurz auch »Klomserei« genannt, ein »Lieblingsplatzl der echten, fidelen, gemüthlichen Wiener, die dort ein vortreffliches Bier, eine mit Recht berühmte Kost – (à la Strobelkopf) und eine aufmerksame Bedienung finden, da der Oberkommandant Klomser seine krügeltragenden und tellerschwingenden Schaaren streng überwacht« (*Hans-Jörgel von Gumpoldskirchen,* 28. April 1866). Die Stadt Wien konnte die Verdienste Klomsers nicht übersehen und verlieh ihm 1859 das Bürgerrecht.

1871, im Vorfeld der Weltausstellung des Jahres 1873, wagte Alois Klomser schließlich den Einstieg ins Hotelgeschäft: Er pachtete das Batthyány-Palais in der Herrengasse und eröffnete dort das Hotel Klomser. Der Hotelier Klomser, so urteilte die *Morgen-Post,* hätte sich »bedeutende Verdienste um die Verbesserung des Hotelverkehrs und Gasthauslebens, sowie um die Förderung des Fremdenzuflusses erworben«, vor allem aber sei er ein »Stück Altwien, ein Wiener Bürger von echtem Schrot und Korn, ein Mann, der nach einem halbhundertjährigen Dienste im Wirthsgeschäfte seinem ganzen Stande zur Zierde gereicht« (15. Oktober 1884).

Tatsächlich gründete sich der Erfolg Klomsers auch am Standort Herrengasse zunächst auf ein Restaurant, mit dem ein bescheidener Hotel-garni-Betrieb verbunden war – es fehlten noch die entsprechenden Räumlichkeiten, die erst später gepachtet werden konnten. Das neue Lokal war zu allen Tageszeiten überfüllt, ein Verdienst des Wirts, wie ein begeisterter Kritiker fand: »Die schönste Einrichtung, die besten Speisen, die pünktlichste Bedienung, ein, diesem Allem entsprechender Preis, der sehr billig angesetzt ist – das alles sind mächtige Factoren, welche jedem Restaurationsfreunde den Aufenthalt in Klomser's Localität kurzweilig, lieb und angenehm machen.« Alois Klomser verstünde es eben, »ganz Wirth zu sein« (*Express,* 3. September 1871).

Mein Name ist Bismarck

In den *Jörgel-Briefen (Hans-Jörgel von Gumpoldskirchen)* vom 18. Januar 1890 erzählt Carl Costa, der nunmehrige Redakteur der Zeitschrift, folgende Anekdote über den »alten Klomser«: »Als er noch den ›Strobelkopf‹ als Restaurateur besessen, is der damalige von, jetzt Fürst Bismarck, bei ihm als Gast eingetreten, er hat drei große Hunde bei sich gehabt, einem der Hunde muß nun der Klomser net paßt haben, denn selber (sic) is immer auf ihn zugesprungen, so daß Herr Klomser endlich, um den Vierfüßler abzuwehren, diesem eine mit den (sic) Hangerl hinaufschmierte. Der Hund knurrte, fletschte die Zähne, Bismarck sah dies, rief den Restaurant (sic) Klomser zu sich und meinte, ›meine Hunde brauchen Sie nicht zu hauen, wenn's noth, thue ich das, mein Name ist Bis-

Ferdinand Klomser, der Sohn und Nachfolger von Alois Klomser, setzte in der Bewerbung des Hauses ganz auf die Nähe zu den Ministerien und zum ebenfalls nur wenige Gehminuten entfernten Hofburgtheater. Ansichtskarte, um 1898.

marck‹. Jetzt erst wußte Klomser, mit wem er es zu thun habe und er concentrirte sich unter vielen Entschuldigungen nach rückwärts. Heute aber erzählt er mit gewissem Behagen seinen Gästen die Affaire mit dem Hunde Bismarck's, dem er durchaus net zu Gesichte stand.«

Das Hotel etablierte sich und überzeugte durch exzellentes Service; die Zimmerpreise, so der *Führer durch Wien und Umgebung* von Eduard Seis, bewegten sich Ende der 1870er-Jahre zwischen 1,50 und 4 Gulden; in der Bierhalle des Hauses, die bei einem Klomser-Betrieb offenbar nicht fehlen durfte, gab es Pilsner Bier in bester Qualität.

Die *Wiener Vorstadt-Presse* (29. Januar 1879) berichtete lobend: »Das Hotel Klomser in der innern Stadt, Herrengasse, erweist sich seiner Lage, im ›Aristokratenviertel‹, würdig. Ein Fremder, der an Comfort und Behaglichkeit vom Hause aus gewohnt ist, wird dieses in der Ferne selten vereint finden. Wir können daher allen Reisenden, welche in Wien einen ephemeren Aufenthalt nehmen wollen, das Hotel Klomser bestens empfehlen. Herr Klomser ist nach jeder Richtung hin bestrebt, den weitgehendsten Ansprüchen seiner Gäste gerecht zu werden, ja sogar vielfach zuvorzukommen. Elegante, comfortable Einrichtung und aufmerksame Bedienung lassen den Fremden hier bald sich heimisch fühlen, wozu die exquisiten Speisen und echten Getränke das ihrige beitragen. Hierbei sei besonders hervorgehoben, daß die Küche insbesondere dem Geschmacke jeder Nationalität volle Rechnung

Ausnahmsweise nicht in Uniform: Oberst Alfred Redl finanzierte sein aufwendiges Privatleben durch Hochverrat.

trägt. Aber auch der Wiener speist mit Vorliebe beim ›Klomser‹, dessen Name seit Langem allen Feinschmeckern geläufig ist.«

Das gute alte Hotel Klomser

Durch die Nähe zum k. u. Ministerium am Allerhöchsten Hoflager, dessen Sitz sich in der Bankgasse 6 – heute ist dort die ungarische Botschaft – befand, wurde das Hotel Klomser zu einem beliebten Treffpunkt ungarischer Diplomaten, Politiker und Aristokraten; ungarische Gäste, die oft wochenlang in diesem Hotel wohnten, prägten dessen Bild. »In den Speisesälen ... herrschte ein großer Betrieb, In (sic) den Separees wurde manch wichtige politische Konferenz abgehalten, in der Halle antichambrierten die Deputationen«, berichtete *Die Stunde* am 31. Juli 1924 anlässlich der Schließung des Hotels. Wie die Zeitung hervorhob, hatte das Klomser in seiner Blütezeit »fast nur ständige Wohngäste«, wobei der ungarische Adel auch später dem Hotel treu blieb, während die Politiker in die Ringstraßenhotels übersiedelten. Nach seinem Rücktritt als Staatspräsident Ungarns am 21. März 1919 hielt sich Graf Mihály Károlyi, der am 31. Oktober 1918 die Realunion mit Österreich beendet hatte, für einige Tage in Wien auf. Er stieg, der Tradition folgend, im Hotel Klomser ab und trug sich als »M. Károlyi, Rentier aus Budapest« ins Gästebuch ein. Am Abend des 29. März 1919 kam es zu einem vielbeachteten Zwischenfall: Als Károlyi das Hotel verließ, trat Graf Louis Salm, ehemals Mitglied seines Freundeskreises, auf ihn zu, schlug ihn ins Gesicht und rief: »Das haben Sie für die Südwestfront!«

Es gab aber auch andere Gäste: 1896 kam ein junger Lübecker Kaufmannssohn aus München nach Wien. Über drei Jahrzehnte später, inzwischen mit dem Nobelpreis für Literatur ausgezeichnet, sollte er sich an diesen Aufenthalt in Wien erinnern: »Wien? Mein Verhältnis zu Wien? Darüber ist nichts Neues zu sagen; aber das Alte, Gute auf Verlangen immer wieder sagen, wird mich nie verdrießen. In jungen Jahren kam ich zuerst dorthin, mit einundzwanzig, als mir soeben eine durch mein Mündigwerden fällig gewordene Polizze von zweihundert Mark ausbezahlt worden war. Diese, hatte ich beschlossen, in Wien zu verprassen, und es war in drei oder vier Tagen geschehen, obgleich ich bloß in dem guten, alten Hotel Klomser in der Herrengasse wohnte. Es hatte so gutmütig getünchte Korridore, und wenn ich jetzt in Wien bin und die Fürstlichkeit des Hotel Imperial (zu ermäßigtem Preis) mich umgibt, weihe ich dem alten, entschwundenen Klomser ein freundliches Gedenken« (Thomas Mann, *Die Forderung des Tages*).

Die Affäre Redl

Für das Wochenende vom 24. und 25. Mai 1913 entschloss sich Oberst Alfred Redl, Generalstabschef des k. u. k. VIII. Korps in Prag und langjähriger Mitarbeiter im Geheimdienst seiner Majestät Franz Josephs I., zu einer Fahrt nach Wien. Es gab einiges zu erledigen, »Geschäftliches« und Privates. Vor allem wollte er sich mit »Stefan« aussprechen – der in Stockerau beim k. u. k. Ulanenregiment Nr. 7 stationierte Ulanenleutnant Stefan Horinka war seit Jahren sein Geliebter, wollte sich aber offenbar von ihm trennen. Der Oberst dachte an ein großzügiges Geldgeschenk, das Stefan möglicherweise umstimmen könnte. Am Mercedes waren die Reifen zu wechseln und einige Dinge zu reparieren, was der Chauffeur vorzugsweise in der Werkstatt von Johann Zednicek am Brigittaplatz vornehmen lassen sollte. Bei Gelegenheit könnte Redl mit seinem Freund, dem Generaladvokaten Dr. Victor Pollak, zu Abend essen – und dann war da noch eine wichtige Sache: Am Hauptpostamt war wieder einmal Post zu beheben.

Gemeinsam mit seinem Chauffeur machte sich Redl am frühen Morgen des 24. Mai auf den Weg nach Wien, wo man nach einer lästigen Panne erst in den frühen Nachmittagsstunden ankam. Während der Chauffeur den Mercedes in die Werkstatt brachte, fuhr Redl mit einem Taxi zum Hotel Klomser; seine Absicht war es, bis zum Dienstag, dem 27. Mai, in der Residenzstadt zu bleiben. Er erhielt das Zimmer Nr. 1, die passende repräsentative Bleibe für einen Mann seines Ranges, mit bequemen Stilmöbeln eingerichtet; es gab ein Sofa, einige Fauteuils und Sessel, einen kleinen Tisch, einen schmalen Schreibtisch und einen großen Spiegel, an der Wand hinter dem Sofa hing ein Gemälde.

Redl, der erst im November 1912 nach Prag übersiedelt war, hätte auch in seiner Wohnung in der Wickenburggasse 10 absteigen können, für die er immerhin jährlich 2.400 Kronen Zins bezahlte. Doch für dieses etwas heikle Wochenende zog er die Anonymität des Hotels vor, in der Wickenburggasse hätte seine Ankunft doch einiges Aufsehen erregt. Die Innenstadtlage des Klomser war ein weiterer Vorteil.

Die Falle am Hauptpostamt

Für den Weg zum Hauptpostamt wählte Redl, der auf seine Toilette äußerste Sorgfalt legte, einen eleganten grauen Anzug, das würde auch gleich für das Treffen mit Dr. Pollak passen. Es war etwa 17 Uhr, als er im Hauptpostamt Wien am Fleischmarkt zum Schalter für postlagernde Briefe trat und fragte, ob Briefe für einen Herrn Nikon Nizetas eingetroffen seien. Die Schalterbeamtin Betty Hanold hatte erstaunlich schnell zwei Kuverts bei der Hand, aufgegeben laut Poststempel am 7. Mai bzw. am 9. Mai 1913 in Berlin, adressiert an einen gewissen Nikon Nizetas. Der Herr vor dem Schalter, Schnurrbartträger, sie schätzte ihn auf Ende vierzig, nickte zufrieden, füllte routiniert die Abholscheine aus und übernahm die beiden Briefe. Die Schalterbeamtin, die etwas nervös wirkte, versuchte noch, ihn in ein Gespräch zu verwickeln, doch Redl war vorsichtig. Er verließ die Schalterhalle, ging zum Schwedenplatz und stieg dort in ein Taxi, als Ziel gab er das Hotel Klomser an, Herrengasse 19. Eigentlich hätte der Oberst die nicht allzu weite Strecke zum Hotel auch zu Fuß gehen können, doch er hatte es eilig. Noch im Taxi öffnete er die Briefe; sie enthielten die erwarteten Geldsummen – wahrscheinlich 6.000 bzw. 7.000 Kronen.

Er ahnte nicht, dass er in eine Falle getappt war und die Schlinge sich um ihn bereits zusammenzog: Denn ein dritter Brief an Nikon Nizetas war der k. u. k. Spionageabwehr, dem sogenannten Evidenzbüro, bekannt geworden. Redls Verhängnis war, dass er diesen postlagernden Brief zu lange nicht abgeholt hatte, sodass dieser an das Aufgabepostamt Eydtkuhnen in Ostpreußen zurückgegangen war. Dort hatte man den Brief geöffnet und neben 6.000 Kronen in bar auch verdächtige Schreiben eines »J. Dietrich« gefunden, was die Postverwaltung veranlasste, den merkwürdigen Brief an den deutschen Geheimdienst in Berlin weiterzuleiten. Dieser schickte das Schreiben sofort an das Evidenzbüro in Wien, wo Major Maximilian Ronge, ehemals Schüler von Alfred Redl, die Idee hatte, den Brief zu »restaurieren« und noch einmal am Hauptpostamt zu hinterlegen. Als jedoch zwei weitere Briefe an den geheimnisvollen Herrn Nizetas eintrafen, zog man das präparierte Schreiben zurück.

Alfred Redl bemerkte nicht, dass der Schalter im Hauptpostamt bereits überwacht wurde. In einem Zimmer hielten sich drei Polizeidetektive verborgen, die durch einen elektrischen Klingelton von der Abholung des Briefes informiert wurden und sich dann an die Fersen des eleganten Herrn in Uniform hefteten. Sie sahen gerade noch, wie er in ein Taxi stieg, waren aber geistesgegenwärtig genug, sich das Kennzeichen zu merken. Und sie hatten Glück: Der Fahrer des Wagens kehrte zu seinem Standplatz zurück; auf Befragung gab er bereitwillig über seine letzte Fahrt Auskunft. Dann hatten die Polizeidetektive noch einmal Glück: Auf dem Rücksitz des Wagens entdeckten sie das braune Futteral eines Taschenmessers – nach Meinung des Taxifahrers musste dies der letzte Fahrgast verloren haben.

In wenigen Stunden werde ich tot sein

Die Polizeiagenten fuhren nun mit demselben Taxi zum Hotel Klomser und sprachen zunächst mit dem Portier. Sie wollten wissen, wer zuletzt im Hotel angekommen sei. Die Antwort kam schnell: der Herr Oberst Redl aus Prag. Für die Detektive eine Antwort, die sie kaum glauben konnten, doch die Zweifel schwanden rasch: Der Taxichauffeur erkannte Redl wieder, als dieser plötzlich die Treppe herunterkam und ins Foyer trat. Redl legte seinen Zimmerschlüssel auf die Theke vor dem Portier, der ihn dann mit der Frage überraschte: »Haben Herr Oberst nicht dieses Futteral verloren?« (zitiert nach Verena Moritz, Hannes Leidinger, *Oberst Redl*). »Ja«, antwortete Redl und wollte schon fragen, wo es denn gefunden wurde, als ihm einfiel, dass er damit den Geldbrief am Hauptpostamt aufgeschnitten hatte; gleichzeitig bemerkte er einen der Polizeibeamten und erkannte in dieser Sekunde, dass sein Spiel verloren war.

Egon Erwin Kisch, der »rasende Reporter«, der die Affäre Redl an die Öffentlichkeit brachte, schilderte diesen Moment ebenso fantasie- wie eindrucksvoll in seinem Bericht *Der Fall des Generalstabchefs Redl*: »Oberst Redl ist ganz blaß. Er weiß: In wenigen Stunden werde ich tot sein.«

Die drei Polizeiagenten ließen Redl jedoch zunächst ungehindert gehen. Während einer versuchte, dem Oberst zu folgen, informierte ein Kollege ihren Chef, Polizeiregierungsrat Edmund von Gayer, der zunächst nicht glauben konnte, dass der Vorwurf gegen Redl stimmte: »Unmöglich! Sie müssen sich irren.« Sofort wurde Ronge benachrichtigt und gebeten, zu Gayer ins Polizeipräsidium zu kommen, etwas »Schreckliches« sei passiert. Ronge, der gerade zu Hause beim Essen saß, stürzte sich »atemlos« in den »nächsten Tramwaywagen«. »Die Offiziere der Kundschaftergruppe«, so Egon Erwin Kisch, »sind in beispielloser Erregung. Ihr Vorgesetzter, ihr Lehrer, ihr Vorbild, ihr Ratgeber ist es, um den es sich handelt.«

Redl, der offenbar wusste, dass er verfolgt wurde, zog einige belastende Aufgabescheine aus der Tasche, zerriss sie und warf sie in der Passage zur Freyung zu Boden– der Polizeibeamte sammelte sie ein und ließ sie ins Büro von Gayer bringen; schnell hatte man nun die Bestätigung: Es handelte sich um Aufgabescheine für Sendungen an Spionageadressen, die Maximilian Ronge bekannt waren. Oberst Redl, daran bestand nun kein Zweifel mehr, war der lange gesuchte Verräter in den eigenen Reihen. Doch wie sollte man gegen ihn vorgehen? Wie den Skandal vermeiden?

Zunächst informierte August Urbański von Ostrymiecz, der Leiter des Evidenzbüros, den Generalstabschef Conrad von Hötzendorf, der eben im Grand Hotel am Ring in großer Gesellschaft beim Abendessen saß. Conrad befahl, Redl zu verhören; er stimmte dann dem Vorschlag von Maximilian Ronge und August Urbański zu, dem Oberst die Möglichkeit zu geben, seinem Leben ein »rasches Ende« zu bereiten. Dies war, wie sie glaubten, eine diskrete und »angemessene« Lösung des Falls; den Kaiser wollte man vorerst nicht informieren. Die Alternative wäre gewesen, Alfred Redl vor ein Kriegsgericht zu stellen – in diesem Fall hätte dem Verräter laut Militärstrafgesetz der Tod am Galgen gedroht. Für die Militärs unvorstellbar.

In der Zwischenzeit saß Redl mit Generaladvokat Victor Pollak beim Abendessen im Riedhof in der Wickenburggasse 15. Von einem gemütlichen Mahl konnte allerdings keine Rede sein – Redl überraschte seinen Freund mit dem Geständnis, dass er sich »gegen Moral und Standesehre vergangen habe und überwacht werde«, und bat ihn um eine Schusswaffe, um damit Selbstmord begehen zu können (zitiert nach Verena Moritz/Hannes Leidinger, *Oberst Redl*). Pollak, völlig konsterniert ob dieser seltsamen Aussagen, zweifelte am Geisteszustand Redls und rief um etwa 22 Uhr vom Café Kaiserhof aus, in das man gewechselt war, bei Gayer im Polizeipräsidium an. Redl sei wohl wahnsinnig geworden, man müsse ihn in die Psychiatrie bringen. Gayer riet zu Gelassenheit und bat Pollak, Redl zu beruhigen und zurück zum Hotel zu begleiten. Um 22.30 Uhr trennten sich die Freunde vor dem Klomser; Redl zog sich auf sein Zimmer zurück, verließ dieses aber noch einmal, um im Café Central gleich gegenüber noch einen Kaffee zu trinken und »sichtlich erregt« (*Deutsches Volksblatt*, 31. Mai 1913) einen Brief und einige Karten zu schreiben.

Eine Schusswaffe haben Sie, Herr Redl?

Nach Mitternacht, um 0.30 Uhr, klopften Ronge, Urbański und zwei weitere Offiziere, Franz Höfer von Feldsturm, der stellvertretende Chef des Generalstabs, und der Militär-Auditor Wenzel Vorlicek, an die Tür von Zimmer Nr. 1. Redl wusste: Das war die Stunde des Gerichts. Kisch beschrieb die Szene: »Er erhebt sich wankend, Leichenfarbe im Gesicht. ›Ich weiß, weshalb die Herren kommen‹, bringt er langsam heraus. ›Ich habe mein Leben verwirkt, und ich bin eben im Begriffe, Abschiedsbriefe zu schreiben.‹« Wie Maximilian Ronge in seinen Erinnerungen berichtete, war Redl bereits entkleidet, eine »Rebschnur« zum Suizid lag angeblich bereit.

Ronge hob später seine Rolle in diesem Drama hervor: »Redl war ganz gebrochen, wollte sein Geständnis aber nur mir allein machen. Die anderen Kommissionsmitglieder begaben sich in ein anderes Zimmer und nun erzählte er, daß er in den Jahren 1910 und 1911 die fremden Staaten im großen bedient hatte; in letzter Zeit mußte er sich auf das beim Prager Korpskommando zugängliche Material beschränken. Er lieferte grundsätzlich photographische Kopien der Reservatbehelfe.«

Urbański fragte Redl nach Komplizen; der antwortete, dass er keine Komplizen gehabt hätte, er hätte die Spionage nur zwei Jahre lang betrieben, alle Unterlagen dazu würde man in seiner Prager Dienstwohnung finden. Die Männer der Kommission gaben sich damit zufrieden, die letzte Frage lautete: »Eine Schusswaffe haben Sie, Herr Redl?« Als Redl verneinte, wurde ihm angeboten, sich eine Waffe aussuchen zu dürfen – der enttarnte Spion, dem seine Homosexualität und sein ausschweifender Lebensstil zum Verhängnis geworden waren, entschied sich für einen Revolver. Da keiner der Herren einen Revolver bei sich trug, fuhr Urbański in sein Büro am nahen Platz Am Hof, um seine Browning zu holen. »Zur Sicherheit« brachte er auch noch Gift mit.

Redl händigte ihnen noch die Schlüssel zu seinem Schreibtisch in der Prager Dienstwohnung aus, dann verließen die vier Männer das Zimmer und warteten an der Ecke Herrengasse/Bankgasse auf den Schuss – allerdings vergeblich. Da Zimmer Nr. 1 die Fenster auf den Hof hinaus hatte, konnten sie auch nicht sehen, ob noch Licht brannte. Schließlich rief man telefonisch einen der Detektive der Staatspolizei herbei, die Redl am Vortag beschattet hatten – er sollte im Zimmer 1 nachsehen und erhielt dafür ex-

Das »Ende des Verräters«: So stellte sich der Zeichner der *Illustrierten Kronen-Zeitung* die Situation im Zimmer Nr. 1 des Klomser vor.

akte Anweisungen: Für den Fall, dass Redl tot war, wurde ihm eingeschärft, im Hotel nichts zu verraten. Um 5.30 Uhr wurde der Polizeibeamte ins Hotel geschickt, dem Portier zeigte er einen Zettel mit einer fingierten Nachricht für Redl. Nach zwei Minuten war der Mann zurück: Redl läge tot neben dem Kanapee. Nun rief man im Hotel an und bat unter einem Vorwand den Oberst zum Telefon. Als dieser nicht erschien, ließ das Hotelpersonal Nachschau in seinem Zimmer halten – und entdeckte den Toten. Der Befund des herbeigerufenen Oberbezirksarztes Dr. Schild: Suizid durch einen Schuss in den Mund.

Die Waffe lag neben der Leiche, auf dem Schreibtisch fand man zwei verschlossene Briefe, einer an Redls Bruder Heinrich adressiert, Ministerialrat im Ministerium für öffentliche Arbeiten, der andere an den Prager Korpskommandanten Arthur Giesl von Gieslingen, sowie einen Zettel mit einer letzten Notiz: »Leichtsinn und Leidenschaft haben mich vernichtet. Betet für mich. Ich büße mein Irren mit dem Tode. Alfred.«

Dass es sich bei dem Todesfall auf Zimmer Nr. 1 um Suizid handelte, war offensichtlich, doch da gab es jemanden, der dies auf keinen Fall hinnehmen wollte: Redls Chauffeur. Er behauptete dem Hotelpersonal gegenüber steif und fest, dass sein Herr keine Schusswaffe besessen habe, außerdem habe dieser auf keinen Fall Selbstmordabsichten gehabt. Auch für die Angestellten des Hotels blieb eine Frage ungeklärt: Warum hatte der Mann, der am frühen Morgen die angebliche Nachricht zu Redl brachte, die Leiche nicht gesehen und nicht gemeldet?

Am Abend des 25. Mai wurde der Leichnam in die Totenkammer des Garnisonsspitals gebracht, die Habseligkeiten des Toten wurden verpackt und versiegelt. Doch noch war der wahre Hintergrund der Tragödie unbekannt, erst die Durchsuchung von Redls Prager Wohnung durch August Urbański und Wenzel Vorlicek sollte die Erkenntnis bringen: Redl war homosexuell veranlagt gewesen. Noch glaubte man, die Affäre vertuschen zu können, doch da hatte man nicht mit der Findigkeit eines Reporters von der Prager Zeitung *Bohemia* gerechnet – am 28. Mai 1913 ließ Egon Erwin Kisch mit einer kurzen, geschickt formulierten

Notiz die Bombe platzen: »Von hoher Stelle werden wir um Widerlegung der speziell in Militärkreisen aufgetauchten Gerüchte ersucht, dass der Generalstabschef des Prager Korps, Oberst Alfred Redl, der vorgestern in Wien Selbstmord verübte, einen Verrat militärischer Geheimnisse begangen und für Russland Spionage getrieben habe.«

Leichenkammer des k. u. k. Generalstabs

Das Zimmer Nr. 1 im Hotel Klomser bekam den Beinamen »Leichenkammer des k. u. k. Generalstabs« (*Die Stunde,* 31. Juli 1924), seine Vermietung an Hotelgäste war nicht einfach: »Das Hotel Klomser hat sich mit den Jahren von dieser gruseligen Nachtbegebenheit entfernt, aber es gab noch immer Passanten, die sich vorsichtig erkundigten: das Zimmer, das man ihnen anwies, wäre doch nicht jenes, in dem Redl seinen Hochverrat büßte?« (Egon Dietrichstein, *Das Hotel des Hochverrats*).

Die Redl-Affäre blieb allerdings, wie *Die Stunde* in besagtem Artikel andeutete, nicht die »einzige unheimliche Geschichte des Hotels Klomser« und verwies – ohne Namen zu nennen – auf die »nicht gerade appetitliche Geschichte, an der eine bekannte Wiener Kokotte und ein noch bekannterer junger Großindustrieller beteiligt gewesen sind. Die Kokotte büßte das Abenteuer mit ihrem Leben. Auch damals suchte man die Affäre zu vertuschen. Die Blätter schwiegen, aber die ganze Stadt sprach davon.«

Und dann führte *Die Stunde* noch ein Drama an: »Endlich, um einen Fall der letzten Jahre zu erwähnen, hat in einem kleinen Zimmer des Hotels Klomser ein junger, zarter Mensch aus dem Literatenkreise des nahen Café Herrenhof, in tiefster Melancholie, seinem Leben ein Ende gemacht« (*Die Stunde,* 31. Juli 1924).

Keine Berührungsangst mit dem Hotel Klomser hatte die Schauspielerlegende Alexander Girardi. Als er im Herbst 1917 aus Graz nach Wien kam und am Burgtheater den Fortunatus Wurzel in Raimunds *Der Bauer als Millionär* gab, bezog er im Klomser sein letztes Wiener Quartier. Dreizehn Mal stand er noch auf der Bühne, ein letztes Mal als Violinspieler Hans Weiring in Schnitzlers *Liebelei*, dann siegte die Krankheit: Die Amputation eines Fußes drohte, Girardi musste wenige Tage vor seinem Tod aus dem Hotel Klomser ins Sanatorium Löw gebracht werden. Dort starb er am 20. April 1918. Als Todesursache wurde amtlich »Zuckerharnruhr« festgestellt.

Zwei Skandale als Nachspiel

Am 31. Juli 1924 wurde der Hotelbetrieb endgültig eingestellt, die Hotelzimmer wurden zu Büros und Kassenräumen der Hauptstelle der Niederösterreichischen Bauernbank umgebaut. Im Gebäudekomplex des ehemaligen Batthyány-Palais zogen nun auch die Landwirtschaftskammer und der niederösterreichische Bauernbund ein; für diese »neuen Heime der Bauernschaft« kündigte der *Bauernbündler* vom 19. April 1924 »eine Reihe von Adaptierungen« an, um die »Baulichkeiten« für den »Bureaudienst praktisch herzurichten« – eine Drohung, die in die Tat umgesetzt wurde: Die Prunkräume des Palais wurden durch diese Adaptierungsarbeiten brutal zerstört, wertvolles kulturelles Erbe ging für immer verloren. Der Verkauf des Hotel Klomser hatte im Übrigen noch einen weiteren Skandal als Nachspiel:

Niederösterreichs christlichsozialer Landeshauptmannstellvertreter Josef Zwetzbacher (1874–1942), zugleich Präsident der Niederösterreichischen Landwirtschaftskammer, der den Erwerb des Häuserblocks in der Herrengasse betrieben hatte, musste im Januar 1925 von allen Ämtern zurücktreten. Der Vorwurf: Der Kaufpreis wäre viel zu hoch gewesen, die Bauernbank dadurch in gefährliche Schieflage geraten.

Der langjährige Hoteldirektor Anton Bodendorfer übernahm den Stiftskeller in Klosterneuburg. Alfred Klomser, der letzte Besitzer des Hotel Klomser, starb am 23. Juli 1926. Das »Leichenbegängnis des Verblichenen, der in Sport- und Gesellschaftskreisen eine hervorragende Rolle gespielt hat« (*Der Tag,* 28. Juli 1926), fand am 27. Juli 1926 am Mödlinger Friedhof statt. Zusammen mit dem Radpionier und »Meisterfahrer« Gustav Schreiber, dem Bicycle-Lehrer Alexander Girardis in den 1890er-Jahren, hatte Klomser einst das Kunstfahren in Österreich dominiert.

Ausgewählte Literatur

Egon Dietrichstein: Das Hotel des Hochverrats. In: Wiener Morgenzeitung, 20. August 1924, S. 3

Egon Erwin Kisch: Der Fall des Generalstabschefs Redl. Stuttgart, 1988

Thomas Mann: Die Forderung des Tages. Reden und Aufsätze aus den Jahren 1925–1929. Berlin, 1930

Georg Markus: Der Fall Redl. Wien, 1984

Verena Moritz, Hannes Leidinger: Oberst Redl. Der Spionagefall, der Skandal, die Fakten. Wien, 2012

Maximilian Ronge: Kundschafterdienst und Spionageabwehr im alten Österreich. In: Neuigkeits-Welt-Blatt, 18. November 1932, S.7 (13. Fortsetzung von Ronges autobiografischem Bericht)

Maximilian Ronge: Meister der Spionage. Zwölf Jahre Kundschaftsdienst. Leipzig-Wien, 1935

Eduard Seis: Führer durch Wien und Umgebung. Praktisches Handbuch für Reisende und Einheimische. Wien, 1878

Das Haus hat sich verwandelt, der Name – eine Legende in der Wiener Hotelwelt – ist geblieben: die Empfangshalle des ARCOTEL Wimberger am Neubaugürtel.

Hotel Wimberger
Neubaugürtel 34

Vorstadt-Vergnügungswelt und Polit-Bühne

Im Etablissement von »Papa Wimberger« am Neubaugürtel, eröffnet im Vorfeld der Weltausstellung von 1873, gab es nicht nur billige Zimmer, vorzügliches Essen und einen ungemein praktischen hoteleigenen Stellwagenservice: Hotelchef Karl Wimberger, Wirt mit Leib und Seele, verstand auch gut, das Wiener Publikum bei Laune zu halten. Das Amüsement im Wimberger hatte kein Ende, auf den legendären Maskenbällen feierte man im Fasching Tag für Tag bis zum Morgengrauen. Doch nicht immer wurde getanzt – im Wimberger wurde auch viel geredet und gestritten, es war eine Bühne, auf der politische Leidenschaften und Konflikte verhandelt wurden. Skandale blieben da nicht aus.

Alles begann im Hungerjahr 1846. Die Bauernfamilie Wimberger in der kleinen Weinviertler Ortschaft Nappersdorf bei Hollabrunn beschloss, den zwölfjährigen Sohn Karl in die Wienerstadt zu schicken – vielleicht, so meinten die Eltern Georg und Eva Maria Wimberger, konnte er dort sein Glück machen; Karl hatte sich in der Schule als aufgeweckter Junge gezeigt, sie trauten ihm zu, in der Residenz des Kaisers zu bestehen. Und der Junge enttäuschte sie nicht: Karl, der, wie er später gerne erzählte, nur mit einem Groschen in der Tasche in Wien ankam, erlernte dort das Fleischhauer- und Wirtsgewerbe und trat dann im angesehenen Hotel »Zur Stadt Frankfurt« in der Seilergasse die Stelle des Kellermeisters an; sein Chef war der spätere Bürgermeister-Stellvertreter und erste Bezirksvorsteher von Favoriten Johann Heinrich Steudel, der Besitzer des Hotels.

Der »Herzog der Schmelz«

Der junge Hotelangestellte war ein Mann der Tat, ein »Arbeitsmensch« (*Neuigkeits-Welt-Blatt*, 26. Februar 1926), und machte sich bald selbstständig: 1860 übernahm er das Gasthaus »Zur alten Hühnersteige« an der Mariahilfer Linie und wurde mit seinen

ANNO
1871
ANNO
1931

↖ Zum 60-jährigen Jubiläum des Hauses ließ die Familie Wimberger diese Glaskunst-Elemente gestalten.

← Reminiszenz an die Vergangenheit: Die Holzvertäfelung im Handwerk-Restaurant stammt aus den Räumlichkeiten des alten Wimberger.

↗ Eine Hommage an die große Tradition des Wimberger: der über zwei Geschosse führende Ballsaal bietet Platz für bis zu 970 Gäste.

ausgezeichneten »Backhendln« bald stadtbekannt. Dazu verzehrten die zahlreichen Gäste auch noch wöchentlich 30 bis 40 Schweine. Er kam, dabei unterstützt und gefördert von seiner Frau Anna, geb. Fackler (1844–1908), der Tochter eines ehemaligen Gastwirts in der Karmeliterhofgasse, zu Geld, das er geschickt anlegte – 1863 eröffnete er in unmittelbarer Nähe des alten Lokals das Gasthaus »Zur neuen Hühnersteige«, in dem angeblich wöchentlich hundert Fässer Bier und unglaubliche 80 Eimer Wein (4.527 Liter) getrunken wurden (*Kleine Volks-Zeitung*, 13. Januar 1939). Wimbergers Kassa füllte sich weiter, er kaufte Gründe auf der Schmelz und erbaute dort 1865 das erste Haus in dieser Gegend; es war dies der Auftakt zur Gründung des neuen Bezirksteils »Neu-Fünfhaus«.

Dort, an der heutigen Ecke Märzstraße/Neubaugürtel, eröffnete er am 12. Mai 1866 das Gasthaus Wimberger. Das neue »Wirtsgeschäft« des umtriebigen Aufsteigers, der aus Sicht vieler Zeitgenossen zum »Herzog der Schmelz« avancierte, hatte die Adresse Gürtelstraße Nr. 353, und das war beileibe keine vornehme Adresse. In einer Zuschrift an das *Neue Wiener Tagblatt* (2. Dezember 1869) schilderten »einige bedauernswerthe Schmelzbewohner« die Zustände in den Pioniertagen des »Gürtels«: »Wer sich eine Vorstellung davon machen will, wie unsere Erde kurz nach der Sündfluth etwa ausgesehen haben mag, der lasse sich den kurzen Weg vor die Westbahn-Linie nicht verdrießen und begehe die Gürtelstraße von Wimberger's Gasthaus bis zum Thaliatheater. Doch entschließe sich zu solch' einem Wagniß blos Jener, der eine tüchtige Dosis von Todesverachtung besitzt, denn erst verflossenen Sonntag ist ein Bedauernswerther daselbst im Straßengraben ertrunken aufgefunden worden.«

Arbeitete sich vom Kellnerlehrling zum Hotelier und Realitätenbesitzer hoch: Karl Wimberger, der »Herzog der Schmelz«, prägte die Welt am Gürtel.

Eine Notiz im *Fremden-Blatt* vom 27. Februar 1868, in der sich ein »Veteranen-Verein« bei »Kassaverwahrer« Karl Wimberger für einen »namhaften Betrag« bedankte, »zugeflossen« aus dem im Gasthaus abgehaltenen »Veteranen-Vereins-Wohlthätigkeitsball«, beweist, dass dieses bereits damals Schauplatz von Ballveranstaltungen war, für die Wimberger später so berühmt werden sollte.

Offenbar hatte Karl Wimberger auch mit Neidern zu kämpfen. So wurde von unbekannter Seite das Gerücht verbreitet, dass er seine Weine verfälsche und deshalb von der Behörde zu einer Geldstrafe von 2.000 Gulden verurteilt worden sei. Mehrere hundert Eimer des verfälschten Weines seien vernichtet worden. Wimberger ließ dazu eine Stellungnahme veröffentlichen, in der er anmerkte, dass »gegen die mir bekannten Urheber und Verbreiter dieses schamlosen Gerüchtes die Strafamtshandlung bereits eingeleitet wurde« (*Neues Wiener Tagblatt*, 29. November 1868). Wimberger machte tatsächlich Ernst und verklagte etwa den Schneidermeister Leopold Weber, der der Ehrenbeleidigung für schuldig befunden und vom Bezirksgericht Fünfhaus zu einer Geldstrafe von 30 Gulden verurteilt wurde (*Fremden-Blatt*, 14. Januar 1869).

In der Nacht vom 27. zum 28. Juni 1868 kam es im Gasthaus Wimbergers zu einem »großartigen Raufexceß« (*Das Vaterland*, 30. Juni 1868), an dem sich »nahezu 100 Menschen betheiligten und wobei es blutige Köpfe und zerrissene Kleider in großer Menge gab. Die wenigen Polizeisoldaten, welche in Neu-Fünfhaus postirt sind, mußten müßige Zuschauer abgeben, weil sie nicht im Stande gewesen wären, eine so große Masse aufgeregten Volkes zu bemeistern; dabei kamen auch Manche zum blutigen Handkuß, welche von der Westbahnlinie nach Fünfhaus ruhig ihren Weg gingen.«

In der Schönbrunner Straße betrieb Wimberger einen »Glas-Salon«, der für diverse Ausstellungen genutzt wurde. Hier zeigte im November 1869 Adolf Walter seine »Alterthums- und Requisitenausstellung« mit Attraktionen wie der »Eisernen Jungfrau« aus Sevilla.

Das Hotel Wimberger

Der große Coup Wimbergers, der Wechsel ins Hotelgeschäft, begann 1869 mit einem Grundstückskauf am inneren Neubaugürtel: Von Gräfin Fries erwarb er die seinem Gasthaus gegenüberliegende Fläche und ließ dort das Hotel Wimberger errichten, das 1871 eröffnet wurde – ein Palast auf Feld und Wiese. »Der Wimberger is a Kaibl, daß er in so aner Gegend a Haus baut«, urteilte ein Freund über das riskante Projekt (*Kleine Volks-Zeitung*, 13. Januar 1939), unterschätzte dabei aber Entschlossenheit und Unternehmergeist »Papa Wimbergers«. So bot dieser mit sicherem Gespür für die Bedürfnisse seines Publikums von Beginn an ein eigenes Transportservice an: Pferde-Omnibusse brachten die Gäste in die Stadt zum Stephansplatz und zu den Bahnhöfen, im Jahr 1873 dann auch zum Gelände der Weltausstellung. Die Preise waren moderat, eine Fahrt zum Westbahnhof kostete 10 Kreuzer, für 20 Kreuzer fuhr man mit dem Hotel-Stellwagen vom Neubaugürtel zur Rotunde. Wimberger baute das Geschäft mit den Pferde-Omnibussen weiter aus und unterhielt schließlich einen riesigen Fuhrwerkspark mit bis zu 600 Pferden.

Als Österreich-Ungarn 1878 den Feldzug zur Okkupation Bosnien-Herzegowinas unternahm, unterstützte Wimberger die kaiserlichen Truppen durch Beistellung von etwa 600 Fuhrwerken – die Heeresverwaltung revanchierte sich mit der Verleihung der Kriegsmedaille. Dazu vermeldete das *Pettauer Wochenblatt* am 13. Oktober 1878 folgende Episode: »Der Fünfhauser Hotelbesitzer und Fuhrwerks-Inhaber Carl Wimberger, der sogenannte ›Herzog der Schmelz‹, hat die Beistellung von 600 bespannten Fuhrwerken für den Transport von Militärgütern übernommen und ging bereits dahin ab. Irgend ein Witzbold hat es nun unter die Wiener Mädchen gebracht, daß Herr Wimberger

Noch fuhren auf der »Gürtelstraße« die Pferdefuhrwerke, das Hotelgeschäft am Neubaugürtel lief prächtig. Ansichtskarte, um 1900.

auch Mädchen für Bosnien engagire, und in Folge dessen war das Comptoir des Herrn Wimberger von mindestens 150 mitunter wunderhübschen Mädchen besucht, die sich mit ihrem Begehren, Herr Wimberger solle sie sofort für Bosnien engagiren, nicht früher abweisen ließen, bis sie pro forma in Vormerkung genommen wurden.«

Vier Jahre später erfolgte der Rückzug aus dem Transportgeschäft: 1882 verkaufte Wimberger sein Pferde-Omnibus-Unternehmen an die neu gegründete Gesellschaft Vienna General Omnibus Compagnie.

Das Hotelgeschäft lief von Beginn an prächtig, mit dem Standort am Neubaugürtel hatte man eine absolut zukunftsträchtige Position besetzt. Geschickt platzierte Wimberger in den Zeitungen massiv Werbung für sein Haus. So konnte man am 5. Juli 1873 im *Floh* in der Rubrik »Eingesendet« einen »Aufruf an Weltausstellungsbesucher« von zwei Gästen aus Köln lesen, die sich für das Wimberger heftig ins Zeug legten: »Das Hotel Wimberger enthält 200 prachtvoll eingerichtete, mit Haustelegraphen versehene Passagierzimmer. Die sehr gesunde Lage und prachtvolle Fernsicht zeichnet dieses Hotel besonders vortheilhaft aus. Der Verkehr der eigenen Hotel-Stellwagen von und zu allen Bahnhöfen zu dem billigen Preis von 10 kr., ferner zum Weltausstellungsplatze zum Preise von 20 kr., im Hotel selbst die großen Restaurationssäle, Gasthausgarten, die geschmackvollste Küche und vorzüglichen Getränke, ferner die aufmerksamste Bedienung, so auch die billigen Preise vereinigen sich, um das Hotel Wimberger zum angenehmsten Aufenthaltsorte für Fremde zu machen.

Gleichzeitig können wir es auch nicht unterlassen, dem Hotelbesitzer Herrn Karl Wimberger für seine umsichtsvolle Leitung und seltene Thätigkeit unsere volle Anerkennung zu zollen.«

Besonders »verbunden«, so hat man den Eindruck, waren dem Haus Wimberger die populären, vom Schriftsteller und Journalisten Anton Langer redigierten bzw. verfassten Hefte mit dem Titel *Hans-Jörgel von Gumpoldskirchen*, in denen die Vorzüge des Hotels immer wieder zur Sprache kamen. So erfuhr der Leser in Heft 26 vom 21. Juni 1873 einige Speisenpreise: Suppe gab es für 6 Kreuzer, »Fleisch mit Soß oder Gemüse« für 25 Kreuzer (etwa 3,60 Euro), Braten um 35 Kreuzer, ein »Seitl guten Oesterreicher Wein« für 12 Kreuzer und die Mehlspeise um 20 Kreuzer – man konnte also für etwa einen Gulden durchaus gut essen, und Anton Langer hat dies vermutlich sogar gratis getan.

Auch das »Weltausstellungs-Bulletin« des *Kikeriki* vom 20. Juli 1873 stimmte in den Chor der Wimberger-Lobeshymnen ein: »Das Hotel Wimberger nächst dem Westbahnhofe kann sich rühmen, unter jene Wenigen zu gehören, welche vor und während der Ausstellung, was die Billigkeit der Preise anbelangt, konsequent ›menschenfreundlich‹ geblieben sind. Während viele Hoteliers von der Ansicht ausgingen, daß sie in den ersten sechs Wochen reich werden müssen, begnügte sich Wimberger mit bürgerlichem Gewinne, erntet dafür aber das laute Lob der bei ihm absteigenden Fremden und seiner heimischen Gäste. Die Ausstattung seines Hotels wetteifert mit jenen der innern Stadt und zwar gerade mit jenen, welche die pompösesten Titel führen; während man aber in manchen dieser Erpressungsanstalten auch heute, bei magistratisch kontrollirtem Tarife, noch immer 10–20 fl. (etwa 140–280 Euro) für ein Zimmer bezahlen muß, sperrt Wimberger um den Preis von 1fl. ö. W. (14 Euro) auf. Wimberger's günstig gelegenes Hotel gewährt auch den Vorzug guter, gesunder Luft, und ist durch zahlreiche Communicationsmittel für einen raschen Verkehr mit der innern Stadt reichlich vorgesorgt. Was endlich Küche und Keller betrifft, so werden sie gleichfalls viel belobt; die Billigkeit seines Speisen- und Getränke-Tarifes ist begreiflich, da Wimberger's Hotel außerhalb des Verzehrungssteuer-Rayons gelegen und er somit in der angenehmen Lage ist, Vieles besser, unverfälscht und billiger bieten zu können.«

Die Maskenbälle

Zu einem Markenzeichen des Wimberger wurden die zahlreichen Ballveranstaltungen – ja, das Hotel am Neubaugürtel war geradezu der Nabel der Wiener Faschingswelt. »Die Fülle der Masken, die reizende Ausstattung der Säle, die reiche Abwechslung findet man in keinem anderen Balllocale Wiens«, schrieb am 28. Januar 1902 die *Wiener Allgemeine Zeitung*. Studiert man die Ballkalender um 1900, so sieht man: Gefeiert wurde im Wimberger im Fasching fast täglich – der Ball-Reigen spannte sich vom Ball der Einspännergehilfen bis zum Ball des Christlichsozialen Arbeitervereins, vom Neubauer Familienkränzchen bis zum Armenball des Bezirks Fünfhaus. Man vergnügte sich beim Wäschermädelball und beim Lumpenball, aber all das verblasste gegen die Top-Attraktion des Hauses: die Maskenbälle. In den Jahren vor dem Ersten Weltkrieg gab es wöchentlich gleich drei, und zwar jeweils am Montag, Mittwoch und Freitag. Wer zum Wimberger pilgerte, erlebte mehr als nur ein gewöhnliches Faschingsgschnas: Hier amüsierte man sich bei *dem* »Elite-Maskenball« der Stadt, tauchte ein in eine prachtvolle »Monster-Masken«-Welt, umtost von schmissiger Tanzmusik, wobei das Wimberger vor allem auf Militärmusik setzte. So spielte hier etwa einige Jahre lang die Kapelle des k. u. k. Infanterieregiments Nr. 64; im Fasching 1913 lockte die Musikformation des k. u. k. Infanterieregiments 24 die Menschen zu Walzer und Polka auf die Tanzfläche – bis zu 1.500 Tänzerinnen und Tänzer fanden in den Sälen des Hotels Platz. Dabei gab es für jeden Geschmack etwas: In der Bierhalle unterhielt eine Zigeunerkapelle das Publikum, in der altdeutschen Weinstube sorgte ein »Clavierhumorist« für Stimmung, im sogenannten »Gemüthlichen« musizierte das Quartett »Petsch und Österreicher«, und im Saal »München in Wien« tanzte man zur Musik eines großen Orchesters.

Das Wimberger setzte mit den Maskenbällen eine Alt-Wiener Tradition fort, auch wenn kritische Zeitgenossen wie der Schriftsteller Friedrich Schlögl darüber klagten, dass sie an Authentizität verloren hätten: »Die Scenerie und die Acteurs von derlei vorstädtischen Ballfesten sind heute, wie so Manches, anders geworden. Die scharf gezeichneten Charakter und Volksfiguren, die classischen Typen aus gewissen Schichten verblassen bis zur Unkenntlichkeit und ein entarteter Nachwuchs ist seiner gediegenen, ehernen Ahnen unwürdig. ... Und demgemäß entbehren denn auch die in den Annalen Wiens ruhmvoll verzeichneten Faschings-Saturnalien einzelner Stände und Zünfte schon längst ihres notorischen Chics und ihres eigenthümlichen Parfums, und wie es keine ›reinen‹ Fiakerbälle« mehr gibt, so gibt es keinen purificierten Wäschermädelball mehr, so glorreich auch die Geschichte seiner Vergangenheit ist« (Friedrich Schlögl, *Wiener Blut*). Kritik wie diese kümmerte Karl Wimberger und seine Leute nicht, man hatte sich längst einem neuen Konzept verschrieben: Die Vorstadt traf sich mit der Stadt, kleinbürgerliches mit großbürgerlichem Publikum, auf Etikette wurde nicht viel Wert gelegt. Der Maskenball beim Wimberger, der als »Wiener Spezialität« weit über Wien hinaus bekannt wurde, war

Im Fasching wurde das Wimberger zum Nabel der Wiener Vergnügungswelt: Jeden Dienstag und Freitag gab es Maskenbälle bei schmissiger Tanzmusik. Farblithografie von Karl von Stur, um 1900, Albertina.

ein Ball für alle, und das war wohl das Erfolgsrezept.

Nachdem der »Maskenrummel«, bedingt durch den Krieg und die problematische Nachkriegszeit, beinahe ein Jahrzehnt lang pausiert hatte, wurde er 1924 wieder aufgenommen und knüpfte erfolgreich an die alte Zeit an. Statt der Militärmusik spielten nun Tanzorchester und Jazzbands auf, und auch die Kostüme änderten sich. Zu Beginn der 1930er-Jahre wurden das Dirndl und der Bauernjanker populär, Neuerungen wie die Micky-Maus-Masken tauchten auf. Das Publikum war jedoch so bunt wie eh und je, wie die Journalistin Elisabeth Thury im Fasching 1934 für die *Wiener Allgemeine Zeitung* (24. Januar) berichtete: »Um 12 Uhr kommt die große Demaskierung. Es ist eine sonderbar zusammengewürfelte Gesellschaft, die sich hier hinter Masken verbirgt. Neben den Gästen ›vom Grund‹, neben echten Chauffeuren, Wäschermädeln, Arbeitern oder kleinen Angestellten, findet man das Publikum, das in früheren Jahren die exklusiven Redouten bevölkerten (sic). Da sieht man den reichen Fabrikanten, den Großindustriellen, den höheren Beamten und eine Reihe prominenter Künstler. Konrad Veidt und Heinrich George besuchen gerne diesen Maskenball, wenn sie zur Faschingszeit zufällig ihr Weg nach Wien führt.« Das »Amüsante beim Wimberger« war laut Thury, dass man »nie eine Ahnung« hatte, »mit wem man es zu tun hat«, die mitternächtliche Demaskierung wurde tatsächlich zur »Stunde der Überraschungen« (*Wiener Allgemeine Zeitung*, 9. Februar 1932).

Die Maskenbälle bei Wimberger erlebten im »Ständestaat« eine ausgesprochene Blütezeit; auch im Fasching 1938, knapp vor dem sogenannten »Anschluss«, wurde noch ausgiebig gefeiert. Und nach den Jahren des Nazi-Terrors wurde wieder getanzt: Im März 1946 gab es, ganz der alten Tradition verpflichtet, jeweils am Dienstag und Freitag Maskenball, am Samstag lud man zum Dirndlball, und am Sonntag hieß es jeweils um 17.30 Uhr: »Wien tanzt beim Wimberger«, die Musik kam von der Gert Last Vienna Band und vom großen Tanzorchester Theo Weis. Wie Fritz Molden in seinen Erinnerungen schilderte, gab es bei den Bällen im Winter 1946 noch »gewisse Hindernisse«: »Erstens hatte niemand ordentliche Abendkleidung. Man ging also in einem dunklen Anzug oder oft auch nur mit einer dunkelgrauen Hose und einer Jacke, die man von irgendwoher bekommen hatte, frischfröhlich auf die diversen Bälle und Feste. Die als direkte Folge der Ernährungskrise meist schlanken und ranken Damen hatten sich abenteuerliche Kostüme zusammengestellt, und die Fröhlichkeit kannte keine Grenzen. Jeder brachte seinen Alkohol selber mit. Man erschien mit einer oder auch mehreren Flaschen Wein auf dem Ball, wickelte aus einem in Zeitungspapier eingehüllten Paket einige Wurstsemmeln oder, wenn man ganz fein war, vielleicht sogar ein Schnitzel und begann zuerst einmal zu essen und zu trinken, um sich dann erst dem Tanzvergnügen hinzugeben« (Fritz Molden, *Besetzer, Toren, Biedermänner*).

Wimbergers politische Karriere

Als Unternehmer stand Karl Wimberger zunächst den Liberalen nahe, wechselte dann aber in das Lager Karl Luegers und der Christlichsozialen. Seine Karriere als Kommunalpolitiker begann 1869, als er erstmals in den Gemeinderat von Fünfhaus gewählt wurde. 1873 legte er dieses Mandat nieder, wurde jedoch 1880 wiedergewählt und blieb Gemeinderat bis zur Eingemeindung von Fünfhaus – die Bezirksväter bedankten sich bei ihm 1890 mit einem Straßennamen; die »Wimbergergasse« gehörte damals noch zu Fünfhaus.

1891 kandidierte Wimberger im 15. Bezirk im 3. Wahlkörper für den Wiener Gemeinderat und wurde prompt gewählt, 1895 gelang ihm dies als Kandidat im 1. Wahlkörper. Der ehemalige Pferde-Omnibus-Unternehmer wurde Mitglied der Kommission für Verkehrsanlagen; neben Verkehrsfragen zählten auch Gastwirtschaft und Viehhandel zu seinen Agenden.

Wimberger war, wie die *Illustrierte Kronen-Zeitung* in ihrem Nachruf am 26. Februar 1926 schrieb, ein »intimer Freund« Karl Luegers. Er begleitete den Bürgermeister nach Lovrana in den Urlaub und auf anderen Reisen; an der Seite Luegers wurde auch Wimberger zu einer volkstümlichen Gestalt. Anlässlich seines vierzigjährigen Geschäftsjubiläums wurde ihm vom Wiener Gemeinderat das Bürgerrecht der Stadt Wien verliehen.

Die Aschanti-Affäre: »Sodawasser beim Wimberger«

Karl Lueger war bei der Auswahl seiner Gefolgsleute nicht besonders zimperlich. So führte der honorige christlichsoziale Stadtrat Alexander Purscht gemeinsam mit der Prostituierten Philomena Mark ein Bordell am Spittelberg. Purscht blieb auch Stadtrat, nachdem seine Geschäftspartnerin in seiner Anwesenheit aus ungeklärten Gründen aus einem Fenster gestürzt und dabei ums Leben gekommen war. Zu Luegers engen Mitstreitern im Gemeinderat zählte weiters der für seine rabiaten antisemitischen Ausfälle berüchtigte Mariahilfer Hemdenfabrikant Josef Gregorig. Einer der Stehsätze des Wäschehändlers lautete: »Er ist ein Jud und kein Mensch!« Gregorig, der im Übrigen auf christliche Moral und Sittsamkeit und die Werte der deutschen Familie pochte, war im Hotel am Neubaugürtel ein gerne gesehener Gast, war er doch mit Karl Wimberger, dem Chef des Hauses, der, wie schon ausgeführt, ebenfalls für die Christlichsozialen im Gemeinderat saß, gut befreundet.

Nun begab es sich, dass sich Gregorig während einer Ballveranstaltung im Wimberger im Fasching 1897 gemeinsam mit einer Prostituierten, die den vielversprechenden Künstlernamen »Aschanti« trug, eigentlich aber Auguste Nacher hieß, in ein Chambre séparée zurückzog. Doch statt des erwarteten Austauschs von Zärtlichkeiten gab es für »Aschanti«, die an diesem Abend eine blonde Perücke trug, eine unangenehme Überraschung: Gregorig griff sich eine Siphonflasche und bespritzte ihren Intimbereich mit Sodawasser. Angeblich gab es bei diesem derben »Spaß« auch Zeugen, jedenfalls kursierte die Geschichte im Untergrund; sogar eine »photographische Skizze von dem Siphonabenteuer« soll existiert haben. Die Affäre so richtig ins Rollen brachte schließlich der ominöse Zwischenruf »Sodawasser beim Wimberger!« des deutschnationalen Abgeordneten Karl Iro im Reichsrat – der Journalist Jaroslaw Hecht begann »offen und geheim« im Hotel Wimberger zu recherchieren und brachte schließlich in Erfahrung, dass eine »Halbweltdame« namens »Aschanti« an der »Siphon-Affaire« beteiligt gewesen war. Er machte sie mit

»vieler Mühe« ausfindig und legte ihr eine Fotografie Gregorigs vor – »Aschanti« bestätigte ohne Zögern die Identität des Wäschefabrikanten mit dem »Helden« ihres Abenteuers. Um ganz sicher zu sein, führte Hecht Auguste Nacher auch noch zu einer Sitzung des Wiener Gemeinderats, wo diese Josef Gregorig sofort erkannte.

Hecht war nun der »vollsten Überzeugung«, dass Gregorig in die Geschichte verwickelt war und veröffentlichte sie, getarnt als »Chinesisches Schauspiel in zwei Aufzügen«, unter dem Titel *Go-gri-ra-o – pi-hai, der Tugendheld*. Gregorig und die »Siphonaffäre« beim Wimberger waren damit bald in aller Munde, der Spott war groß. Besonders genüsslich zelebrierte die sozialdemokratische satirische Zeitschrift *Glühlichter* (9. Juni 1898) die Affäre, deren Mitarbeiter Emil Kralik eine Karikatur »Feldzug der Christlichsozialen gegen die freie Liebe« abdruckte, auf der Purscht und Gregorig zu sehen waren, einer auf einem Ziegenbock reitend und eine Siphonflasche schwingend.

Der Skandal war perfekt, ein Reigen von Prozessen die Folge, der die Öffentlichkeit in Atem hielt. Den Auftakt machte eine Berichtigungsklage Gregorigs, die abgewiesen wurde; im Oktober 1898 folgte eine Ehrenbeleidigungsklage Hechts gegen den Schriftsteller Franz Legwarth, der behauptet hatte, dass die »mysteriöse Sodawasser-Affaire beim Wimberger« eine Erfindung sei. Hecht bot an, den Wahrheitsbeweis anzutreten, der Richter lehnte jedoch nach einigem Hin und Her ab und verurteilte Legwarth zu einer Geldstrafe von 25 Gulden.

Auch Josef Gregorig wehrte sich mit Ehrenbeleidigungsklagen, zunächst gegen Kralik, dann gegen »Aschanti« und schließlich gegen Hecht. Wegen seiner »leisen und gar nicht bös gemeinten Andeutung auf die Siphonflasche« (*Arbeiter-Zeitung*, 4. Februar 1899) wurde Emil Kralik am 11. Januar 1899 von einem Geschworenengericht für schuldig befunden und zu zwei Monaten Gefängnis verurteilt; Gregorig hatte sich dem Gericht »sehr ehrenmännisch« präsentiert und erklärt, nie in einem Chambre séparée gewesen zu sein – die Geschworenen hatten ihm geglaubt.

Der Prozess betreffend die Ehrenbeleidigungsklage des Josef Gregorig gegen Auguste Nacher vulgo »Aschanti« begann am 18. Januar 1899 am Bezirksgericht Josefstadt; als Zeugen für Gregorig waren u. a. Alexander Purscht und Karl Wimberger geladen. Unmittelbarer Anlass für die Klage war ein Geschehen am 13. Oktober 1898: Damals antwortete Auguste Nacher, die als Zeugin im Prozess gegen Franz Legwarth geladen war, auf dem Korridor des Gerichtsgebäudes einem Journalisten auf die Frage, ob Josef Gregorig derjenige Herr sei, mit dem sie damals im Wimberger gewesen war: »Er ist es, ich erkenne ihn bestimmt.« Sie fügte noch hinzu: »Der Herr mit der glatten Hemdbrust ist es.«

Nach Bekanntwerden dieser Aussage setzte ein wahres Kesseltreiben gegen Auguste Nacher ein, die schließlich Wien verließ und nach Wiener Neustadt floh. Vom Richter, dem Strafgerichtssekretär Dr. Fröhlich, befragt, blieb sie bei ihrer Aussage, dass sie in Josef Gregorig jenen Herrn erkenne, mit dem sie beim Wimberger das »Siphonabenteuer« gehabt hatte, seine goldene Brille und das tief ausgeschnittene Gilet sowie den grau melierten Bart hätte sie genau im Gedächtnis behalten.

Aus »Gründen der Sittlichkeit« wurden die Details um den »Vorfall« in geheimer Verhandlung erörtert, dann ging es wieder öffentlich weiter: Karl Wimberger erklärte in seiner »mit großem Interesse« erwarteten Zeugenaussage, dass »das in Frage stehende Siphonabenteuer sich nie in seinem Hotel zugetragen habe und auch nie zutragen konnte, da er sehr strenge auf Ordnung und Zucht halte«, musste allerdings einräumen, dass er »die Aschanti« vom »Sehen aus« kannte, da sie Besucherin der Maskenbälle war – eine Bemerkung, die ihn etwas in die Bredouille brachte, denn Auguste Nacher gab auf Nachfrage des Richters an, nur an diesem Tag im Wimberger gewesen zu sein. Alexander Purscht hielt seinem Freund ebenfalls die Stange: Alles sei Erfindung, er kenne Gregorig als »einen Ehrenmann, als einen hochanständigen, sittigen Mann (sic), dem eine Handlungsweise wie die Siphongeschichte gar nicht zugemuthet werden könne«.

Der Prozess endete am 3. Februar 1899 mit dem Freispruch der Angeklagten Auguste Nacher, die Kosten des Verfahrens musste Josef Gregorig übernehmen. Nach der Verhandlung kam es vor dem Gerichtsgebäude zu »einer Scene«: Als Auguste Nacher in einen Fiaker steigen wollte, wurde sie von Parteigängern Gregorigs bedrängt und angespuckt. Ein Wachmann, der vor dem Gericht postiert war, weigerte sich, einzugreifen.

Gregorig legte gegen das Urteil vergeblich Berufung ein, konnte sich aber mit einer weiteren Klage gegen Jaroslaw Hecht durchsetzen, der am 27. Februar 1899 von einem Schwurgericht für schuldig befunden und zu sechs Monaten Arrest verurteilt wurde. Hechts Verteidiger Dr. Otto Frischauer legte Nichtigkeitsbeschwerde ein, die jedoch vom Obersten Gerichtshof am 30. Juni 1899 verworfen wurde – Frischauer hatte vergeblich darauf beharrt, weitere Frauen vorzuladen, die sexuellen Missbrauch durch Gregorig hätten bestätigen können. Gregorigs Reputation blieb jedoch nachhaltig beschädigt, die liberalen und sozialdemokratischen Blätter schossen sich weiter auf ihn ein. So publizierten die *Glühlichter* in der Ausgabe vom 16. März 1899 eine »Elegie« *An den Syphon,* in der es ironisch-boshaft hieß:

Wie viele Opfer wirst du noch erheischen,
Du grausam racheschnaubender Syphon?
Wie oft wird die Idylle noch zerfleischen,
Die Gregorig umwebt, das Heim des Keuschen,
Fanatisch Dein satanisch bitt'rer Hohn?

Das Verhältnis zu Karl Lueger kühlte merklich ab, und als sich Gregorig mit der Gründung des »Bundes der Antisemiten« weiter radikalisierte, wollte der »schöne Karl« mit seinem langjährigen Mitstreiter nichts mehr zu tun haben: Josef Gregorig wurde aus der Christlichsozialen Partei ausgeschlossen.

Saalschlacht beim Wimberger

Der große Saal beim Wimberger, der 1899 im »secessionistischen Style« umgestaltet wurde, war nicht nur als Vergnügungsstätte beliebt, sondern gewann auch als Ort politischer Kundgebungen besondere Bedeutung: Man kam beim Wimberger zusammen, um Stärke und politische Leidenschaft zu demonstrieren. Die Hotelleitung zeigte dabei keine Berührungsängste: Parteien von ganz links bis ganz rechts konnten hier ihre Versammlungen und Kundgebungen abhalten; solange alles friedlich ablief, gab es kein

Problem. So berichtete die *Rote Fahne* am 10. August 1932 über eine »Parteiarbeiterkonferenz« der Wiener Kommunisten am 8. August, die zur »machtvollen antifaschistischen Kundgebung« wurde: »An tausend aktiver Funktionäre wanderten Montag zum Wimberger, um mit teilzunehmen an der Kundgebung der Bereitschaft, dem Faschismus ein wuchtiges ›Halt!‹ entgegenzusetzen. Nicht alle konnten eingelassen werden, nur etwa 850 Genossen konnten im buchstäblich bis aufs letzte Plätzchen gefüllten Saal Einlaß finden.« Die Konferenz, bei der der KPÖ-Vorsitzende Johann Koplenig das Hauptreferat hielt, verlief ohne Zwischenfälle – das war jedoch nicht immer so: Am 4. November 1931 hielten die Nationalsozialisten im Wimberger eine Versammlung zum Thema »Lenin oder Hitler« ab. Zum Ablauf der folgenden Ereignisse gibt es unterschiedliche Darstellungen:

Die KPÖ empfand die Veranstaltung als »Nazi-Provokation«, zahlreiche Arbeiter folgten ihrem Aufruf, die Veranstaltung zu »unterwandern«. Die Situation im mit SA- und SS-Leuten besetzten Saal eskalierte; die *Rote Fahne* vom 5. November berichtete:

Bühne der politischen Diskussion: Südtirol-Kundgebung beim Wimberger (1958). Foto: Herbert Kofler.

»Zum Schutz der Nazifaschisten waren vor dem Saal und in der Umgebung Polizisten, sogar Ueberfallautos, postiert worden. Als der Vorsitzende die Versammlung eröffnete und erklärte, er habe aus sicherer Quelle erfahren, daß die ›Kommune‹ die Versammlung sprengen wolle und die anwesenden Arbeiter beschimpfte, kam es zu einem Tumult. Die Hakenkreuzler wurden aus dem Saal getrieben, was die eindringende Polizei nicht verhindern konnte. Zahlreiche Sessel und Fenster gingen in Trümmer und die Hakenkreuzler mußten sich in feiger Flucht retten. Zahlreiche verletzte Nazis mußten verbunden werden. Nach der Versammlung ritt die Polizei Attacken gegen die Arbeiter, die sich auf der Straße sammelten.« Die *Rote Fahne* resümierte: »Die Arbeiter haben der immer frecher werdenden braunen Mordpest gestern eine proletarische Antwort gegeben, an die die Wiener Hakenkreuzler noch lange denken werden«, die »Verhöhnung Lenins« sei damit »in entsprechender Weise beantwortet« worden. Einen Tag später ergänzte das »Zentralorgan« der KPÖ: Die »Saalschlacht beim Wimberger« habe der Arbeiterschaft gezeigt, »wer allein diese revolutionäre Gegenoffensive führt, nämlich die Kommunistische Partei«.

Ganz anders stellte sich der Zusammenstoß beim Wimberger in der *Illustrierten Kronen-Zeitung* (6. November 1931) dar – demnach hätten die Nationalsozialisten die Kommunisten »gewaltsam« aus dem Saal entfernt, mehrere Teilnehmer seien durch »Hiebe mit Stuhlbeinen und Stöcken« leicht verletzt worden, die Sicherheitswache habe die Ruhe bald wiederherstellen können. Auch die NS-Postille *Der Kampfruf* berichtete am 14. November unter der Schlagzeile »Rotfront wütet in Wien!« von dem Vorfall: Demnach hätten sich nicht weniger als »ungefähr 200« zu allem bereite »verwegene Plattenbrüder« im höher gelegenen Teil des Saals eingefunden. Als die SA versucht habe, einen Zwischenrufer vor die Tür zu setzen, hätten die Kommunisten mit Stuhlbeinen und Gläsern geworfen: »Wenige Sekunden wogte der Kampf, dann hatte unsere wackere S.A. und S.S. die Oberhand gewonnen und drängte die Kommunisten zum Eingang hinaus.« Man habe allerdings sieben Verletzte, »durchwegs Kopfverletzungen«, zu beklagen gehabt. Eine Viertelstunde später habe die Versammlung in Ruhe fortgeführt werden können.

Steh-Weinhalle und Volksbierhalle

Gut möglich, dass auch der junge Adolf Hitler bei dem Fest am 12. September 1908 im Publikum war, wohnte er doch in unmittelbarer Nähe, in der Stumpergasse 29. An diesem Tag war jedenfalls einer der wenigen Männer, die ihm imponierten, nämlich Bürgermeister Karl Lueger, aus unmittelbarer Nähe zu erleben. Anlass war die Eröffnung von Karl Wimbergers Stehwein- und Volksbierhalle am Neubaugürtel Nr. 21. Die *Wiener Neuesten Nachrichten* berichteten über die neue Attraktion (14. September 1908): »Nach Besichtigung der Räumlichkeiten durch die Festgäste und zahlreiche Freunde des Hauses Wimberger wurde in der dem Milieu entsprechend eingerichteten Bierstube das Mittagmahl eingenommen, während dessen wohlschmeckendem Verlaufe Bürgermeister Dr. Lueger in kurzen herzlichen Worten dem Hause Wimberger und der neuen Gründung desselben zutrank.«

Wimberger hatte die beiden Hallen mit Wandmalereien des Malers Peregrin von Gastgeb versehen lassen, an den Wänden prangten zudem Bier- und Weinsprüche, einen, den »treffendsten«, zitierte der Berichterstatter:

Hier, beim Wimberger, mei guats Freunderl,
da kriagt ma a gutes, süffiges Weinderl.
I muaß ja wiss'n, i tua a net lüag'n;
bin ja desweg'n vom Himmel abag'stiag'n.

In den 1920er-Jahren wurde die Stehweinhalle Wimberger zum Treffpunkt der Arbeitslosen, Deklassierten und Außenseiter: »Eine große Halle, in der es nach armseliger Kleidung und kaltem Zigarettenqualm riecht, Holztische und Stühle, an den Wänden Trinksprüche. Hier wird schluckweise abgegeben, was man um die Ecke bekommen hat«, liest man in einer knappen Reportage des Journalisten Nicolaus Strem in *Bettauers Wochenschrift* (14/1926). Die »Typen«, die die Stehweinhalle Wimberger bevölkerten, waren für Strem »wie Fleisch gewordene Symbole unserer Verelendung«.

Spuren der Wimberger-Lokale sucht man heute vergeblich; während die beiden Nachbarhäuser im Rahmen der »Blocksanierung« sorgfältig saniert wurden, ließ man das 1903 erbaute Gründerzeithaus am Neubaugürtel Nr. 15 abreißen.

Bis ins hohe Alter von 91 Jahren leitete Karl Wimberger das Hotel persönlich, erst im Herbst 1925 zog er sich im Rahmen einer großen Feier aufgrund gesundheitlicher Probleme aus dem Tagesgeschäft zurück; es gratulierten u. a. Altkanzler Ignaz Seipel und Leopold Kunschak. Bis kurz vor seinem Tod, so schrieb das *Neuigkeits-Welt-Blatt* in seinem Nachruf (26. Februar 1926), »erschien er noch im Kreise seiner Stammgäste oder bei Veranstaltungen in seinen allbekannten Saallokalitäten ...«. Karl Wimberger starb am 25. Februar 1926, beigesetzt wurde er im Familiengrab am Hütteldorfer Friedhof. Sein Neffe Rudolf, der das Hotel weiterführte, besaß außerdem ein Restaurant am Westbahnhof sowie die Dreher'sche Bierhalle in der Operngasse, seine Tochter Klara war Besitzerin des *Café Opera* in der Operngasse 6.

Feiern wie zu Kaisers Zeiten

Das historisch so schillernde Vorstadthotel Wimberger hat sich inzwischen verwandelt: Im Mai 1994 wurde mit dem neu erbauten ARCOTEL Wimberger Vienna ein Haus »im gehobenen Stil« eröffnet. Das Motto der Kette ARCOTEL, die in Wien gleich mit vier Herbergen vertreten ist, lautet: »Zu Hause ist, wo ARCOTEL ist.« Nach eigener Aussage legt man »besonderen Wert auf ein persönliches und individuelles Umfeld mit internationalem Standard und Top-Qualität«. Das achtstöckige Gebäude umfasst 225 Zimmer, 21 Suiten und 17 Tageszimmer (Salons), in der achten Etage lädt ein Wellness- und Fitnessbereich zur Erholung ein. Das Flair des Fin de Siècle sucht man leider vergeblich, in einem Punkt knüpft man allerdings an das legendäre alte »Wimberger« an: Das »Herz« des Hauses ist der große Ballsaal, der sich über zwei Etagen erstreckt. Heutzutage trifft man sich dort zur Superbowl-Party, zu Shows, Hochzeiten und Live-Acts, es gilt: »Andere Hotels haben Tagungsräume, wir machen großes Kino.« Man kann daher dem Slogan des Hauses kaum widersprechen: »Feiern wie zu Kaisers Zeiten – bei uns ist das möglich.«

Ausgewählte Literatur

Fritz Molden: Besetzer, Toren, Biedermänner. Ein Bericht aus Österreich 1945–1962. Wien-München-Zürich-New York, 1980

Friedrich Schlögl: Wiener Blut. Kleine Culturbilder aus dem Volksleben der alten Kaiserstadt an der Donau. Wien-Pest-Leipzig, 1893

Nicolaus Strem: Stehweinhalle Wimberger. In: Bettauers Wochenschrift, Nr. 14 (1926), S. 12

Elisabeth Thury: Maskenball bei(m) Wimberger. In: Wiener Allgemeine Zeitung, 9. Februar 1932, S. 4 bzw. 24. Januar 1934, S. 4

Das alte »Kummer« erhielt eine neue Attraktion: Restaurant und Bar »Chez Bernard« mit spektakulärer Kuppel im 7. Stock des Hotel Motto.

Hotel Kummer
Mariahilfer Straße 71A

Sherlock Holmes in Mariahilf

Vor wenigen Jahren prangte noch der Schriftzug »Hotel Kummer« über der markanten schmalen Front des Zwickelbaus an der Mariahilfer Straße. Mittlerweile ist er verschwunden, an seine Stelle ist die spektakuläre Kuppel über dem Restaurant Chez Bernard getreten, das Wahrzeichen des Hotel Motto. Paris trifft Wien zu einer »gemeinsamen Liebesgeschichte«, so lautet die neue Erzählung. Nicht vergessen werden sollte jedoch, dass dieses strahlende Gebäude gewachsen ist aus dem Herzen der Wiener Vorstadt, geschaffen durch Tatkraft und Ehrgeiz eines Mannes und einer Familie.

Die Mariahilfer Straße, heute eine »Begegnungszone« und vielbesuchte Einkaufsmeile, ist zur »Mahü« geworden, der Begriff »Straße« droht zu verschwinden. Doch sie war einmal eine richtige Straße, auf der man sich nicht nur auf der Suche zum nächsten Geschäft fortbewegte: Wer in alter Zeit Wien nach Westen verließ, kam durch die Mariahilfer Straße, die damals noch Kremser Straße oder später auch Bayerische Landesstraße hieß. Sie markierte den Beginn und das Ende einer langen Reise. 1663 wurde sie zur Poststraße ernannt, das bedeutete, dass Einkehrgasthöfe benötigt wurden, in denen Pferde und Kutschen, Kutscher und Passagiere eine Unterkunft finden konnten. Dazu hier noch eine kleine Anmerkung: Für die »Passagiere« der Postkutschen stellte der Einkehrgasthof »Passagierzimmer« zur Verfügung – ein Begriff, der in den Wortgebrauch der frühen Wiener Hotellerie einging; man sprach nicht von »Hotelzimmern«, sondern von »Passagierzimmern«.

Die Mariahilfer Straße war auch der Weg, den der Kaiser von der Hofburg nach Schönbrunn nahm. Um der kaiserlichen Kutsche das Versinken in Schlamm bei Regen und Schnee zu ersparen, wurde der innerhalb des Linienwalls gelegene Abschnitt – die »innere« Mariahilfer Straße – schon 1826 gepflastert; bereits Anfang des 19. Jahrhunderts hatte sie eine Gasbeleuchtung erhalten. 1858 wurde der Kaiserin-Elisabeth-Bahnhof, der Kopfbahnhof der k. k.

↖ Design mit »viel Liebe für die kleinen Dinge«: Die Zimmer im Hotel Motto sollen Pariser Flair und Wiener Charme verbinden.

↑ Reminiszenzen an die Welt von gestern: Im Stiegenhaus – der Eingang zum Hotel Motto befindet sich in der Schadekgasse 20 – wurden typische Wiener Altbau-Elemente belassen.

← Das Restaurant »Chez Bernard«. Von der Dachterrasse im 8. Stock bietet sich ein grandioser Ausblick auf Wien.

privilegierten Kaiserin Elisabeth-Bahn, heute Westbahnhof, eröffnet – Bahnreisende aus Paris und London und aus dem Süden Deutschlands trafen nach ihrer Ankunft auf die Mariahilfer Straße, in der es kein Hotel und keine Herberge gab, die internationalen Ansprüchen genügte. Das war die Situation, in der sich Michael Kummer (1835–1912) zum Bau eines neuen Hotels entschloss.

Das Gastgewerbe hatte am Standort Tradition: Seit dem 18. Jahrhundert bestand in der Mariahilfer Straße 71A der Einkehrgasthof »Zum goldenen Kreuz«, der im Vormärz auch als Vergnügungsstätte Bedeutung gewann, wie eine Notiz in der *Allgemeinen Theaterzeitung und Originalblatt für Kunst, Literatur und geselliges Leben* vom 29. Januar 1831 zeigt: »Die Vorstadt Mariahilf besitzt gegenwärtig einen wohleingerichteten Einkehr-Gasthof und einen schönen Tanzsaal(,) das Schild ist zum goldenen Kreuz; der Inhaber ist Hr. Joh. Kugel, welcher keine Kosten scheut, den Beyfall und die Zufriedenheit seiner Gäste zu gewinnen. Die Ballmusiken werden unter der Leitung des Musikdirektors Franz Sartori abgehalten.« 1844 wurde das »Goldene Kreuz« vom Gastwirt Johann Ludwig übernommen, zuvor Besitzer des Gasthauses »Zum schwarzen Tor« in der Kleinen Kirchengasse, heute Barnabitengasse, dem das »Unterhaltungsblatt« *Der Sammler* bescheinigte, ein »Mann von energischer Thätigkeit und Sachkenntniß« zu sein. Den »Antritt seines neuen Geschäftes« beging Johann Ludwig mit einer spektakulären Aktion: »Er versammelte nämlich am ersten Eröffnungstage zweiundvierzig Grund-Arme und speiste dieselben, nicht etwa mit einem Klostersüppchen, nein, sämmtlichen Armen wurde ein treffliches Souper sammt Wein servirt, dessen sie sich gewiß noch lange dankbarst erinnern werden; auch war ihnen das Recht eingeräumt, das Nichtverzehrte mitzunehmen« (*Der Sammler,* 3. Dezember 1844). Im »Goldenen Kreuz« konnte man aber nicht nur gut essen, sondern auch übernachten: Im Reiseführer von Charles Noel, erschienen in der zweiten Ausgabe bei *Guillaume Braumüller* (1865), wurde der Gasthof als »Hôtel de 2nd rang« geführt – offenbar die einzige Herberge in Mariahilf, die Noel für erwähnenswert hielt. Wie wir aus seinen Briefen wissen, war hier u. a. Anton Bruckner während seiner Wiener Jahre zu Gast.

Das neue »Hotel Kummer« macht dem alten Kummer alle Ehre

Die Tage des Einkehrgasthofs »Zum Goldenen Kreuz«, in seiner letzten Zeit auch »Hotel Kreuz« genannt, waren jedoch Ende der 60er-Jahre gezählt. Mit dem Gastwirt Michael Kummer trat ein Mann auf den Plan, der, wie Carl Wimberger an der Linie, die Zeichen der Zeit erkannte: Die Vorstadt wuchs in rasendem Tempo und nahm zunehmend großstädtischen Charakter an, neue Hotels waren auch hier ein Gebot der Stunde. Als die »Wiener Baugesellschaft« die Liegenschaft ankaufte und den alten Gasthof schließen und abreißen ließ, sah Kummer seine Chance gekommen: In Verhandlungen mit der Baugesellschaft gelang es ihm, den geplanten Neubau für sich zu sichern (*Neues Fremden-Blatt,* 12. Januar 1872). Die Architekten Eduard Kaiser und Ludwig Tischler wurden mit dem Erstellen der Baupläne für ein »modernes« Hotel betraut. Der angesehene Ringstraßenarchitekt Eduard Kaiser, der im Verwaltungsrat

Gewachsen aus dem Herzen der Vorstadt: Der geschäftstüchtige Gastwirt Michael Kummer ersetzte den traditionsreichen Einkehrgasthof »Zum goldenen Kreuz« durch ein »modernes« Hotel. Foto, um 1913.

»Das Kummer«, eröffnet 1872 im Vorfeld der Weltausstellung, wurde rasch zum Wahrzeichen der Mariahilfer Straße. Ansichtskarte, um 1900.

der »Wiener Baugesellschaft« saß, die etwa zeitgleich das Hotel Métropole errichtete, wählte für den fünfgeschossigen Zwickelbau eine streng historistische Fassade. Ludwig Tischler war Chefarchitekt der »Wiener Baugesellschaft«, möglicherweise nahm auch Carl Schumann, der Baudirektor der Gesellschaft, Einfluss auf die Entwürfe.

Am 5. Januar 1872 lud Michael Kummer zur Eröffnung seines neuen Hauses; am gleichen Tag konnte man in den mit *Hans Jörgel von Gumpoldskirchen* betitelten Heften bereits eine Würdigung des Unternehmens lesen. »Die Westseite der Stadt Wien«, so hieß es da, sei »bis jetzt im Punkte der Hotels nicht so glänzend bedacht« gewesen wie die »Nordseite (Leopoldstadt) und die innere Stadt«. Das würde sich aber nun mit der Eröffnung des Hotel Kummer ändern, das »elegante neue Gebäude mit seiner geschmackvollen Façade und seinen prachtvollen Schauläden« sei »ein kleines Meisterwerk der Baukunst«. Auch von der Ausstattung zeigte sich das Blatt begeistert: »Das Innere ist mit einem Luxus, einem Geschmack und einem Komfort eingerichtet, wie sich dessen bisher nur das Grand-Hotel rühmen konnte. Die Tapeten, Spiegel, Möbel, besonders aber die Betten – (ein in unseren Hotels ziemlich nebensächlich behandelter Artikel) sein (sic) aus den ersten Fabriken und erinnern den Reisenden an die Mustergasthöfe in der Schweiz und am Rhein.«

Der Eigentümer des neuen Hotels war in Wien bestens bekannt: Michael Kummer betrieb in der Babenbergerstraße eine vielbesuchte Bierhalle und er war Pächter des Hotels »Zum englischen Hof«, das sich nur etwas weiter stadtauswärts, in der Mariahilfer Straße 81, befand. Kummer hatte dieses Hotel (ab 1911 wurde daraus das bekannte Hotel Münchnerhof) 1869 übernommen; damals war es noch der Einkehrgasthof »Zum blauen Bock«, der durch seinen Tanz- und Konzertsaal berühmt wurde – hier trat u. a. auch Carl Michael Ziehrer mit seiner Kapelle auf. Michael Kummer hatte also als Wirt große Erfahrung, auch darin sah der Autor im genannten Heft des Blattes *Hans Jörgel von Gumpoldskirchen* einen Vorteil – und dann war da ja auch noch die Weltausstellung: »Endlich hat Herr Kummer einen Keller, der den verwöhntesten Gaumen der Herren Franzosen, Engländer und Rheinländer zufriedenstellen wird. Die Restauration hat einen solchen Ruf, daß Leute aus der Stadt in den ›englischen Hof‹ speisen gehen; die Geschäftstüchtigkeit des Eigenthümers laßt nix zu wünschen übrig – und das Jahr 1873 wird dem Mann seine Kosten reichlich hereinbringen.« Die *Wiener Sonn- und Montags-Zeitung* vom 7. Januar 1872 urteilte lakonisch: »Das neue ›Hotel Kummer‹ macht dem alten Kummer alle Ehre.«

Das Hotel Kummer wartete in seinen Anfangstagen mit 120 »Passagierzimmern« auf, wobei die »Appartements« im ersten und zweiten Stock »glänzend ausgestattet« waren, die Zimmer in der dritten und vierten Etage immerhin noch »sehr comfortable« (*Neues Fremden-Blatt,* 12. Januar 1872). Die Betten waren Eisenbetten und kamen von der bekannten Eisenmöbelfabrik Riegler und Komp. in der Franzensbrückenstraße, »wahre Prachtwerke«, deren »Lackirung, Vergoldung und Malerei« so »zierlich, elegant, geschmackvoll« seien, dass »ein solches Bett jedem Zimmer zur Zierde« gereiche, wie *Hans Jörgel von Gumpoldskirchen* am 13. Januar 1872 schwärmte. Auch sonst war man am Puls der Zeit: Im Hotel gab es den »Zimmertelegraphen«, und »diverse Aufzugsmaschinen« enthoben die Gäste der »Mühe des Stocksteigens« (*Neues Fremden-Blatt,* 12. Januar 1872).

Die Doyles in Wien

»Ich habe ein Leben geführt, das, wie ich glaube, an Abwechslung und Romantik kaum zu übertreffen ist. Ich habe erfahren, was es heißt, arm zu sein, und ich habe erfahren, was es heißt, einigermaßen wohlhabend zu sein. Ich habe jede Art menschlicher Erfahrung gemacht«, schrieb Sir Arthur Conan Doyle im Vorwort zu seinen Erinnerungen, die 1924 unter dem Titel *Memories and Adventures* erschienen – Zeilen, die auch über seinem Wien-Aufenthalt 1891 stehen könnten.

Ankunft in Wien bei Schneesturm und Kälte: Das Hotel Kummer wurde für Arthur Conan Doyle und seine Frau Louise zur rettenden Zuflucht. Foto von Herbert Rose Barraud, 1890.

Im Dezember 1890 trafen Arthur Conan Doyle und seine Frau Louise, genannt »Touie«, eine weitreichende Entscheidung: Die erste Sherlock-Holmes-Erzählung *A Study in Scarlet* (»Eine Studie in Scharlachrot«) war zu einem großen Erfolg geworden, *The Sign of the Four* (»Das Zeichen der Vier«), eben auch in Buchform erschienen, schickte sich an, diesen Erfolg zu wiederholen, ein historischer Roman, *The White Company,* war fertig – warum also nicht ganz auf eine literarische Karriere setzen? Dann gab es da auch noch eine zweite Idee: Conan Doyle hatte bislang als praktischer Arzt gearbeitet, nun überlegte er eine Spezialisierung in Augenheilkunde. Dann hätte er vielleicht die Möglichkeit gehabt, eine Praxis in London zu eröffnen. Die notwendige Ausbildung konnte unter Umständen während eines Aufenthalts in Wien, dem damaligen »Mekka der Augenheilkunde«, erlangt werden. Ja, ein halbes Jahr in Wien würde reichen – dann gäbe es das ersehnte Etikett »studied in Vienna«. Vielleicht hatte Conan Doyle auch von den Forschungen des Wiener Augenarztes Karl Koller gehört, der als lokales Betäubungsmittel bei Augenoperationen einen neuen Wirkstoff verwendete: Kokain – ein Thema, das Doyle faszinierte (Jakob Lehne, *Indizienbeweise*).

Touie stimmte dem Plan zu, Conan Doyle schloss seine Arztpraxis in Southsea, das Paar brachte die gemeinsame Tochter zur Großmutter und machte sich reisefertig. Am 12. Dezember 1890 gaben Doyles Freunde eine große Party für ihn im Londoner Grosvenor Hotel, dann verbrachte man noch einige Tage in einem *Lodging-house* in Southsea.

»Die Würfel waren gefallen«, schrieb Doyle später in seinen Memoiren, »nun brachen

Zentraler Verkehrsknotenpunkt in Mariahilf: Gleich zwei Straßenbahnlinien, der 3er und der 13er, die beide zum ehemaligen Südbahnhof fuhren, kreuzten beim Hotel Kummer die 50er-Linien auf der Mariahilfer Straße. Foto, um 1930.

wir mit einem Gefühl von wunderbarer Freiheit und aufregenden Abenteuern in die nächste Phase unseres Lebens auf.« Das Ziel war also Wien, die Hauptstadt eines Landes, das ihm nicht ganz fremd war: Als 16-jähriger Austauschschüler hatte er 1875 einige Monate im Feldkircher Jesuitenkolleg Stella Matutina verbracht. Bei diesem Aufenthalt lernte er Deutsch, entdeckte das Eislaufen und trank viel Bier, das, wie er den Eltern schrieb, viel besser sei als jenes in England (Jakob Lehne, *Indizienbeweise*).

Es schneite stark, als Arthur Conan Doyle und seine Frau Louise am 5. Januar 1891 am Westbahnhof aus dem Zug stiegen. Und es war »tödlich kalt«, auf allen Wegen lag tiefer Schnee und ein schneidender Sturm fegte durch die Straßen. Niemand begrüßte sie, es war ein »düsterer, bedrohlicher Empfang« *(a gloomy, ominous reception)* in Wien, ein Eindruck, den Doyle auch drei Jahrzehnte später nicht vergessen hatte.

Jetzt galt es, schnell ein Hotel zu finden – der Omnibus des Hotel Kummer, der vor dem Bahnhof auf Kundschaft wartete, schien dem Paar vertrauenswürdig, der Weg zum Hotel nicht allzu weit, man stieg ein. Die Doyles bereuten ihre Entscheidung nicht: »Eine halbe Stunde später, als wir in dem warmen, gemütlichen, überfüllten, mit Tabakdunst gesättigten Restaurant unseres Hotels waren, sahen wir unsere Umgebung mit einem heitereren Blick.«

Das Hotel Kummer hatte nur einen Nachteil: Es war für einen längeren Aufenthalt zu teuer, und so machte sich das Ehepaar Doyle nach dieser ersten Nacht in Wien auf die Suche nach einer günstigen Unterkunft, die sie schließlich mit der Pension von »Madame Bonfort« in der Universitätsstraße 6 auch fanden: Hier zahlten sie vier Pfund pro Woche und befanden sich in der Gesellschaft von englischen und amerikanischen Studierenden. Im Zimmer gab es zwei Betten, ein Sofa und einen Kachelofen, zum Glück auch einen kleinen Schreibtisch, den Doyle eifrig nützte.

Das beabsichtigte Studium an der Augenklinik der Universität Wien scheiterte jedoch. Als Grund gab Doyle später sein schlechtes Deutsch an, aber auch die formalen Voraussetzungen stimmten nicht – er hatte die Inskriptionsfrist verpasst. Und Karl Koller war nach einem aufsehenerregenden Duell mit einem Kollegen nicht mehr an der Augenklinik tätig. So widmete sich Doyle wieder seiner literarischen Arbeit. Er schrieb in Wien seine Erzählung *The Doings of Raffles Haw* (deutsch unter dem Titel *Mr. Raffles Haw* erschienen), eine Science-Fiction-Geschichte über einen Erfinder und Philanthropen, der Blei in Gold verwandelt. Für den in wenigen Wochen geschriebenen Text bekam er immerhin 150 Pfund als Honorar.

Zusammen mit Touie ging er Eislaufen, und sie besuchten Ende Januar den Anglo-Amerikanischen Ball im Hotel Kaiserhof. James Brinsley Richards (1846–1892), der Korrespondent der *Times*, stellte die Doyles zu diesem Anlass den in Wien lebenden Landsleuten vor.

Früher als geplant, am 9. März 1891, verließen die Doyles Wien in Richtung Paris; von dort ging es über Venedig nach Mailand, am 24. März war man wieder zurück in London – der große Plan hatte sich als Fehlschlag erwiesen. Für den liebenswürdigen James Brinsley Richards, der im Januar 1892 von Wien nach Berlin wechselte, gab der Verband der auswärtigen Presse am 4. Dezember 1891 »im Hotel de France eine *soirée d'adieu*« (*Wiener Montags-Journal,* 30. November 1891).

Stammtisch mit Ludwig Anzengruber

Zum Stammgast im Restaurant des Hotel Kummer wurde der Dramatiker Ludwig Anzengruber (1839–1889), der sich dort mit seinen Freunden traf: dem Maler Rudolf von Alt (1812–1905), dem »Volksschauspieler« Ludwig Martinelli (1832–1913) und Friedrich Strampfer (1823–1890), dem ehemaligen Direktor des Theaters an der Wien. Anzengruber wohnte in den 1880er-Jahren in der Hofmühlgasse 2 bzw. bis zu seinem tragischen frühen Tod in der Gumpendorfer Straße 58B, hatte es also nicht weit zum Hotel. Gut möglich, dass hier am Stammtisch auch das Konzept zum Volksstück *Der Fleck auf der Ehr'* besprochen wurde, das Anzengruber für die Eröffnungsvorstellung des Deutschen Volkstheaters schrieb. Ludwig Martinelli, sein »intimer Freund« (*Wiener Allgemeine Zeitung,* 11. Dezember 1889), führte damals Regie und spielte auch die Rolle des Hubmayr, eine »der köstlichsten Figuren, die Anzengruber geschaffen, ein Geistesverwandter des Wurzelsepp, des Steinklopferhanns, ein Philosoph im zerfetzten Diebskittel mit Schnappsack«; die Kritik sprach von einer »Prachtleistung«, an der »nichts auszusetzen ist« (*Wiener Sonn- und Montags-Zeitung,* 16. September 1889); die Aufführung wurde zu einem großen Erfolg. Die »Rebellennatur«

Die Straßenbahngleise sind verschwunden, die Mariahilfer Straße wurde zur Begegnungszone. Auch den altbekannten Schriftzug »Hotel Kummer« gibt es nicht mehr, die prächtige Fassade erstrahlt jedoch in neuem Glanz.

Anzengruber, »der größte dramatische Dichter unserer Tage«, wie Victor Adler in seinem Nachruf in der *Arbeiter-Zeitung* schrieb, starb wenige Monate später an den Folgen einer Blutvergiftung.

Entschleunigte Gegenwart

Wie andere Hotels auch wurde das noch immer in Familienbesitz stehende Kummer nach Kriegsende (1945) von den Besatzungsmächten beschlagnahmt, und der Hotelbetrieb wurde eingestellt. Es befand sich im französischen Sektor und wurde im September 1945 zum Sitz des französischen Militär- bzw. Hochkommissars. Amtsinhaber von 1945 bis September 1950 war Marie Émile Antoine Béthouart, der eine Politik der Liberalisierung und des Ausgleichs vertrat, damit aber zunehmend in Opposition zu den Sowjets geriet (Stefan Vogel, *Frankreich und die Alliierte Besetzung Wiens von 1945 bis 1955*). Béthouart verlegte seinen Sitz nach einiger Zeit in das Hotel de France am Schottenring 3.

Nach der Rückstellung des Hotel Kummer an die Familie Kummer wurde es 1955 von der »Austria Hotelbetriebs-AG« erworben, einem Tochterunternehmen der »Austria Versicherung AG«, die später im Uniqa-Versicherungskonzern aufging.

Die historistische Fassade ist geblieben, im Inneren vollzog sich eine spannende Metamorphose: Am 2. Oktober 2021 eröffnete im Gebäude des alten Hotel Kummer das Boutique Hotel Motto. Seinen Gästen verspricht das Motto eine »entschleunigte Gegenwart«, einen »Raum für Menschen, die sich nach einer neuen Attitüde der Lebenskunst sehnen«, kurzum: Das Erlebnis Hotel *at its best* …

Ausgewählte Literatur

Victor Adler: Ludwig Anzengruber. In: Arbeiter-Zeitung, 13. Dezember 1889, S. 1–2

Sir Arthur Conan Doyle: Memories and Adventures. London, 1924

Jakob Lehne: Indizienbeweise. Arthur Conan Doyle in Wien. In: Wien Museum Magazin, 21. November 2023 (Online-Ausgabe)

Andrew Lycett: Conan Doyle. The Man who created Sherlock Holmes. London, 2007

Mariahilf einst und jetzt. Herausgegeben von Ernest Blaschek in Verbindung mit Elisabeth Bau mann. Wien, 1926

Beatrix Neiss: Wie wienerisch sind Wiener Hotels? In: Wiener Zeitung, 3. April 2001 (Online-Ausgabe)

Charles Noel: Huit jours à Vienne. Nouveau guide de l'etranger dans la ville de Vienne. Wien, 1865

Daniel Stashower: Sir Arthur Conan Doyle. Das Leben des Vaters von Sherlock Holmes. Köln, 2008

Stefan Vogel: Frankreich und die Alliierte Besetzung Wiens von 1945 bis 1955. In: Studien zur Wiener Geschichte. Jahrbuch des Vereins für Geschichte der Stadt Wien. Band 55. Herausgegeben von Ferdinand Opll und Karl Fischer. Wien, 1999, S. 173–210

Imperiale Pracht: die dreischiffige Säulenhalle mit der Fürstenstiege. Unter dem Porträt von Kaiser Franz Joseph die überlebensgroße Marmorskulptur des Donauweibchens von Hans (Hanns) Gasser.

Hotel Imperial
Kärntner Ring 16

Die erste Adresse

Als die Ringstraße am 1. Mai 1865 von Kaiser Franz Joseph feierlich eröffnet wurde, gab es am neuen Prachtboulevard Wiens noch kein einziges Hotel – für die Stadtplaner hatten sie keine Priorität. Das sollte sich nach wenigen Jahren ändern: Finanzkräftige Investoren erkannten, dass in einer Welt der glanzvollen Paläste auch die Hotels Paläste sein mussten, wahre Schlösser, in denen die Gäste das Lebensgefühl der Aristokratie, Exklusivität und Eleganz atmen konnten. 1870 eröffnete der Hotelier Anton Schneider am Kärntner Ring 9 das Grand-Hôtel, es folgte das Projekt »Hotel Imperial«, die Verwandlung des Stadtpalais Württemberg in eine Luxusherberge. Das Imperial – der Name war Programm – wurde zum exemplarischen Vorbild und blieb bis heute die erste Adresse der Stadt.

Der 28. April 1873, der Tag der Eröffnung des Hotel Imperial, war für die Wiener Hotellerie kein einfacher Tag. Die Stadt zeigte eine »total veränderte Physiognomie« – ein Streik (»Strike«) der Fiaker und Einspänner war ausgebrochen. Weder in der Innenstadt noch in den Vorstädten noch vor der Linie war »ein einziger Fiaker, Komfortable oder ›Zeiselier‹ zu sehen«, die Standplätze waren wie ausgestorben. Vor den Bahnhöfen und in den Hotels herrschte »gräuliche Verwirrung«: »Die abreisenden Passagiere«, so berichtete das *Illustrirte Wiener Extrablatt* am 29. April, »erhielten keinen Wagen und so keuchten sie schwer beladen den Bahnhöfen zu, gefolgt von oft 6 Dienstmännern, die die Bagage auf Schubkarren und anderen Hand-Transportmitteln nachschleppten. Viele versäumten in Folge dessen den Zug, und die lästige Prozession zurück begann wieder ...« Das »Grand-Hôtel« hatte zum Fortschaffen des Reisegepäcks sogar Möbelwagen requiriert, nur das Hotel Wimberger konnte sich auf seinen eigenen Fuhrpark verlassen – seine Wagen »linderten durch ihre praktische Konstruktion im geringen Maße die Kalamität und fuhren mit Koffern und Reisesäcken über und über bedeckt der Linie zu« (*Illustrirtes Wiener Extrablatt*, 29. April 1873). Eine Ministerialkommission

↖ Der zentral gelegene Salon des Hauses: die Imperial Bar, ein »Universalplatz für alle erdenklichen Lebenslagen« (Herbert Lehmann).

← Nach Kaiser Franz Joseph erwartet im Gang des Stiegenhauses auch noch Kaiserin Elisabeth die Gäste - das Gemälde ist eine Replik des berühmten Bildes von Franz Xaver Winterhalter aus dem Jahr 1865.

↗ Einst Teil der Privatgemächer von Herzog Philipp von Württemberg und seiner Gattin Erzherzogin Marie Therese: Fürstensuite im ersten Stock. Am Baldachin über dem Bett das Wappen des Königreichs Württemberg. Foto von Herbert Neubauer.

↑ Außergewöhnlich in allen Details: Die Gänge im Imperial beeindrucken durch ihre vielfach original erhaltene Ausstattung.

↗ Das Café Imperial. Anton Bruckner, so die Überlieferung, soll hier gerne seine Jause eingenommen haben und Karl Kraus schätzte das Lokal für seine Stille. Die ursprüngliche Einrichtung des Cafés von Josef Hoffmann und Oswald Haerdtl blieb leider nicht erhalten.

↗ Blicken ernst in Richtung Fürstenstiege. Zwei weibliche Liegefiguren bekrönen den Giebel über Hans Gassers Donauweibchen-Skulptur.
Die Überwachungskamera dient der Sicherheit der Gäste.

beriet über Maßnahmen gegen den Streik, der Magistrat drohte mit dem Entzug von Konzessionen und die Hoteliers wurden angehalten, Wagen der Omnibusgesellschaft für den Transport ihrer Gäste zu den Bahnhöfen zu stellen.

So mancher respektable Herr musste an diesem Tag zu Fuß gehen, nur Kaiser Franz Joseph ließ sich von der »Kutscherkrise« nicht stören und erteilte an diesem Tag »mehr als achtzig Audienzen«. Das Ereignis des Jahrzehnts, die Weltausstellung, warf seine Schatten voraus: Am Abend empfing der Kaiser den englischen Kronprinzen Edward und dessen Bruder Arthur, bereits am Nachmittag war der dänische Kronprinz angekommen (*Deutsche Zeitung*, 29. April 1873). Für die hohen Gäste, die in Appartements im Finanzministerium einquartiert wurden, standen Hofequipagen bereit.

Keine Zeit hatte Franz Joseph allerdings für eine Hoteleröffnung – auch wenn er das Imperial – das »Gästehaus« der Monarchie und später der Republik – in Zukunft öfter aufsuchen sollte. Am Kärntner Ring 16 ließ man sich von den Turbulenzen dieser Tage jedoch nicht beirren: Obwohl einzelne Bereiche wie das Restaurant noch nicht ganz fertig waren, empfing man erstmals Gäste, ein spektakuläres Projekt hatte pünktlich seinen erfolgreichen Abschluss gefunden.

Am 15. September 1872 war der »Wiener Baugesellschaft im Namen des Herrn Horaz Ritter von Landau die angesuchte Bewilligung zur Vornahme von Adaptierungen in dem vormals Prinz Württemberg'schen Palais« erteilt worden, innerhalb eines halben Jahres hatten der Architekt Heinrich Adam und der Baumeister Wilhelm Gross ganze Arbeit geleistet. Aus der luxuriösen Privatresidenz des Herzogs Philipp Alexander von Württemberg und seiner Gattin Erzherzogin Marie Therese war ein »mit der größten Eleganz ausgestattetes Hotel« geworden, wie die *Neue Freie Presse* in ihrem Vorbericht zur Eröffnung am 27. April 1873 bestätigte: »Besonders von den im Mezzanin und in der ersten Etage gelegenen Gemächern, welche mit wenigen Modificationen in jener Form belassen wurden, die sie unter dem fürstlichen Inhaber hatten, sind einzelne, die als Musterbilder der Architektur und Kunst gelten können. So der prächtig holzgetäfelte Saal und die in reiner italienischer Renaissance ausgeführten Zimmer.« Dabei zeigte sich, so der Berichterstatter der Zeitung, »nirgends prunkhafte Ueberladung, sondern überall mit wohlthuender Eleganz gepaarte Einfachheit und stylvolle Ausstattung. Die Wascheinrichtungen sind durchaus Marmor, die Bettgestelle aus Eisen, Telegraphenleitungen gehen durch das ganze Gebäude; für die Dienerschaft sind eigene Stiegenaufgänge hergestellt und die Gemächer sind mit Smyrnaer Teppichen belegt.« Das Urteil des Blattes: »Wien ist wieder um ein Hotel bereichert worden, dem sich nur wenige würdig zur Seite stellen können ...«

Über die Frage, warum das Herzogspaar ihr prachtvolles Ringstraßenpalais so rasch verließ, ist viel spekuliert worden – Tatsache ist, dass sich Philipp von Württemberg und seine Familie in dem Riesenbau, errichtet von Arnold Zenetti und Heinrich Adam, nicht besonders wohlfühlten. 1865 waren die Zwillinge Albrecht und Marie Amelie geboren worden, 1871 Tochter Maria Isabella; vermutlich wünschte sich vor allem Herzogin Marie Therese, die Tochter Erzherzog Albrechts, für sich und ihre Kinder ein intimeres Ambiente abseits des Ringstraßentrubels, das man schließlich im Palais Strudlhof auch fand. Zu dieser Entscheidung trug wohl auch ein Zwist mit den Stadtplanern bei, die dem Wunsch des Herzogs nach einem Garten, der vom Palais bis zum Wienfluss reichen sollte, nicht nachkommen konnten.

Horaz Ritter von Landau (auch: Baron Horace de Landau, 1824–1903), der Besitzer des neuen Hotels, geboren in Odessa, war ukrainisch-jüdischer Herkunft und in der Finanzwelt durch die Zusammenarbeit mit James Rothschild, dem Chef des französischen Zweigs der Rothschilds, bekannt geworden. Mit Hotels hatte Landau, der zunächst seinen Bruder Franz mit der Leitung des Imperial betraute, keine Erfahrung, und so verpachtete er das Hotel bereits 1874 um 90.000 Gulden jährlich (das entspricht einer heutigen Kaufkraft von etwa 1,32 Millionen Euro) an einen Fachmann seines Vertrauens, den Hotelier Johann Frohner. Landau, der zeitweilig in Budapest lebte, hatte dort Frohner als überaus erfolgreichen Hotelmanager kennengelernt, eine Zusammenarbeit lag also nahe.

Frohner Bacsi alias Captain Violet

Mit Frohner hatte sich Horaz von Landau für einen Mann entschieden, der, aus einfachen Verhältnissen kommend, einen steilen Aufstieg genommen hatte: Johann Frohner, geboren 1829 in der kleinen Weinviertler Ortschaft Großinzersdorf bei Zistersdorf, begann seine Karriere in Pressburg im Hotel »Zum grünen Baum«, ging Anfang der 1860er-Jahre nach Budapest und pachtete am Staatsbahnhof, dem heutigen Ostbahnhof (Budapest-Keleti), die erste Bahnhof-Restauration des Landes. 1864 kaufte er ein Haus in der Budapester Palatingasse, das er zum Hotel Frohner umgestalten

Der ehemalige Speisesaal. Foto von Leopold Theodor Neumann, vermutlich um 1880, Sammlung Wien Museum.

ließ. Das Hotel Frohner – später das Hotel Continental – avancierte in kurzer Zeit zu einer der renommiertesten Herbergen der ungarischen Metropole. Frohner selbst widmete sich neben dem Hotelgeschäft mit großer Leidenschaft dem Pferderennsport: Er besaß einen eigenen Rennstall und züchtete auf seiner Besitzung Carolinenhof bei Budapest Vollblüter, die er ab 1875 unter dem nom de guerre »Captain Violet« laufen ließ – seine Farben, die violette Jacke mit gelber Schärpe, waren auf den Rennplätzen der Monarchie bald allgemein bekannt. Frohners erfolgreichstes Pferd war die Stute »Donna Christine«, die »von Vielen für das schnellste Pferd erklärt wird, das wir seit Jahren im Lande gehabt haben« (*Wiener Salonblatt,* 10. Juni 1894).

Noch 1874 übersiedelte Frohner mit seiner Frau Caroline nach Wien und bezog mit ihr eine Wohnung im Hotel Imperial, in der er bis zu seinem Tod (1894) leben sollte. Nach dem Tod seines ältesten Sohns Johann (1878) verkaufte Frohner sein Budapester Hotel und konzentrierte sich zusammen mit seinem Hoteldirektor Gustav von Rüling (auch: Rühling) ganz auf das Imperial, das nun als »Frohner's Hotel Imperial« geführt wurde und als »k. k. Hofhotel« – das einzige Hotel der Habsburgermonarchie, das diesen Ehrentitel tragen durfte – zum repräsentativen Quartier hoher und höchster Gäste wurde. Bereits zur Weltausstellung (1873) waren Brasiliens Kaiser Dom Pedro II., der deutsche Kaiser Wilhelm I. und sein Reichskanzler Otto von Bismarck im Imperial abgestiegen – sechs Jahre später sollte Bismarck in seinem Arbeitszimmer im Imperial mit Österreich-Ungarns Außenminister Julius Graf Andrássy die letzten Details des Zweibund-Vertrages verhandeln, der am 7. Oktober 1879 unterzeichnet wurde. Bismarck, damals schon eine Legende, berichtete später über diesen Aufenthalt: »Während der Tage, die ich im Hotel Imperial zubrachte, konnte ich mich nicht am Fenster zeigen, ohne freundliche Demonstrationen der dort Wartenden oder Vorübergehenden hervorzurufen. Die Kundgebungen vermehrten sich, nachdem der Kaiser Franz Joseph mir die Ehre bezeigt hatte, mich zu besuchen« (zitiert nach Walther Franz Ziehensack, *Hotel Imperial*). Der Tisch, auf dem Bismarck und Andrássy den Zweibund paktierten, wurde später von der Hotelleitung mit einer kleinen

Oesterreichisch-ungarische

Gasthaus-Zeitung.

Vormals Oesterreichisch-ungarische Kaffee- und Gasthaus-Zeitung.

Unabhängiges Organ für das gesammte Gasthauswesen.

Erscheint am 1. und 15. jeden Monats.

Herausgeber: S. Pollak.
im Verbande des Vereines der Wiener Fachpresse.
Ausgezeichnet mit dem Anerkennungs-Diplom.

Pränumerations-Preis:
Für Wien und Umgebung und Provinz:
Für das Ausland:

Redaction u. Administration: II., Fugbachgasse 16.

Inserate. Der Preis wird nach aufliegendem Tarife berechnet. Bei öfterer Einschaltung entsprechender Rabatt.

Manuscripte werden nicht retournirt.

Nr. 17. Wien, 1. September 1890. XVI. Jahrgang.

Hotelier Johann Frohner.

Berufliche Energie, das stolze, selbstbewußte Kraftgefühl schließt gemeinhin die Gefühlsweichheit aus. Männer der erfolgreichen practischen That sind selten Idealisten im Hegelianischen Sinne; für sie ist die Materie das Ideal und was unsere classischen Denker als leuchtende Sterne, zu denen sich unser Blick und unser Herz erheben soll, erklärten, das bezeichnen die modernen Männer der That als dem Absterben geweihte Illusionen und Utopien. . .

Die österreichische Hotel-Industrie besitzt in Johann Frohner einen Mann, dem die berufliche Energie im höchsten Maße eigen, der zu den stolzesten Erfolgen seines großgearteten Berufswirkens emporgestiegen. Der Besitzer des „Hotel Imperial" in Wien, des Absteigequartiers für Souveräne und die höchsten gesellschaftlichen Kreise, der Nährvater der Crême de la crême, darf sich mit Recht als einer der Ersten seines Standes der ganzen civilisirten Welt fühlen.

Trotz dieser großen Erfolge, die bei Anderen die Wirkung der Herzensverhärtung, des gefühllosen Protzenthums und der Abgeschlossenheit geübt hätten, hat sich Johann Frohner die ursprünglichste Empfänglichkeit für die Ideale bewahrt, schlägt sein Herz warm für Humanität und für alle Bestrebungen reiner und abgeklärter Menschlichkeit. — Wenn wir dies niederschreiben, so riskiren wir damit keine blos conventionelle apologetische Phrase. Wir bieten jetzt so recht a tempo, wo in Wien der Ansturm ungemessener Forderungen der gastwirthschaftlichen Gehilfenschaft gegen die Principale tobt, gerade das Porträt und ein kurzes Characterbild Frohner's, um an Beispielen der That darzuthun, wie ein Verhältniß aufrichtiger, gegenseitiger Werthschätzung zwischen Principal und Gehilfen möglich, wenn auf beiden Seiten die intellectuellen und moralischen Vorbedingungen hiefür vorhanden sind. . . . Welch' ein Verhältniß zwischen Johann Frohner und seinen Gehilfen obwaltet, dafür folgendes Beispiel: Dessen langjähriger Oberkellner Jean Kirchmayer erkrankte. Herr Frohner sandte ihn auf seine eigenen Kosten nach Pöstyan und nach vollendeter Cur ließ er ihn noch immer nicht den Dienst aufnehmen, sondern nahm ihn zu sich auf sein Schloß Neuhaus bei Cilli zur vollständigen Erholung, wo er ihn auf ganz gleichem Fuße mit den anderen Gästen des Schlosses, den Freunden Frohner's, behandelte und für seine Zer-

Die heutige Nummer ist 12 Seiten stark.

Der »geniale Hotelier« Johann Frohner. Unter seiner Leitung behauptete das Imperial seine Stellung als Spitzenhotel der Monarchie. Würdigung in der Oesterreichisch-ungarischen Gasthaus-Zeitung vom 1. September 1890.

Gedenktafel aus Messing versehen – seit 1945 ist das schicksalsträchtige Möbelstück allerdings verschollen.

Nach seinen Erfahrungen in Budapest legte Johann Frohner Wert auf hervorragenden Service, eine exquisite Küche und ein umfassendes Angebot an Weinen, Likören und Cognacs, das er zu einem eigenen Weinhandelsbetrieb ausbaute. Der ersehnte Titel eines »k. u. k. Hoflieferanten« blieb ihm allerdings verwehrt, da er nach dem Verkauf des Budapester Hotels in finanzielle Bedrängnis geriet – der zweite Teil der Kaufsumme war Frohner vom Käufer vorenthalten worden. Nach dem Vorbild von Carl Wimberger gründete auch Frohner eine eigene Stellwagen- und Fiakerfirma, die Transportmisere vom April 1873 sollte sich nicht wiederholen.

Seinen Rang als Spitzenhotel der Monarchie konnte das Imperial unangefochten behaupten; am 1. September 1890 würdigte die *Oesterreichisch-ungarische Gasthaus-Zeitung* die Verdienste Frohners: »Die österreichische Hotel-Industrie besitzt in Johann Frohner einen Mann, dem die berufliche Energie im höchsten Maße eigen, der zu den stolzesten Erfolgen seines großgearteten Berufswirkens emporgestiegen. Der Besitzer (sic) des ›Hotel Imperial‹ in Wien, des Absteigequartiers für Souveräne und die höchsten gesellschaftlichen Kreise, der Nährvater der Crême de la crême, darf sich mit Recht als einer der Ersten seines Standes der ganzen civilisirten Welt fühlen.«

Frohner, der auch drei Villen in Dornbach (Andergasse 12, Andergasse 14 und Pointengasse 11) besaß sowie das Marchfeld-Gut Markgrafneusiedl, starb 1894 mit nur 64 Jahren an einem Lungenleiden; Erbe seines beträchtlichen Vermögens wurde sein unmündiger Sohn aus zweiter Ehe, Roman Franz Frohner. Die alleinige Geschäftsführung des Hotels übernahm Gustav von Rüling. Der »Captain Violet vom Turf« war, so schrieb das *Wiener Salonblatt* in seinem Nachruf am 10. Juni 1894, ein »genialer Hotelier« und einer der »besten, einfachsten und bescheidensten Menschen, dem Jeder, der mit ihm verkehrte, vom Herzen gut sein mußte …«.

1911 verkaufte die Familie Landau das Imperial für mehr als drei Millionen Kronen an die k. k. privilegierte Allgemeine Verkehrsbank; als neue Eigentümerin wurde eine Aktiengesellschaft installiert, die *Hotel Imperial AG,* an der die Verkehrsbank maßgeblich beteiligt war. Bedingt durch die wirtschaftlich schwierige Lage in den Nachkriegsjahren kam es 1924 zu einer Betriebsgemeinschaft mit der *Hotel Bristol AG;* der Unternehmer Samuel Schallinger (siehe auch das Kapitel über das Hotel Bristol) wurde nach der Verflechtung der Gesellschaften der neue »starke Mann« in der *Hotel Imperial AG.* Ab 1930 war Schallinger der geschäftsführende Vizepräsident des Verwaltungsrats der *Hotel Bristol AG,* die 82,4 Prozent der Aktien der *Hotel Imperial AG* hielt. Die Beteiligung der Allgemeinen Verkehrsbank wanderte inzwischen weiter: 1927 fusionierte die Verkehrsbank mit der *Allgemeinen österreichischen Boden-Credit-Anstalt,* die wiederum 1929 durch die *Österreichische Credit-Anstalt,* ab 1934 *Österreichische Creditanstalt–Wiener Bankverein,* übernommen wurde. Als Gläubigerbank der *Hotel Imperial AG* und der *Hotel Bristol AG* bestimmte sie von nun an, wie Ulrike Zimmerl gezeigt hat, das Schicksal der beiden Luxushotels im Austrofaschismus und in der NS-Zeit wesentlich mit.

Das schwere Gepäck der Sarah Bernhardt

Im Rahmen einer Gastspieltour durch Europa beehrte die Schauspiellegende Sarah Bernhardt im Januar 1893 auch Wien und stieg im Imperial ab. Es war dies der zweite Aufenthalt von Mademoiselle Bernhardt in der Donaumetropole, bereits im November 1881 hatte sie im Ringtheater – knapp vor der Brandkatastrophe des 8. Dezember 1881 – als Frou-Frou und Adrienne Lecouvreux das Publikum begeistert. Als ihr Gepäck aus Krakau kommend im Hotel eintraf, staunten die Bediensteten nicht schlecht: Vor ihnen türmten sich Dutzende von Koffern und Schachteln, manche auch erstaunlich schwer, obwohl sie nur die Theatergarderobe der Künstlerin enthalten sollten. Was niemand wusste und erst durch spätere Biografien publik wurde: Sarah Bernhardt schleppte nicht nur ihre unzähligen Bühnenkostüme von Hotel zu Hotel, sondern auch ihr Vermögen – in den seltsam schweren Koffern befanden sich ihre Goldbarren.

Was die Kostüme betraf, so waren sie Teil des Gesamtkunstwerks Sarah Bernhardt und »mehr als schimmernde Kleider; sie sind in Auffassung und Durchführung Kunstarbeit, Resultat von Verständniß und Schaffen, wie die Gestalten der Sarah Bernhardt selbst. Rolle und Robe decken einander. Eines gehört wie das Andere zum Ganzen«, erkannte bereits 1881 der Kritiker der *Wiener Zeitung* (7. November 1881).

Schauplatz der Auftritte Sarah Bernhardts war diesmal das Theater an der Wien; wieder brillierte die Französin in ihren Paraderollen. Eröffnet wurde der Reigen der Gastvorstellungen mit ihrer Darstellung der Fédora in Victorien Sardous gleichnamigem Drama, einen Tag später spielte sie in dem von ihr selbst verfassten Einakter *L'aveu* und im Stück *Francillon* von Alexandre Dumas, es folgten die Kameliendame, Frou-Frou und die Titelrolle in *La Tosca.* Das große Bernhardt-Fieber der 1880er-Jahre war allerdings vorbei, der Besuch der Vorstellungen ließ zu wünschen übrig, und es gab vereinzelt auch kritische Stimmen. So meinte der Kritiker Benjamin Schier in der *Wiener Hausfrauen-Zeitung* vom 8. Januar 1893: »Die internationale Rundreisekünstlerin wird nun endlich doch einsehen, dass sich die Wiener an ihr sattgesehen haben. Alle Achtung vor ihrer Kunst, aber gar zu viel französische und italienische Kunst vertragen die Wiener nun einmal nicht, besonders wenn die Begleitung keinen Dunst hat von einer Kunst!«

Brachte ihre Goldbarren mit ins Hotel: »Schauspielgöttin« Sarah Bernhardt. Gemälde von Georges Clairin, 1876.

Ihr kurzes Wiener Gastspiel von 1893 beschloss Sarah Bernhardt mit der Darstellung der Adrienne Lecouvreur; trotz aller Kritik spendete das Publikum »stürmischen Beifall und rief Madame Bernhardt zum Schlusse unzähligemale (sic) hervor« (*Die Presse,* 9. Januar 1893). Kaiser Franz Joseph, der eine der Vorstellungen Sarah Bernhardts besuchte, soll ihr zum Dank ein wertvolles Schmuckstück verehrt haben.

Zeuge des Aufenthalts von Sarah Bernhardt im Imperial wurde auch der Oberkellner Fürst, der zu einer der populärsten Figuren der großen Ringstraßenhotels werden sollte. Nach Lehr- und Wanderjahren im Ausland machte er als junger Ober 1873 die Eröffnung des Hauses mit – 1929, nach 55 Jahren im Dienst, bediente er, wie die *Wiener Sonn- und Montags-Zeitung* rühmend hervorhob, noch mit achtzig Jahren im »großen Speisesaal ebenso flott und rührig seine Gäste« wie damals, eine »hohe elegante Diplomatengestalt« mit »rosigem, freundlichem Gesicht«, die »von österreichischen Erzherzogen, von russischen Großfürsten und exotischen Königen manches zu erzählen« wusste (*Wiener Sonn- und Montags-Zeitung,* 23. September 1929).

Chapliniade im Imperial

Am Morgen des 16. März 1931 erhielt das Imperial einen Anruf aus dem Hotel Adlon in Berlin: Man möge für Charlie Chaplin und seine Begleitung entsprechende Appartements reservieren, die genaue Ankunftszeit würde noch in einem Telegramm bekannt gegeben. Auf dieses Telegramm wartete man vergeblich; die Nachricht, dass Chaplin nach Wien kommen würde, schlug jedenfalls wie eine Bombe ein: Die Hotelleitung ließ die Fürstenappartements im ersten Stock für die Film-Legende vorbereiten, weitere vier Zimmer wurden für die Entourage reserviert; »alle Anordnungen zur Aufrechterhaltung der Ordnung« wurden getroffen und man verständigte auch die Polizei, da mit einem »großen Menschenzulauf« zu rechnen war (*Die Stunde,* 17. März 1931).

Für Vorbereitungen blieb allerdings wenig Zeit; pünktlich um 13.10 Uhr fuhr der Schnellzug aus Berlin in die Halle des Franz-Josefs-Bahnhofs ein. Auf dem Bahnsteig und am Althanplatz drängten sich Tausende von Menschen. Als sich Chaplin am Fenster eines Schlafwagens zeigte, gab es kein Halten mehr: »Da geht es wie ein Ruck durch die Menge und während die Filmfunktionäre zum Trittbrett des Schlafwagens eilen, die Operateure zu kurbeln beginnen, durchbricht die Begeisterung der Menge den doppelten und dreifachen Polizeikordon. Ein jubelndes, ›Hoch Charlie!‹ rufendes Menschenmeer wogt an den Waggon heran und ehe man sich versieht, befindet sich Chaplin, der in Begleitung seines Sekretärs Robinson und seines Berliner Managers Curtis Mellnitz den Schlafwagen verlassen hat, auf den Schultern der Menge, wird er an den verzweifelten Tonfilmleuten vorbei, aus dem Bahnhof auf die Straße getragen, immer lächelnd und mit einem kleinen Stäbchen winkend« (*Neues Wiener Journal,* 17. März 1931).

Der Empfang im Imperial verlief herzlich. Chaplin zeigte sich von den Räumen begeistert und ließ der Hotelleitung sagen, dass »er noch in keinem Hotel der Welt so schöne Zimmer erhalten habe«. Um 14 Uhr gab Chaplin im Marmorsaal einen Presseempfang; er erklärte, dass er nicht nur wegen seines neuen Films *Lichter der Großstadt* nach Wien gekommen sei, sondern hier auch ein wenig ausruhen und Ferien machen wolle. Er wolle noch etwa drei Monate in Europa bleiben und dann in die USA zurückkehren. Im Übrigen, so erzählte Chaplin einem Mitarbeiter des *Neuen Wiener Journals*, hätte er vor, auch weiterhin nur in Stummfilmen zu spielen, da seine Stimme nicht zu der Landstreicherfigur passe, die er noch einige Male spielen wolle. Vom Fenster des heutigen Restaurants OPUS sprach Chaplin dann seine denkwürdigen ersten Worte in ein Tonfilmmikrofon: »Guten Tak, guten Tak!« (Ursula Scheidl, *Feels like home*)

Um 16 Uhr traf Chaplin in der Sacher-Bar den Komponisten Oscar Straus, den er von Hollywood her gut kannte; am Abend ging es mit Sekretär Robinson und Manager Mellnitz ins Bürgertheater zur Jazz-Operette *Jim und Jill*. Als er nach einem Hinweis der Schauspielerin Irene Palasthy vom Publikum erkannt wurde, musste er sich nach dem ersten Akt auf die Bühne begeben und sich bejubeln lassen; Palasthy würdigte ihn mit einer kleinen Ansprache in Englisch.

Den turbulenten Tag beschloss Chaplin in der Mariahilfer Westminster-Bar; die Kapelle Boris Galazan spielte für ihn einen Tango nach dem anderen, der Filmstar war in seinem Element: »Chaplin tanzt Tango. Er führt behutsam und vornehm seine Tanzpartnerin, er neigt den Kopf mit einem verträumten Lächeln zu ihr und dann macht er plötzlich eine rasche Tanzbewegung, und jene berühmte Szene aus dem ›Goldrausch‹ wird lebendig, da er in der kleinen Spelunke eines Goldsucherdorfes mit seinem Mädel tanzt« (*Die Stunde*, 18. März 1931).

Die nächste Nacht verbrachte Chaplin, der zuvor an einem Bankett der britischen Gesandtschaft teilgenommen hatte, im *Tabarin* in der Annagasse 3. Die Kapelle spielte für

Das Hotel Imperial in den ersten Jahren nach seiner Eröffnung. Blick vom Schwarzenbergplatz. Foto, um 1885.

ihn *It's a long way to Tipperary*, Chaplin tanzte wieder Tango und »zeigte sich auch sonst außerordentlich gut amüsiert«. Am Abend des 19. März 1931 reiste er vom Südbahnhof nach Venedig ab; zuvor hatte er seinen »Wiener Freunden« wiederholt versichert, dass sein Appartement im Imperial »das Schönste« gewesen wäre, »in dem er seit seiner Ankunft in Europa gewohnt« hätte (*Die Stunde*, 19. März 1931). Im Gästebuch hatte er unter dem Datum 17. März notiert: »Beautiful and splendid.«

»König Anton« hat das »Herz am rechten Fleck«

Es sollte der »größte und gefährlichste Coup seines Lebens« (Kurt Bauer, *Hitlers zweiter Putsch*) werden und ihn als Bundeskanzler an die Spitze des Landes bringen. Selbst mit der Hilfe der Heimwehr war ihm dies bisher nicht gelungen, nun setzte Anton Rintelen (1876–1946), der langjährige Landeshauptmann der Steiermark, auf seine neuen Freunde: die Nationalsozialisten. Bundeskanzler Engelbert Dollfuß, sein Erzfeind, der ihn auf den Posten eines Gesandten in Rom abgeschoben hatte, musste weg – dafür waren »König Anton«, so der Spitzname des selbstherrlichen Mannes, auch die Nazis gut genug. Das Hotel Imperial wurde zur Drehscheibe der »Aktion«.

Am 23. Juli 1934, es war ein Montag, fuhr Anton Rintelen mit dem Morgenzug nach Wien. Begleitet wurde er von seinem ehemaligen Privatsekretär Hofrat Hans Böhm und von Franz Huber, dem Direktor des Grazer RAVAG-Standortes; in Baden stieg auch noch Karl Wagner zu, der ehemalige Präsident der Österreichischen Luftverkehrs AG (OELAG) und nunmehrige leitende Funktionär der Kasino AG. Am Südbahnhof wurden die vier Männer von Hermann Rintelen, einem Cousin Anton Rintelens, erwartet; gemeinsam fuhr man zum Hotel Imperial, wo Anton Rintelen das Zimmer Nummer 19 im ersten Stock bezog. »König Anton« hatte in seinem Lieblingshotel ein gutes Standing, noch als Landeshauptmann hatte er 1931 dafür gesorgt, dass das Imperial mit Weinen aus dem bischöflichen Weingut Seggauberg beliefert wurde (Andreas Fraydenegg-Monzello, *Landesfürst und Hochverräter*).

In der Folge widmete sich Rintelen seinem »Netzwerk«, er traf alte Freunde und Bekannte; so war er zu Mittag bei Alma Mahler-Werfel in ihrer Villa in der Steinfeldgasse 2 zu Besuch. Von seinem Zimmer aus wählte er einige Geheimnummern, darunter jene des Finanzministers Karl Buresch und des umstrittenen Bankers Sigmund Bosel. Am Abend war Rintelen bei Buresch, noch in der Nacht berichtete er darüber NS-Stabsleiter Rudolf Weydenhammer (1890–1972), einem der Drahtzieher des geplanten Putsches. Unter dem Decknamen »Williams« hatte der ehemalige Bank-Manager und Industrielle Weydenhammer Rintelen im Frühjahr 1934 mehrmals in Rom besucht und mit ihm wohl schon die Strategien zum Dollfuß-Sturz besprochen.

Für den »diktaturlüsternen Provinzpolitiker« (Kurt Bauer, *Hitlers zweiter Putsch*) wurde der 24. Juli zu einem Tag des Wartens – die ursprünglich für diesen Dienstag geplante »Aktion« war auf Mittwoch verschoben worden. In einer weiteren Besprechung mit Weydenhammer am Nachmittag drängte Rintelen auf »Durchführung«, er wisse, »dass er sein Leben riskiere, die Wahrscheinlichkeit zu sterben sei groß«. Am Abend holte Rintelen seine Freundin Alma Mahler-Werfel vom Südbahnhof ab und fuhr mit ihr zu seinem Stammlokal, dem Griechenbeisl, wo bereits ein Kreis von Freunden auf ihn wartete. Wie Alma Mahler-Werfel später vor Gericht aussagte, war Rintelen am Stammtisch gleich zwei Mal »eingeschlummert« – die Anspannung der beiden letzten Tage forderte ihren Tribut.

Mittwoch, 25. Juli 1934. Nach einem Frühstück mit Anton Böhm in dessen Wohnung in der Vorderen Zollamtsstraße und nach einem Spaziergang mit Franz Huber im Stadtpark warteten Rintelen und Weydenhammer im Imperial im Zimmer Nummer 19 auf die entscheidende Nachricht. Hermann Rintelen hatte in der Lobby Stellung bezogen, »Adjutant« Franz Huber hielt als Verbindungsmann den Kontakt zwischen Lobby und Zimmer, ein Ohr immer am Radio. »Es verstrich eine bange Zeit und das Leben auf der Straße blieb das gleiche und die Spannung wurde immer größer«, schilderte Franz Huber später die Situation (Andreas Fraydenegg-Monzello, *Landesfürst und Hochverräter*).

Die Nervosität der Verschwörer wuchs, dann plötzlich, um 13.02 Uhr, unterbrach die RAVAG ihr Programm für eine kurze Durchsage: »Die Regierung Dollfuß ist zurückgetreten. Dr. Rintelen hat die Regierungsgeschäfte übernommen.« Es folgten aber nicht, wie vereinbart, weitere Meldungen, sondern der Sender spielte wieder Musik – ein erstes Indiz dafür, dass der Putsch gescheitert war. Wenige Minuten später läutete das Telefon, am Apparat eine erste »Gratulantin«, nämlich Alma Mahler-Werfel. Rintelen, der bereits Unheil ahnte, gab sich überrascht, er wisse von nichts. Dieselbe Auskunft erhielten weitere Anrufer, unter ihnen auch der Börsenspekulant und Glücksritter Camillo Castiglione: Alles wäre nur »Mystifikation«. Schließlich wollte man Klarheit – Weydenhammer machte sich auf den Weg zur RAVAG in der Johannesgasse, dann schickte Rintelen auch noch Franz Huber in die Innenstadt, der rasch erkennen musste, dass die »Erhebung« kläglich gescheitert war. Seine Meldung nach der Rückkehr ins Hotel lautete: »Herr Landeshauptmann, die Geschichte ist natürlich ganz schiefgegangen« (Andreas Fraydenegg-Monzello, *Landesfürst und Hochverräter*). Rintelen zeigte sich jetzt dem Druck nicht mehr gewachsen und bewies, dass er alles andere als ein Held war: »Ich verstehe überhaupt nicht, wie man mich da hineingehetzt hat, wie konnte man so etwas machen, das ist ja unglaublich« (zitiert nach Andreas Fraydenegg-Monzello, *Landesfürst und Hochverräter*).

Als Weydenhammer zusammen mit dem jungen SS-Führer Otto Gustav Wächter (1901–1949), dem politischen Leiter des Nazi-Putsches, zurück ins Hotel kam und beide Rintelen baten, mit ihnen zum Ballhausplatz zu fahren und durch den »Einsatz seiner Person« die Situation noch zu retten, lehnte Rintelen ab, gab dann aber dem Wunsch von Unterrichtsminister Kurt Schuschnigg nach, der ihn zu einem Gespräch im Amtsgebäude am Stubenring bat. Obwohl Weydenhammer und Wächter, die eine Falle witterten, ihn davor warnten, riskierte Rintelen den Weg zu Schuschnigg. Zuvor waren im Hotel noch Friedrich Funder, der Chefredakteur der *Reichspost*, und sein Mitarbeiter Edgar Rados aufgetaucht; beide waren von dem seltsamen Verhalten Rintelens irritiert. Die Journalisten begleiteten »König Anton« zum Stubenring; Rintelen wurde prompt auf Anweisung Schuschniggs in einem Zimmer festgesetzt. Als Hochverräter musste er mit seiner sofortigen Hinrichtung rechnen; schließlich entwickelte er einen Plan zu seiner Rettung und täuschte einen Suizid vor. Als ihn zwei Kriminalbeamte in der Nacht zum 26. Juli zu einem »Gespräch« abholen wollten, schoss er sich mit seinem Browning-Revolver in die linke Brustseite, dorthin, wo normalerweise das Herz ist. Doch »König Anton« wusste, dass er überleben würde, hatte er doch das Herz am »rechten Fleck« – er litt an Dextrokardie, einer seltenen Anomalie, bei der das Herz auf der rechten Seite liegt.

Rintelens verzweifelter Plan ging auf: Im Hochverratsprozess vor dem Militärgerichtshof im Wiener Straflandesgericht im März 1935 wurde der Schuss in die linke Brust tatsächlich als »Flucht in den Tod« beurteilt, »König Anton« wurde zu lebenslangem Kerker verurteilt – und war nach der Generalamnestie vom 12. Februar 1938 wieder ein freier Mann. Weydenhammer und Wächter gelang vom Hotel Imperial aus die Flucht, die beiden Putschisten sollten im Dritten Reich noch Karriere machen.

In seinen 1941 publizierten *Erinnerungen an Österreichs Weg* sprach Rintelen von einer »Reflexhandlung«, die der Anblick der zwei Kriminalbeamten ausgelöst hätte – eine ebenso verlogene Darstellung wie seine Behauptung, er habe durch die »Erhebung« gegen Dollfuß nur dem »deutschen Volk in Österreich den einzigen Weg zur Rettung« freimachen wollen.

» Der ›Führer‹ kommt!«

Das Imperial sah viele prominente Gäste, Staatsmänner und gekrönte Häupter, Künstler und Wissenschaftler, doch nichts glich dem Empfang, der am 14. März 1938 Adolf Hitler bereitet wurde. Am Schwarzenbergplatz und auf der Ringstraße drängten sich Hunderttausende, manche hatten Stühle und Leitern mitgebracht, andere erkletterten die Kühlerhauben ihrer Autos. Die Hotelleitung organisierte riesige Hakenkreuzfahnen, die sie zu beiden Seiten der Tür, die zu den für Hitler reservierten Zimmern führte, anbringen ließ – wie Christa Schroeder, die Sekretärin Hitlers, überlieferte, bewohnte der »Führer« nicht die Fürstensuite, die er nur für dienstliche Gespräche nutzte, sondern ein »kleines Appartement im 1. Stock, das im Schönbrunner Barock eingerichtet und mit märchenhaft schönen Blumenarrangements vollgestellt war«. Auch die Kirche setzte ein Zeichen – Kardinal Innitzer, der am nächsten Tag Hitler im Imperial einen kurzen Besuch abstatten sollte, gab Anweisung, zum Einzug des »Führers« eine Stunde lang die Glocken zu läuten.

»Die Menge rast vor Begeisterung. Langsam nähert sich das Auto des Führers. Aufrecht steht er im Wagen, mit ernstem Gesicht«, schilderte der Berichterstatter der *Kronen-Zeitung*. »Als der Führer den Wagen verläßt, klingen die deutschen Hymnen auf, die Hunderttausende heben wie ein Mann die Arme zum Gruß. Dann schmettern durch das Dröhnen der Glocken, durch das Brausen der Heilrufe die hellen Klänge des preußischen Präsentiermarsches. Der Führer schreitet die Front der Ehrenkompagnie ab, geht auf den Oberbefehlshaber der 8. Armee zu und begrüßt ihn und die hohen Würdenträger des Reiches, die ihn erwarten.

Noch immer will sich die Menge nicht beruhigen. ›Sieg Heil!‹ braust es immer wieder über den Platz. Die Menschen strecken ihre Hände aus, schwenken Hakenkreuzfahnen, und unaufhörlich jubeln sie dem Führer zu. Jetzt hat er mit seiner Begleitung das Hotel betreten. Aber unablässig ruft die Menge. Da tritt der Führer mit seiner Begleitung auf den Balkon und grüßt mit erhobener Hand« (*Illustrierte Kronen-Zeitung*, 15. März 1938). Es war die Stunde des Triumphs für jenen Mann, der einst im Männerheim in der Meldemannstraße gehaust hatte und nun an der ersten Adresse der Stadt logierte. Auch bei seinen weiteren Aufenthalten in Wien stieg Hitler im Imperial ab; so kam er etwa am 9. April 1938 zum »Tag des Großdeutschen Reiches« wieder in das Hotel am Ring, und wieder jubelten die Massen. Die immer wieder kolportierte Feststellung, dass der »Führer« nur einmal dort gewohnt habe, stimmt nicht.

Der Jubel um den »Führer« war die eine Sache; im Hintergrund begann das Ringen um die Zukunft des beschlagnahmten und »arisierten« Hotels, dessen Schulden – so wie jene des Hotel Bristol – eine »bedenkliche Höhe« (Ulrike Zimmerl, *Exkurs: Die Wiener Ringstraßenhotels Bristol und Imperial während der NS-Zeit*) erreicht hatten. Direktor Stephan Plank, der als »judenfreundlich« galt, musste das Hotel am 18. März verlassen, die Angestellten hatten in einem Memorandum vom 15. März seine Absetzung gefordert. Neuer Direktor wurde Richard Postl, der diese Funktion bis 1945 ausübte; als Geschäftsführer wurde schließlich im Mai 1939 für beide Hotels Erhard Hammerand eingesetzt, der sich als »Illegaler« für die NSDAP Verdienste erworben hatte.

Was nun die Möglichkeiten einer Sanierung des Imperial betraf, so waren die Manager der Creditanstalt vorsichtig und holten einen Experten nach Wien, der die Lage der beiden Ringstraßenhotels beurteilen sollte. Es war dies Ewald Kretschmar, der langjährige Generaldirektor des Hotel Adlon in Berlin. In seinem Gutachten nahm sich Kretschmar kein Blatt vor den Mund: Es sei unmöglich, das Hotel Imperial »jemals wieder rentabel zu gestalten«, und er empfahl die Einstellung des Hotelbetriebs; allenfalls könne man das Gebäude »als Repräsentationshaus für den Führer und Reichskanzler Adolf Hitler als eine Art Gästehaus« nützen (Ulrike Zimmerl, *Exkurs: Die Wiener Ringstraßenhotels Bristol und Imperial während der NS-Zeit*).

Tatsächlich war die wirtschaftliche Lage des Imperial mehr als trist. Wie Ulrike Zimmerl dokumentiert hat, schrieben das Imperial und das Bristol zusammen monatlich etwa 50.000 Reichsmark Verlust; im Oktober 1939 entschied man sich dafür, in beiden Häusern die Vermietung auf zwei Stockwerke einzuschränken, den großen Restaurantbetrieb aufzulösen und Personal abzubauen. Das Imperial blieb aber weiter unrentabel – im Januar 1940 waren von 250 Betten durchschnittlich nur 20 belegt. Alles sprach für eine Einstellung des Betriebs; der Plan sah vor, das Gebäude an die Wiener Städtische zu übergeben und als Bürohaus zu nutzen – aber da gab es einen Gast, dem man nur schwer einen Wunsch abschlagen konnte: Adolf Hitler. Der »Führer« beharrte darauf, bei seinen Wien-Aufenthalten im Hotel Imperial abzusteigen, den Vorschlag, ins Belvedere auszuweichen, lehnte er kategorisch ab. Eine Weisung der Führerkanzlei vom 21. August 1941 verbot schließlich endgültig die Umwandlung von Hotels in Bürohäuser. Zu diesem Zeitpunkt hatte »Unternehmen Barbarossa«, der Feldzug gegen die Sowjetunion, bereits begonnen, und Hitler sollte nie wieder nach Wien kommen. Aus Berlin erging jedenfalls der Auftrag, das Hotel Imperial durch »umfangreiche Investitionen« (Ulrike Zimmerl, *Exkurs: Die Wiener Ringstraßenhotels Bristol und Imperial während der NS-Zeit*) wieder instand zu setzen. Keine einfache Aufgabe für Franz Krisper, den neuen Geschäftsführer der beiden Hotels Imperial und Bristol, der in einem Gedächtnisprotokoll vom 20. Juni 1941 über das Imperial feststellen musste: »... im Hotel des Führers regnet es durch das Dach dermaßen hinein, daß beinahe sämtliche Zimmer hiedurch in arge Mitleidenschaft gezogen wurden ... – Die Hauptküche wurde gesperrt und ist ein Paradies der Ratten geworden. – In den Rechauds in sämtlichen unteren Räumen haben wir massenhaft Gerümpel vorgefunden; in allen Ecken und Enden Silber, ungewaschen, Kerzenleuchter sind herumgelegen, mit einem Wort, es war eine wahre Verschlampung von wertvollem Volksgut.« Krispers nüchternes Fazit: »Das ganze Haus von oben bis unten ist total vermottet« (zitiert nach Ulrike Zimmerl, *Exkurs: Die Wiener Ringstraßenhotels Bristol und Imperial während der NS-Zeit*).

Das entschiedene Nein der Führerkanzlei zu einer Einstellung des Hotelbetriebs hatte zur Folge, dass es am 31. Dezember 1941 zur Aufhebung des Kaufvertrags mit der Wiener Städtischen und zur Rückerwerbung des Hotel Imperial durch die Bristol AG kam. Der Kaufpreis: 1.180.000 Reichsmark. Samuel Schallinger, der die Geschicke des Hotels so lange mitbestimmt hatte, starb am 11. Januar 1943 im Ghetto Theresienstadt.

Zwar war 1941 der Himmel über Wien noch frei von alliierten Bombern, dennoch dachte man daran, die Sicherheitsvorkehrungen für Hitler, der am 25./26. März 1941 ein letztes Mal im Imperial abstieg, zu verstärken: Für den »Führer« sollte ein großzügig dimensionierter Bunker angelegt werden, ein Projekt, das von Gauleiter Baldur von Schirach und den zuständigen NS-Dienststellen bereitwillig unterstützt wurde. Bereits Anfang April 1941 waren die Baupläne für diesen Bunker unmittelbar neben dem Hotel Imperial fertig; unverzüglich wurde mit den Bauarbeiten begonnen: Die Straßendecke der abgesperrten Dumbastraße wurde abgetragen und eine große Baugrube wurde ausgehoben, in der die Bunkerräume errichtet wurden; bereits Ende Mai 1941 waren die Bunkerwände fertig. Vom Keller des Hotels aus wurde ein Zugang zum Bunker geschaffen. Nach der Betonierung der Bunkerdecke und dem Verschließen der Straße verschwand der Bunkerbau im Untergrund der Stadt – von seiner Existenz wussten bald nur mehr wenige Menschen. Der »Führer« hat die Räume nie gesehen, bis heute werden sie allerdings vom Hotel genutzt.

Das moderne Palasthotel

Unmittelbar nach Kriegsende (1945) wurde das Imperial von den Sowjets beschlagnahmt, denen es bis zum 17. September 1955 als Hauptquartier diente. Statt der Betten, die man entfernte, standen nun Schreibtische in den Zimmern, ansonsten blieb die Möblierung wie sie war; die sowjetischen Militärangehörigen legten im Großen und Ganzen Wert auf Ordnung. In einem der Prunkräume wurde sogar der kostbare Parkettfußboden zum Schutz mit Brettern abgedeckt (Walther Franz Ziehensack, *Hotel Imperial*). Die zivile Verwaltung und Betreuung der Liegenschaft lag bei den Hotel-

HOHE SCHULE DER GASTRONOMIE
Sylvester 1959-60
im HOTEL IMPERIAL Wien
RÄUCHERLACHS · CAVIAR · GÄNSELEBER
INDISCHE SCHWALBENNESTSUPPE
MIT SHERRY
GEBACKENE LIMFJORDAUSTERN
AUF CHAMPAGNERKRAUT
STEIRISCHER TRUTHAHN AM SPIESS GEBRATEN
GLASIERTE KASTANIEN
BUTTERKAROTTEN · KOHLSPROSSEN
DAUPHINKARTOFFEL
„CUMBERLAND"-SCHNITTEN
HASELNUSSPARFAIT
„ST. SYLVESTER"

HOHE SCHULE DER GASTRONOMIE
SYLVESTER
Getränke -karte
Empfehlenswerte Weine
WEISSWEINE
16 1957 Nußberger Höhenweg
Lieblicher Wiener Wein 50.—
21 1957 Kremser Lump
Kräftiger Wachauer Wein von milder Sorte 80.—
22 1957 Gumpoldskirchner Kellerbraut
Ein Spitzengewächs wie es selten vorkommt 100.—
ROTWEINE
101 1952 Schlumberger Goldeck
Feiner gepflegter Rotwein 45.—
114 1955 Kalterer See, Auslese
Der mundige herbe Rotwein 50.—
137 1955 Chateau la Tour
Bordeauxwein von speziellem Charakter 80.—
SEKT UND CHAMPAGNER
211 Imperial Hausmarke
Trocken 80.—
213 Imperial Hausmarke
Demi sec 80.—
308 Pommery & Greno
Brut 1952 350.—
315 Lanson Vintage
Lanson, Reims (Magnum) 700.—
im HOTEL IMPERIAL Wien
SYLVESTER 1959/60

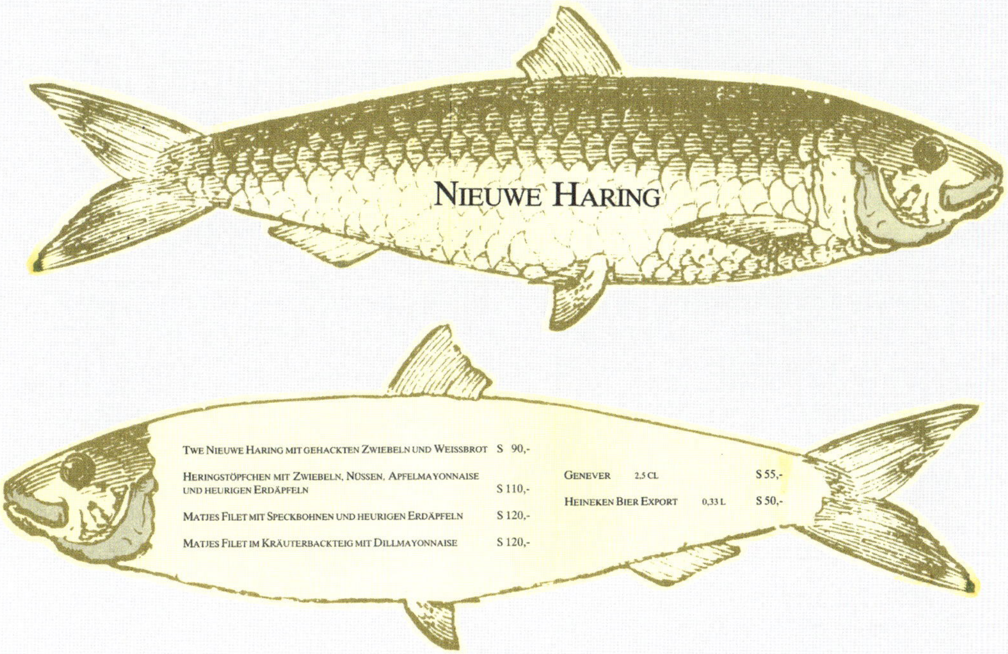

NIEUWE HARING

TWE NIEUWE HARING MIT GEHACKTEN ZWIEBELN UND WEISSBROT	S 90,-
HERINGSTÖPFCHEN MIT ZWIEBELN, NÜSSEN, APFELMAYONNAISE UND HEURIGEN ERDÄPFELN	S 110,-
MATJES FILET MIT SPECKBOHNEN UND HEURIGEN ERDÄPFELN	S 120,-
MATJES FILET IM KRÄUTERBACKTEIG MIT DILLMAYONNAISE	S 120,-

GENEVER	2,5 CL	S 55,-
HEINEKEN BIER EXPORT	0,33 L	S 50,-

↑ Küche vom Feinsten ist Tradition: die originelle Karte für einen exklusiven Heringsschmaus.

↑ Der Zeiger rückt auf zwölf: Zu Silvester 1963 gab es für die Gäste die Menüfolge in Form eines Weckers.

↖ »Hohe Schule der Gastronomie«: die Wein- und Champagnerkarte des Imperial zur Silvesterfeier 1959.

angestellten, auch Stefan Plank, der frühere Direktor, kehrte zurück. Die Kosten wurden vom Referat für Reparationskosten der Stadt Wien übernommen.

Die Sowjets übergaben das Hotel zwar ohne Zerstörungen, die Umbau- und Renovierungsarbeiten, die eigentlich schon 1939/40 notwendig gewesen wären, mussten nun aber in Angriff genommen werden. Die *Hotel Bristol AG*, der das Haus noch immer gehörte, beauftragte den Architekten Otto Mayr mit der komplexen Aufgabe, das Imperial wieder für den Betrieb als Luxushotel fit zu machen. Mayr beschrieb die Herausforderung so: »Das Imperial, das schon 1873 zu einem repräsentativen Hotel umgebaut worden war, mußte unter Beibehaltung der äußeren Hülle im Innern völlig umgestaltet werden, sollte es den gegenwärtigen Aufgaben eines modernen Palasthotels entsprechen« (zitiert nach Walther Franz Ziehensack, *Hotel Imperial*).

Da die Einrichtung der Zimmer unter der Besatzung doch einigermaßen gelitten hatte, mussten zahlreiche Möbel, Bilder und Antiquitäten neu beschafft werden, die technische Infrastruktur des Hauses wurde umfassend erneuert. 1958, nach 13-jähriger Unterbrechung, konnte das Imperial wiedereröffnet werden; als einer der ersten Gäste kam Schah-in-Schah Mohammed Reza Pahlavi von Persien.

1987 übertrug die Creditanstalt 47,4 Prozent ihrer Anteile an der *Imperial Hotels Austria AG* an die amerikanische CIGA-Gruppe; 1995 gelangten diese an die Sheraton-Hotelgruppe und 1998 an die US-Hotelkette *Starwood Hotels & Resorts*. Mit Kaufvertrag vom 16. Februar 2016 erwarb schließlich eine Investmentfirma aus den Vereinigten Arabischen Emiraten das Hotel Imperial – ein »Glückstag« für den Investor, der im Hotel eine »Flagship-Immobilie« seines internationalen Hotelportfolios sieht und die wechselvolle Geschichte des Hauses als besondere Attraktion schätzt (Claudio Honsal, *Proud Owner*).

Das renovierte und umgebaute Hotel kurz vor der Neueröffnung (1958). Foto von Albert Hilscher, 1957.

Ausgewählte Literatur

Andreas Augustin: Hotel Imperial Wien. Wien, 2014

Kurt Bauer: Hitlers zweiter Putsch. Dollfuß, die Nazis und der 25. Juli 1934. St. Pölten-Salzburg-Wien, 2014

Andreas Fraydenegg-Monzello: Landesfürst und Hochverräter. Anton Rintelen. Eine österreichische Karriere. Wien, 2024 (= Schriftenreihe des Forschungsinstitutes für politisch-historische Studien der Dr.-Wilfried-Haslauer-Bibliothek, Salzburg, Band 86)

Karl Frohner, Josef Frohner: Johann Frohner. Hotelier, Gutsbesitzer, Sportsmann und Kunstmäzen. 1829–1894. Typoskript, 2011 bzw. 2016 (Archiv Hotel Imperial)

Siegfried Geyer: Wiener Chapliniaden. In: Die Stunde, 18. März 1931, S. 3

Claudio Honsal: Proud Owner. Stolzer Besitzer. In: Christian Lerner (Hrsg.): Hotel Imperial Wien. 150 anniversary 1873–2023. Das Jubiläumsmagazin der Hotellegende. Wien, 2023, S. 39–41

Gisela Reininger: Das Wien der Hotels Bristol und Imperial. Zürich, 1980

Anton Rintelen: Erinnerungen an Österreichs Weg. Versailles, Berchtesgaden, Großdeutschland. München, 1941

Ursula Scheidl: Feels like home. Ein Zuhause für die Gäste. In: Christian Lerner (Hrsg.): Hotel Imperial Wien. 150 anniversary 1873–2023. Das Jubiläumsmagazin der Hotellegende. Wien, 2023, S. 53–56

Christa Schroeder: Er war mein Chef. Aus dem Nachlaß der Sekretärin von Adolf Hitler. Herausgegeben von Anton Joachimsthaler. München, 1985

Walther Franz Ziehensack: Hotel Imperial. Wien-Hamburg, 1979

Ulrike Zimmerl: Exkurs: Die Wiener Ringstraßenhotels Bristol und Imperial während der NS-Zeit. In: Gerald D. Feldman, Oliver Rathkolb, Theodor Venus, Ulrike Zimmerl: Österreichische Banken und Sparkassen im Nationalsozialismus und in der Nachkriegszeit. Erster Band: Creditanstalt-Bankverein. München, 2006, S. 279–318

Der Festsaal des Métropole. Das monumentale Luxushotel der Gründerzeit sank mit der Nazi-Herrschaft in Trümmer. Ansichtskarte, um 1900.

»Niemals vergessen«: Eine Abordnung der KPÖ vor dem ohne Genehmigung der Wiener Stadtverwaltung errichteten Gedenkstein am Morzinplatz. Foto, um 1951.

Hotel Métropole
Franz-Josefs-Kai 19/Morzinplatz 4

Vom Luxushotel zur Adresse des Schreckens

Noch bevor es fertig erbaut war, prophezeiten missgünstige Kritiker seinen Untergang. Ein von einer Aktiengesellschaft finanziertes Großhotel – das war für Wien etwas Neues. Während jedoch andere monumentale Hotelprojekte der Gründerjahre, wie das Hotel Austria am Schottenring oder das Hotel Donau in der Nordbahnstraße, nach kurzer Zeit scheiterten, genoss das Métropole bald einen ausgezeichneten Ruf, ja, es wurde zum international gewürdigten Vorbild für ein modernes Luxushotel: nach außen hin ein klassischer Palast, innen distinguierte Eleganz und ein zukunftsweisendes Raumprogramm. Dass sich die Hotelzimmer einst in Gefängniszellen verwandeln würden, hielt wohl bis dahin niemand für möglich …

Das neue Hotelprojekt versprach eine verlockende Rendite von zwölf Prozent, die Weltausstellung (1873) würde dafür sorgen, dass die betuchten Gäste nicht ausblieben – diese verheißungsvolle Zukunft vor Augen, schlossen sich finanzkräftige Geschäftsleute um den jüdischen Unternehmer Gustav Leon (1839–1898) 1871 zur »Hotel-Aktiengesellschaft Métropole« zusammen, deren Statuten im Dezember 1871 vom Minister des Innern genehmigt wurden; als »Gründungsbank« fungierte die Unionbank. Leon, der 1876 den Adelstitel erhalten und fortan Gustav Leon Ritter von Wernburg heißen sollte, hatte sein Geld als Besitzer eines Großhandelshauses verdient und war an zahlreichen Unternehmen beteiligt; als zweiten Hauptaktionär konnte er den Eisenbahnpionier Viktor Ofenheim Ritter von Ponteuxin (1820–1888), Generaldirektor der Lemberg-Czernowitz-Jassy-Eisenbahn, gewinnen. Ofenheim, der sich 1875 einem aufsehenerregenden Betrugsprozess stellen musste und 1876 von den Vorwürfen freigesprochen wurde, befand sich zu diesem Zeitpunkt auf dem Höhepunkt seines wirtschaftlichen Erfolges: Sein Vermögen wurde auf 2,5 Millionen Gulden geschätzt, sein nobles Palais am Schwarzenbergplatz 15 war eben fertig geworden. Weitere überaus vermögende Hauptaktionäre waren Alexander Lippmann (1833–1899), der Direktor der Real-Creditbank, der Bankier Maximilian Weiß und der eben nobilitierte Tresor-Erfinder Franz Freiherr von Wertheim (1814–1883). Das Hotel Métropole (für dessen Namen im Lauf der Zeit verschiedene Schreibweisen verwendet wurden) war ein Projekt der Superreichen der Ringstraßengesellschaft.

Mit einem Startkapital von drei Millionen Gulden (nach heutiger Kaufkraft etwa 46 Millionen Euro) war die Kriegskassa der Hotel-AG Métropole einigermaßen gut gefüllt. Das 2.970 m² große Grundstück, das man am Morzinplatz erwarb, befand sich in bester Lage; durch die Regulierung des Donaukanals war auch die Hochwasser-Gefahr gebannt. Als Architekten konnte man Ludwig Tischler gewinnen, der sich als Fachmann für den Hotelbau bereits einen Namen gemacht hatte und gleichzeitig mit dem Umbau des Palais Württemberg zum Hotel Imperial befasst war. Unterstützt beim Zeichnen der Pläne wurde Tischler von Carl Schumann, dem umtriebigen Baudirektor und Geschäftsführer der »Wiener Baugesellschaft«, der zu dieser Zeit auch am Bau des Hotel Kummer in der Mariahilfer Straße mitwirkte – der »große Sprung nach vorne« in der Wiener Hotellerie im Vorfeld der Weltausstellung hatte begonnen.

Im August 1871 erfolgte der Spatenstich zur Errichtung des Hotel Métropole durch die »Wiener Baugesellschaft«. Ganz den Maximen des Historismus verpflichtet, hat-

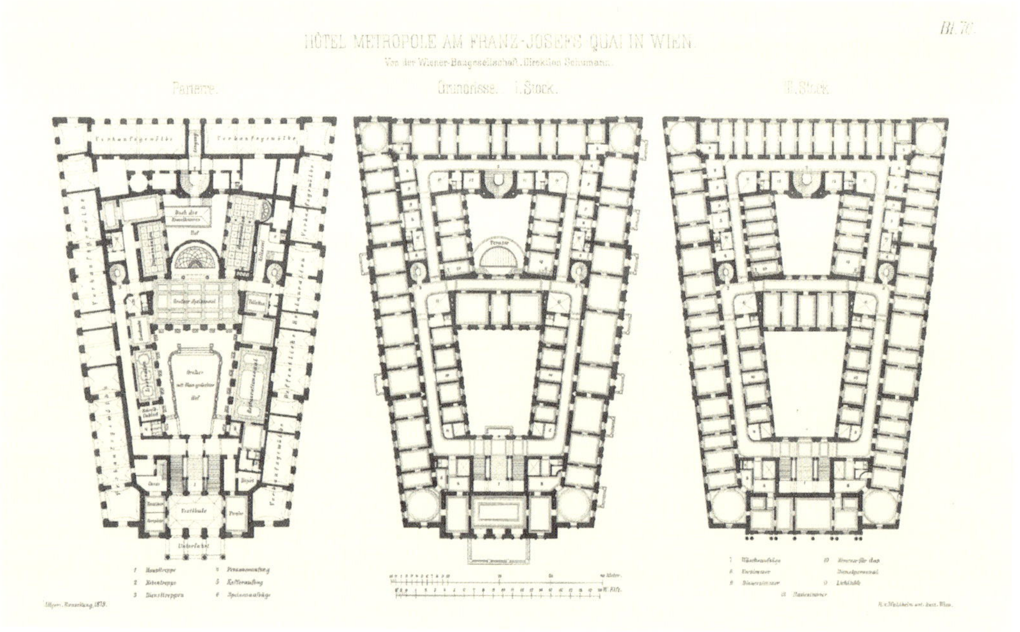

Direktor Carl Schumann von der »Wiener Baugesellschaft« zeichnete für die Pläne des Hotel Métropole verantwortlich. Die Grundrisse der Etagen zeigen einen modern konzipierten Hotelbau, der in der zeitgenössischen Diskussion starke Beachtung fand – neu waren etwa die im Parterre rund um das Hotel vorgesehenen »Verkaufsgewölbe«. Allgemeine Bauzeitung, 1879.

te man sich für einen Bau im Stil der italienischen Renaissance entschieden. Bereits im Dezember 1871 lagen der Unionbank »zahlreiche Miethsanträge hinsichtlich der in dem Hotel einzurichtenden Restaurations-, Kaffeehaus- und Verkaufslokalitäten vor«, Offerte wurden bis Neujahr 1872 angenommen (*Morgen-Post,* 20. Dezember 1871). Glaubt man dem antisemitischen Blatt *Der Reporter* (»Wochenschrift für Volkswirthschaft, Kunst und Literatur«), das dem Projekt gegenüber äußerst kritisch eingestellt war und Gustav Leon mit besonderem Hass verfolgte, waren schon im April 1872 alle 60 vorgesehenen »Parterre-Lokalitäten« der »Shopping mall« (zitiert nach Ursula Prokop, *Das Hotel Métropole*) entlang der Straßenfronten für eine Jahresmiete von jeweils 1.500 Gulden vermietet – Einnahmen von 90.000 Gulden jährlich waren damit gesichert (*Der Reporter,* 11. April 1872). Die Métropole-Aktien erfreuten sich beim Publikum einer günstigen Aufnahme, ihr Kurs an der Wiener Börse blieb während der Bauzeit stabil. *Der Reporter* konnte sich allerdings am 24. November 1872 einen gehässigen Kommentar nicht verkneifen: »So lange der nagende Wurm, Gustav Leon, Ritter des Isabellen-Ordens in der Wurzel dieses Blumenstockes festgebissen bleibt, wird er keine Blüthen tragen können.«

Zur Finanzierung des Unternehmens äußerte sich die *Wiener Weltausstellungs-Zeitung* (Nr. 17/1872) kritisch, die hohen Erwartungen würden in der Realität nicht erfüllt werden können: »Um die den Actionären versprochene 12percentige Verzinsung der drei Millionen Nominalcapital zu erreichen müssen im Jahre 1873 circa 400.000 Gulden Reinertrag, nach Abzug aller bekanntlich sehr hohen Regiekosten verdient werden!!! Wir glauben, diese einzige Erwägung wird jeden, der nicht Nabob oder tollhäuslerischer Verschwender ist, abhalten, auch nur eine Secunde sich im Hotel ›Métropole‹ aufzuhalten. Denn um diese 400.000 Gulden zum Besten der Actionäre aus der Haut der Fremden herauszuschneiden, muß diesen vorher Alles, selbst das Hemd ausgezogen werden.« Die *Weltausstellungs-Zeitung* (5.Juni 1873) nannte daher die Preisgestaltung des Hotels »Privilegirtes Banditenthum«.

Die Baukosten pro Quadratmeter betrugen schließlich 370 Gulden, nicht inbegriffen waren dabei die Kosten für den Innenausbau und die luxuriöse Einrichtung. Wie sich herausstellte, hatte Gustav Leon zur Abdeckung der gestiegenen Kosten einen Kredit über eine weitere Million Gulden aufgenommen, angeblich davon aber weder die Aktionäre noch die Presse verständigt. Die Gesamtkosten beliefen sich also auf vier Millionen Gulden. Zum Direktor des Hotels bestellten die Eigentümer einen ausgewiesenen Experten, nämlich Ludwig Speiser, der zuvor das bekannte »Hotel Baur au Lac« in Zürich geführt hatte.

Wohin das Geld gekommen ist, weiß bloß der liebe Gott

Im März 1873 war der neue Hotelpalast fertig, am 20. April 1873, rechtzeitig zur Weltausstellung, konnte er feierlich eröffnet werden. In den Inseraten zur Eröffnung zog die Hotel-AG alle Register: Von 400 (sic) Zimmern und 25 Salons sowie einem »Damensalon« war da die Rede, man verwies auch auf »Personen-, Gepäcks- und Speise-Aufzüge, kalte und warme Donau-Bäder« und auf die im Haus befindliche

Telegraphenstation; »elegante Equipagen und Omnibusse« würden für den Transport der Gäste sorgen, ein »Rauch- und Billardsaal« sowie ein »Lesezimmer mit Bibliothek und den vorzüglichsten in- und ausländischen Journalen« für entsprechende Abwechslung und Unterhaltung. Was die Zahl der Zimmer betrifft, so rundete man von 311 großzügig auf, man wollte wohl mit dem Hotel Donau in der Nordbahnstraße mithalten, das ebenfalls 400 Zimmer ankündigte und am 27. April 1873 eröffnet wurde.

Nur einen Tag später, am 28. April 1873, fand im Métropole ein erstes großes Fest statt, zu dem der Wiener Schriftstellerverein »Concordia« geladen hatte. Geschickt nützte man das neue Hotel als Bühne für dieses »Begrüßungsfest« zur Eröffnung der Weltausstellung – im Speisesaal des Hauses versammelten sich Journalisten und Schriftsteller aus der ganzen Welt, gekommen waren u. a. William James Stillman von der *New York Tribune,* der britische Journalist und Autor Edmund Yates, der für den *New York Herald* berichtete, oder der bekannte Reiseschriftsteller Bayard Taylor, insgesamt über 200 Personen. Die Attraktion des Abends war der Auftritt von Johann Strauß und seiner neu zusammengestellten »Weltausstellungskapelle«, der einen »internationalen journalistischen Beifallssturm« erntete. Auch das Hotel selbst, so das *Neue Fremden-Blatt* in seinem Bericht vom 30. April 1873, machte »der Wahl Ehre«: »Die Ausschmückung

Mondäner Luxus: die Halle des Métropole, seitlich begrenzt von Herren- bzw. Damensalon. Foto von Leopold Theodor Neumann, nach 1873. Sammlung Wien Museum.

Das Métropole etablierte sich als Attraktion der Haupt- und Residenzstadt. Ansichtskarte nach einem Foto von Charles Scolik aus der Serie »Wiener Leben«, um 1905.

der Tafel war eine äußerst geschmackvolle, das Menu ein reiches, gut gewählt und gut zubereitet«, es gab Köstlichkeiten wie Filet de Bœuf piqué à la Chambord, Poulets à la Montmorency und Chaud-froid des Bécasses à la Périgord, dazu beste österreichische und französische Weine. Zum Dessert – man servierte Gefrorenes und »echt türkischen Kaffee« – bat man die Gäste auf die »angenehm kühle« Terrasse, wo man bis zwei Uhr morgens zusammenblieb.

Der Reigen der rauschenden Feste wurde am 8. Mai 1873 fortgesetzt. Diesmal lud die Hotel-AG die ausländischen Kommissäre der Weltausstellung zu einem exquisiten Dinner; Franz von Wertheim, Vizepräsident der Hotel-AG, brachte auf die Kommissäre einen Toast aus, Gustav Leon »erhob sein Glas auf die Presse«, es musizierten Eduard Strauß und sein Orchester (*Neues Fremden-Blatt,* 9. Mai 1873).

Die kritischen Stimmen blieben allerdings auch weiterhin nicht aus. So räumte *Der Reporter* am 9. August 1873 zwar ein, dass das Hotel gut besucht und durch seinen Direktor »trefflich verwaltet« sei, schoss sich aber weiter auf Gustav Leon ein: »Dieses Hotel wird sich nie rentiren, weil es viel zu theuer hergestellt wurde. Wohin das Geld gekommen ist, weiß bloß der liebe Gott und der Herr Gustav Leon ...« Bezüglich der Rendite ging man von etwa folgender Kalkulation aus: Von den 311 Zimmern wären durchschnittlich 200 besetzt und müssten daher pro Jahr 2.000 Gulden abwerfen, was einen Zimmerpreis von ca. 5,5 Gulden pro Tag bedeuten würde – ein Preis, den man in »gewöhnlichen Zeiten« in Wien nicht bezahlen würde. Aber selbst in diesem Idealfall würde die Rendite bei einem Abzug von fünf Prozent für »Regie- und Ergänzungs-Spesen« nur fünf Prozent betragen, wofür man sich »als Mitleidender bei Herrn Gustav Leon bedanken« könne. Die Mieteinnahmen aus der »Shopping mall« wurden dabei vom *Reporter* geflissentlich vernachlässigt. Allen Unkenrufen zum Trotz wurden ab 1. Juli 1873 die halbjährlichen sechsprozentigen Zinsen auf die 100-Gulden-Aktien ausbezahlt. Gut verdient mit der Errichtung des Métropole hatte jedenfalls die »Wiener Baugesellschaft«: In der ordentlichen Generalversammlung am 29. April 1873 beschlossen die Aktionäre

Der Franz-Josefs-Kai mit dem Hotel Métropole, im Vordergrund der Donaukanal mit der Anlegestation der Dampfschiffe. Foto, um 1885.

die Auszahlung einer »Superdividende« von 2,25 Millionen Gulden. Das erste Jahr wurde für die Hotel-AG durchaus zu einem Erfolg, auch wenn man die erhofften Zahlen nicht ganz erreichte: Der Geschäftsbericht für die Periode vom 1. Mai bis zum 31. Dezember 1873 wies einen Reinertrag von 271.624 Gulden aus – das Métropole hatte sich in der Wiener Hotelszene in wenigen Monaten fest etabliert und wurde unter der umsichtigen Führung von Ludwig Speiser zu einem Wahrzeichen Wiener Gastlichkeit.

Eine Suite für Mark Twain

Aus Salzburg kommend, traf Mark Twain, mit bürgerlichem Namen Samuel Langhorne Clemens, in Begleitung seiner Familie – es waren dies Gattin Olivia und die Töchter Clara und Jean – am 27. September 1897 am Kaiserin-Elisabeth-Bahnhof ein. Es war sieben Uhr abends und es nieselte leicht; mit Mühe fand die Familie in der hereinbrechenden Dämmerung zwei Fiaker, die bereit waren, auch die zahlreichen Koffer zu verstauen. Und dann gab es da noch ein Problem: Man hatte keine Hotelzimmer reserviert, musste also auf gut Glück eine Unterkunft suchen – keine einfache Aufgabe in einer Stadt, die die Familie »so voll« vorfand, dass »unsere Ankunft sie genau bis zum Rand füllte«, wie Mark Twain später schrieb. So musste man sich auf den Rat der beiden Fiaker verlassen: Die Mariahilfer Straße hinunter kutschierten sie die Ankömmlinge aus Amerika zunächst zum Hotel Imperial, dann zum Grand Hotel, anschließend zum Bristol, dann zum Sacher – überall dieselbe Antwort: kein Platz. Die nächsten Stationen waren das Hotel Munsch am Neuen Markt, dann das Hotel Erzherzog Carl in der Kärntner Straße, schließlich das zu jener Zeit stark frequentierte Hotel Müller am Graben Nummer 19. Tochter Clara meinte zwar, das sei ein »abscheulicher kleiner Kasten … in einer düsteren, verwahrlosten Gasse«, aber inzwischen hatten man keine Nerven mehr für eine weitere Suche – die Familie Clemens checkte für eine Nacht ein. Clara Clemens über diese erste Hotelnacht in Wien: »Als wir in unseren ungemütlichen Zimmern die Lampen löschten, hätte niemand geglaubt, daß es in Wien jemals so schön werden könnte« (zitiert nach Carl Dolmetsch, *»Unser berühmter Gast«*).

Am nächsten Morgen ging die Suche weiter; angeblich wurden noch fünfzehn Hotels von den kritischen Clemens-Damen begutachtet, dann, am Nachmittag des 28. September, hatte man endlich das passende Quartier gefunden: die Suite Nr. 62 im zweiten Stock des Hotel Métropole. Der Hoteldirektor zeigte sich generös und gewährte 40 Prozent Nachlass auf den üblichen Preis, die Anwesenheit des berühmten Autors war für sein Haus die beste Werbung – inklusive Heizung kam die Suite auf 460 Dollar pro Monat. Bedienung und Mahlzeiten wurden extra verrechnet.

Die sieben hohe Räume umfassende Hotel-Residenz der Familie Clemens präsentierte sich wahrhaft luxuriös: Neben dem großen Salon, ausgestattet im Stil der Zeit, gab es gleich vier Schlafzimmer, eine Bibliothek und ein Musikzimmer zum Üben für die damals 23-jährige Clara, die beim Pianisten Theodor Leschetitzky Klavierunterricht nehmen sollte. Vom Salon aus betrat man den Balkon, von dem aus sich ein wunderbarer Blick über den Donaukanal bis zum Riesenrad im Prater bot, der neuesten Attraktion Wiens. Ein Manko gab es allerdings: Die elegante Suite verfügte über kein Badezimmer – jedes Bad war extra zu bezahlen. Mark Twain nahm es mit Humor: »Das Badezimmer in unserer Etage war fünfzig Meter entfernt, oft war ich müde und Fahrräder durfte man auf dem Gang nicht benützen. In jenem Jahr habe ich nicht sehr oft gebadet. In meinem ganzen Leben war ich nie so gesund und immer war mir warm« (zitiert nach Carl Dolmetsch, *Unser berühmter Gast*).

Mark Twain hatte seine Absicht, sich zusammen mit seiner Familie länger in Wien aufzuhalten, noch von der Schweiz aus der amerikanischen Botschaft avisiert, und Generalkonsul Bailey Hurst hatte für ihn auch schon ein Haus gefunden: eine komplett eingerichtete Villa im Döblinger Cottageviertel. Da ihn ein Gichtanfall beim Gehen behinderte, schickte Mark Twain am nächsten Tag seine Gattin Olivia und die Tochter Clara in einem Fiaker dorthin, um die Villa in Augenschein zu nehmen – offenbar konnte diese aber mit der eleganten Hotel-Suite nicht mithalten, Familie Clemens entschied sich dazu, im Hotel Métropole zu bleiben.

Noch am 29. September informierte das Hotel die Presse über die Ankunft Twains, am 30. September stürmten die Reporter das Hotel, am 1. Oktober meldete die *Neue Freie Presse*: »Der berühmte amerikanische Schriftsteller Mark Twain, dessen Ankunft wir im Abendblatte meldeten, ist leidend und ermüdet in Wien angekommen. Er hütet im ›Hotel Métropole‹ das Zimmer und hat den heutigen schönen Herbsttag im Bette zubringen müssen.«

Mark Twain gab trotz seiner Erkältung Interview um Interview, bis es ihm schließlich zu viel wurde und er alle Zeitungsleute, die keine Anmeldung vorweisen konnten, hinauswarf. In den Wiener Buchhandlungen verkauften sich indessen seine Werke so gut wie nie zuvor. Die Buchhandlung Moritz Perles in der Seilergasse 4 ergänzte ihren Weihnachtskatalog mit einer »illustrativen Beigabe«, die Mark Twain gewidmet war, u. a. mit einem Essay von Ferdinand Gross, dem besten Kenner des Twain'schen Werkes in Wien.

Während in den Schulen eifrige Lehrer ihre Schüler Gedanken über den »größten Humoristen Amerikas« zu Papier bringen ließen, stürzte sich Mark Twain ins Leben der habsburgischen Metropole. Rasch wurde der Schriftsteller, der stets ein Notizheft mit sich führte, in dem er seine Beobachtungen vermerkte, zur stadtbekannten Figur.

Liest man die Pressestimmen zum Aufenthalt Mark Twains in Wien, so gewinnt man den Eindruck, dass die Kritik der Bedeutung des erfolgreichen US-Autors nicht wirklich gerecht wurde und ihn zum »Humoristen« zurechtstutzte, sein politisches Engagement aber übersah oder auch übersehen wollte. Jedenfalls bildeten sich bald zwei Lager: hier die Twain-freundliche liberale Presse, da die Blätter, die antisemitische Angriffe führten, so auch die christlichsoziale *Reichspost.* Letztere Zeitung äußerte etwa den unsinnigen »Verdacht«, dass Mark Twain selbst Jude sei. Das antisemitische Hetzblatt *Kikeriki* konnte da nicht abseits stehen und brachte am 10. Oktober eine widerliche Karikatur, der »Leibberichterstatter« des Journals quälte sich zu einem halblustigen Interview mit dem »Mann des amerikanischen Humors« (14. Oktober 1897).

Den Hass der deutsch-völkischen antisemitischen Journaille zog sich Mark Twain dann endgültig mit einer Rede über die »Schrecken

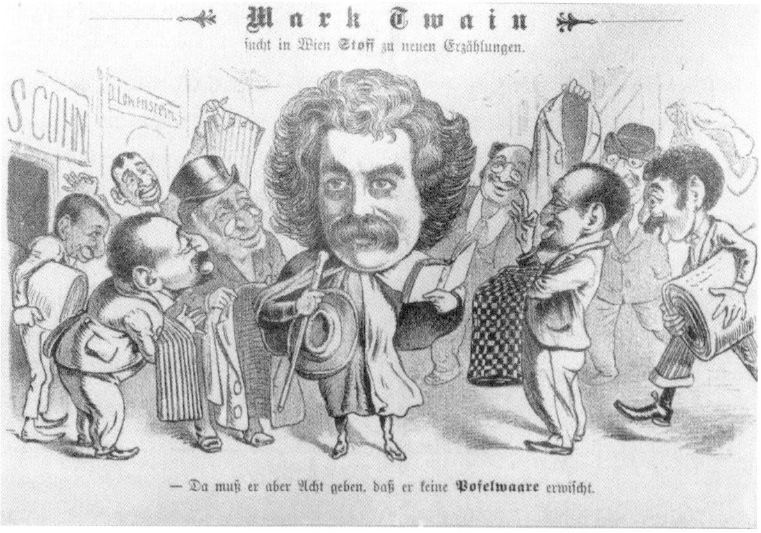

Der Aufenthalt Mark Twains im Métropole (1897/98) polarisierte die Wiener Zeitungswelt: der US-Schriftsteller, umschwärmt von jüdischen Journalisten. Karikatur im antisemitischen Hetzblatt »Kikeriki« vom 10. Oktober 1997.

der deutschen Sprache« zu, die er am 31. Oktober 1897 bei einer ihm zu Ehren veranstalteten »Festkneipe« der Concordia im großen Saal des Kaufmännischen Vereins in der Johannesgasse hielt. Er hatte zu diesem Anlass ein Manuskript in deutscher Sprache vorbereitet, das er nach der Laudatio des Concordia-Präsidenten Ferdinand Gross aus der Tasche zog und vorlas – Forderungen wie »die Einführung von mehr als dreizehn Subjecten in einem Satze« zu »verbieten, und das Zeitwort so weit nach vorne zu rücken, bis man es ohne Fernrohr entdecken kann«, führten zwar bei den Schriftstellerkollegen zu einem »stürmischen Heiterkeitserfolg«, lösten aber heftige Reaktionen im antisemitischen Lager aus. Die scherzhaft gemeinten witzigen Ausführungen wurden von der *Neuen Freien Presse* am 2. November abgedruckt und waren Wasser auf die Mühlen der Antisemiten, die dem Amerikaner, wie bereits erwähnt, schon zuvor nicht besonders gut gesinnt waren. In den Chor der judenfeindlichen Mark-Twain-Kritiker stimmte sogar Karl Kraus in der »Fackel« ein, der über den vermeintlich »geschmacklosen Groll des Humorgreises gegen die deutsche Sprache« aufs Höchste erzürnt war und die Stadt Wien empört dafür rügte, dass sie der »fortwährenden Verhöhnung der Wiener Sitten und Gebräuche« durch Twain, der damit »sein noch ungelenkes Deutsch« üben könne, tatenlos zusehe.

Mark Twain reagierte auf die Angriffe mit dem philosemitischen Essay *Concerning the Jews,* den er in seinem Arbeitszimmer im Hotel Métropole verfasste, und hier entstand auch die Erzählung *The Man that corrupted Hadleyburg.* Das Hotel wurde, wie der Schriftsteller Raoul Auernheimer berichtete, zu einer Art »zweiten Botschaft« der USA in Wien; zahlreiche illustre Besucher hätten an Twains Tür geklopft, so etwa Königin Elisabeth von Rumänien, die sich als Schriftstellerin des Pseudonyms Carmen Sylva bediente, der Maler Franz von Lenbach und auch der Komponist Antonín Dvořák.

Im Oktober 1898 wechselte die Familie Twain das Quartier: Mit Sack und Pack übersiedelte man vom Hotel Métropole ins Hotel Krantz am Neuen Markt.

Das »jüdische Sacher«

Am 20. April 1898 konnte das Métropole sein 25-jähriges Bestehen feiern. Ludwig Speiser war noch immer Direktor, die Zimmerpreise waren erschwinglich: Ein Zimmer kostete zwischen 1,50 und 8 Gulden, ein »Salon« zwischen 5 und 12 Gulden pro Nacht. Die *Wiener Montags-Post* vom 25. April 1898 brachte eine Würdigung der Métropole-Erfolgsgeschichte: »Dank seiner vortrefflichen Einrichtungen, seiner geschulten Leitung und der exquisiten Küche hat es sich von Anfang an als first class-Hotel eingeführt und diese seine Stellung bis auf den heutigen Tag behauptet. Es wird von vornehmsten Gästen ebenso gerne aufgesucht wie von großen Reisegesellschaften und um seiner glücklichen Lage willen auch von den meisten nach Wien gravitirenden Kaufleuten.« So allgemein respektiert das Métropole auch war – eines konnten die Antisemiten Wiens nie vergessen: dass es einst von überwiegend jüdischen Geschäftsleuten finanziert worden war und jüdische Aktionäre in der Hotel-AG weiterhin den Ton angaben; von diesem »Hautgout« konnte es sich nicht mehr befreien: Das Métropole wurde im Wiener »Volksmund« zum »jüdischen Sacher«.

Dieses Image erhielt nach dem Ersten Weltkrieg neue Nahrung, als im Sommer 1925 der aus Garmisch-Partenkirchen stammende jüdische Hotelunternehmer Markus Friediger und dessen Gattin Hedwig, geborene Klein, Hauptaktionäre der Hotel-AG wurden. Mit ihm, so *Die Stunde* am 1. August 1925, zog »eine führende Persönlichkeit des deutschen Hotelgewerbes in Wien ein. Der in Deutschland und insbesondere in Bayern bekannte Fachmann besitzt in München, Partenkirchen und Dresden seit vielen Jahren eine Reihe großer Hotels(,) Kaffeehäuser und Restaurants. Das auch heute gut geführte Hotel wird sicherlich unter der neuen Leitung sein Renommée vergrößern und zugleich neue Gäste aus Deutschland nach Wien bringen.«

Zu den neuen Aktionären zählte u. a. der Münchner Kaufmann Ernst A. Klein, dessen Familie auch die Generaldirektorin stellte: Elisabeth Klein, geboren 1891, leitete nun die Geschäfte. Zum Zeichen ihrer Verbundenheit mit dem Haus beschloss sie, auch im Hotel zu wohnen. 1926 gab es Zimmer von 7,5 Schilling aufwärts, in einem Inserat warb man mit dem Slogan »Schönster Hotelbau Wiens, herrliche Aussicht«.

Mit der »Machtergreifung« der Nationalsozialisten wurde die Lage für Markus Friediger in Deutschland zusehends schwieriger, er sah sich zur Flucht aus Hitlers Staat gezwungen. Am 30. Dezember 1935 meldete *Der Morgen* die Übersiedlung von »Deutschlands Hotelkönig« Markus Friediger nach Wien; Grund dafür sei, so das Blatt vorsichtig, »die wirtschaftliche Entwicklung im Dritten Reich« gewesen, die den Besitzer der beiden größten Münchner Hotels, des »Grünwald« und der »Stadt Wien«, veranlasst hätten, seinem »gesamten deutschen Besitz, der früher auf viele Millionen Goldmark geschätzt wurde«, den Rücken zu kehren. Der Berichterstatter des *Morgen*, der mit dem »Hotelnabob und Grandseigneur« ein Interview in der Halle des Métropole führte, sprach von »großzügigen Plänen«, die Friediger beschäftigen würden – Visionen, die von der politischen Entwicklung bald zunichtegemacht wurden.

In den Jahren des »Ständestaats« gewann das Métropole als Rückzugsort für jüdisches Leben und jüdische Festkultur zunehmend an Bedeutung: So veranstaltete etwa am 20. Februar 1937 der Club Erez Israel in den Sälen des Hotels ein großes Purimfest. In der jüdisch-zionistischen Zeitung *Die Stimme* (5. Februar 1937) wurde dafür geworben: »Wer

Markus Friediger, »Deutschlands Hotelkönig«, übernahm 1925 die Mehrheit an den Métropole-Aktien. Er wurde 1941 zusammen mit seiner Frau Hedwig in das Ghetto von Riga deportiert, das Ehepaar starb im Holocaust. Foto aus: *Der Morgen*, 30. Dezember 1935.

eine schöne Purimfeier erleben will, kommt zum Club Erez Israel. Bei vorzüglicher Jazzmusik wird getanzt, um 12 Uhr beginnt die Mitternachtsakademie und in dem originell ausgestatteten Barstüberl gibt es noch Extraunterhaltung.«

Hinter den Kulissen tobte jedoch ein heftiger Kampf: Als Markus Friediger die Aktienmehrheit in der Hotel-AG an seinen Verwandten Robert Feix abtrat, kam es offenbar zu schweren Differenzen mit anderen Aktionärsgruppen. Höhepunkt dieser unerfreulichen Entwicklung war die Verhängung der Zwangsverwaltung über das Métropole durch das Wiener Exekutionsgericht am 29. Juli 1937 – eine Forderung von 53.048 Schilling an rückständigen Beiträgen für die Krankenkasse der Gehilfen und Lehrlinge der Wiener Gast- und Schankgewerbezunft war nicht bezahlt worden. Wie die *Kleine Volks-Zeitung* am 31. Juli 1937 meldete, nahm die daraufhin einberufene Generalversammlung der AG einen »sehr bewegten Verlauf«. Der Wortführer der Kritiker, der Rechtsanwalt Dr. Viktor Deutsch, warf Feix vor, dass Friediger weiterhin »unbeschränkt schalten und walten« habe können und die Gesellschaft so zugrunde gerichtet habe. Die Anträge, »einen Prozeß gegen Robert Feix anzustrengen und den Direktor Friediger zu suspendieren«, wurden allerdings abgelehnt. Die »Fortführung des Hotels Métropole«, so die Kleine Volks-Zeitung, würde »durch diese Zwischenfälle, auch durch die Zwangsverwaltung nicht beeinträchtigt«. Trotz aller Streitereien genoss Dr. Viktor Deutsch offenbar weiterhin das Vertrauen von Generaldirektorin Elisabeth Klein, denn diese deponierte das Aktienpaket in seiner Kanzlei.

Die »Sanierung« des Unternehmens, die von der Majoritätsgruppe um Robert Feix bei der Generalversammlung 1937 versprochen wurde, konnte jedoch nicht mehr umgesetzt werden.

Die Gestapoleitstelle Wien

Laut Eintrag im Grundbuch wurde das Hotel Métropole am 25. März 1938 von Sipo- und SD-Chef Reinhard Heydrich, der im Auftrag von Reichsführer-SS Heinrich Himmler agierte, für die Gestapo beschlagnahmt, und die Gestapoleitstelle Wien, die sich zunächst in den Gebäuden Herrengasse 7 und 13 befunden hatte, wurde dort etabliert. Die Eigentumsrechte wurden mit 24. Juni 1938 dem »Deutschen Reich, Reichsführer-SS und Chef der Deutschen Polizei im Reichsministerium des Innern« einverleibt. Bereits im April 1938 erhielt Dr. Viktor Deutsch Besuch von einigen SS-Männern. Sie verhafteten ihn und brachten ihn in seine Kanzlei, wo er gezwungen wurde, die bei ihm deponierten Métropole-Aktien auszufolgen. Die Bitte des Anwalts, ihm zumindest eine Bestätigung über die Übergabe der Aktien auszustellen, wurde »schroff abgelehnt« (*Neues Österreich,* 22. April 1951). Die Aktien sind bis heute nicht wieder aufgetaucht.

Wer jetzt noch im Hotel wohnte, musste ausziehen – manche Bewohner innerhalb von 24 Stunden. Elisabeth Klein, die Generaldirektorin des Hotels, befand sich zu diesem Zeitpunkt im Ausland, ihrer 19-jährigen Tochter Annemarie, die seit Kurzem verheiratet war, gelang es mit Mühe, einige Möbelstücke aus den Privaträumen ihrer Mutter bei ihren Schwiegereltern Olga und Adolf Böhm unterzubringen, ehe sie nach Australien in die Emigration ging. Die Böhms blieben zurück und wurden Opfer des Holocaust: Olga Böhm wurde am 23. Oktober 1944 von Theresienstadt nach Auschwitz deportiert und dort ermordet, ihr Mann Adolf wurde im April 1941 in der Euthanasieanstalt Hartheim getötet (Brigitte Bailer, Elisabeth Boeckl-Klamper, Wolfgang Neugebauer, Thomas Mang, *Die Gestapo als zentrales Instrument des NS-Terrors in Österreich*).

Markus Friediger hatte zunächst Glück im Unglück: Er konnte mit seiner Frau in die Tschechoslowakei fliehen, im Gepäck befanden sich die Baupläne des Métropole. Als überzeugte Monarchisten hatten Friediger und auch sein Sohn Karl Kontakt zum Wiener Wehrmachtsoffizier und Legitimisten Karl Burian (1896–1944), dem Leiter der Widerstandsgruppe »Ottonen«. Burian trug sich mit dem Plan eines spektakulären Sprengstoffanschlags auf die Gestapoleitstelle. Über Markus bzw. Karl Friediger gelangten die Pläne zu Burian, der jedoch verraten und im Oktober 1938 verhaftet wurde. 1944 wurde Burian von einem Außensenat des Berliner Volksgerichtshofes zum Tode verurteilt und hingerichtet.

Auch Markus und Hedwig Friediger entkamen der NS-Mordmaschine nicht: 1941 deportierte man das Ehepaar aus Köln in das Ghetto Riga-Kaiserwald, das 1943 aufgelöst wurde. Ein Teil der Häftlinge kam nach Auschwitz, der andere ins KZ Stutthof. Das Schicksal des Ehepaars, das nach dem Krieg für tot erklärt wurde, blieb ungeklärt, ihre Kinder Karl (Charles), Leopold und Anna Maria überlebten den Holocaust.

Am 1. April 1938 bezog die Gestapo im Gebäude des Métropole Quartier. In der Beletage im ersten Stock wurden die Dienstzimmer der leitenden Beamten eingerichtet, die einzelnen »Referate« auf die Stockwerke zwei bis vier verteilt. Die Speisesäle, Lesezimmer, Aufenthaltsräume und Garderoben im Parterre verwandelte man in Verhörräume, das Kellergeschoss diente nun als »Hausgefängnis« und Folterraum. Chef der Gestapo Wien wurde der aus München stammende SS-Obersturmbannführer Franz Josef Huber (1902–1975).

Aus dem Nobelhotel wurde eine »Schreckensadresse«, ein Ort der »gnadenlosen Allianz von Terror und Bürokratie« (Thomas Mang, *Die Unperson*). Die Hotel-Aktien-Gesellschaft Métropole wurde im Oktober 1938 aufgelöst und 1939 aus dem Handelsregister gelöscht. Der Begriff »Hotel Métropole«, so dekretierte Heydrich, dürfe auf keinen Fall mehr verwendet werden. Das Haus wurde zur größten Gestapo-Dienststelle im Dritten Reich, bis zu 842 Beamte der Kriminalpolizei und zahlreiche SS-Angehörige versahen dort ihren Dienst.

Nichts und Nichts und Nichts

»Wir machen da keinen Unterschied. Im Hotel Metropol sind alle Gäste gleich«, sagt einer der Beamten, die gekommen sind, um ihn abzuholen, zynisch zum jungen Franz Huchel in Robert Seethalers wunderbarem Roman *Der Trafikant.* Tatsächlich machte man aber doch einen Unterschied – zumindest 1938/39: Die Zimmer im Dachgeschoss des Métropole, einst Orte behaglicher Entspannung, wurden von der Gestapo zu Dauerzellen für »Sonder- und Ehrenhäftlinge« umfunktioniert. Das »System des Hotelzimmers« wurde, »teuflisch sinnvoll, wie psychologisch mörderisch erdacht«, zur raffinierten Folter. In Stefan Zweigs Erzählung *Die Schachnovelle* schildert der Held, der

Der reichste Österreicher als Gefangener der Gestapo: Louis Rothschild (links) mit dem christlichsozialen Arbeiterführer Leopold Kunschak. Die Aufnahme entstand vermutlich im April 1938 im Polizeigefängnis an der Elisabethpromenade; von dort wurde Rothschild ins Métropole überstellt.

Wiener Rechtsanwalt Dr. B., mit drastischen Worten die Haftbedingungen im Métropole: »... und keinem kann man erklären, wie es einen zerfrisst und zerstört, dieses Nichts und Nichts und Nichts um einen, dies immer nur Tisch und Bett und Waschschüssel und Tapete, und immer das Schweigen und immer derselbe Wärter, der, ohne einen anzusehen, das Essen hereinschiebt, immer dieselben Gedanken, die im Nichts um das eine kreisen, bis man irre wird.«

Hinter der Gestalt des Dr. B., der in Zweigs Klassiker »diese tückische Tortur der Einsamkeit« durch das Studium eines Schachrepetitoriums mit hundertfünfzig Meisterpartien übersteht, verberge sich, so Roman Sandgruber in seinem Buch über die Wiener Rothschilds, das Schicksal von Louis Rothschild. Der damals noch immer reichste Österreicher wurde am 13. März 1938 in seinem Palais in der Prinz-Eugen-Straße verhaftet und im April 1938 zusammen mit anderen Gefangenen vom Polizeigefängnis auf der Roßauer Lände (damals: Elisabethpromenade) ins Métropole überstellt. Es gebe »keine andere Person, auf die Zweigs Dr. B. eher zutreffen könnte als Louis Rothschild«; »auffälligster Fingerzeig« dafür sei das Schachspiel, das sich in der Familie Rothschild großer Beliebtheit erfreute. Louis Rothschild habe in seiner Jugend sogar an einigen internationalen Schachturnieren teilgenommen (Roman Sandgruber, *Rothschild*).

So spartanisch eingerichtet, wie das der Held der *Schachnovelle* erlebt, war das Zimmer des »Sonderhäftlings« Louis Rothschild – im Raum nebenan hielt die Gestapo Ex-Bundeskanzler Kurt Schuschnigg gefangen – allerdings nicht: Noch war vom Glanz des ehemaligen Luxushotels einiges erhalten, so eine »Klubgarnitur mit drei geschnitzten Sesseln und einem runden Tisch mit Tischtuch und Lampe«, ein »Waschtisch mit Waschbecken, Krug und Wasserkübel«, eine Ottomane, ein Bett mit drei Rosshaarmatratzen und zwei Ölgemälde an der Wand. Weiters gestand man Louis Rothschild noch einige persönliche Dinge zu, die sein Eigentum waren: eine elektrische Wärmelampe, einen Aschenbecher und zwei elektrische Kocher (Volker Koop, *In Hitlers Hand*).

Auch das Essen war wohl nicht so monoton wie von Zweig angedeutet: Für ihre Verköstigung mussten die »Sonder- und Ehrenhäftlinge« selbst aufkommen, auf eigene Kosten konnten sie nach Belieben Speisen und Getränke bestellen, die auf einem Tisch bereitgestellt wurden. Auch Alkohol und Zigaretten waren erlaubt, die rund um die Uhr im Einsatz befindliche Wachmannschaft – mehr als zwanzig SS-Männer, ab Herbst 1938 Beamte der Wiener Schutzpolizei – musste aber darauf achten, dass »kein übermäßiger Verbrauch von Alkohol und Zigaretten« erfolgte. Das WC befand sich auf dem Gang, die Benützung war nur mit geöffneter Tür möglich – die Wachbeamten waren immerhin angewiesen, sich dabei »in taktvoller Weise« zu verhalten. Jeden Samstag begleiteten zwei Wachebeamte die Häftlinge zu den Baderäumen im vierten Stock, wo sie in Gegenwart der Beamten ein Bad nehmen durften (Franz Weisz, *Die geheime Staatspolizeileitstelle Wien 1938–1945*).

Während sich im ausgeplünderten Palais Rothschild in der Prinz-Eugen-Straße ab dem 20. August 1938 die »Zentralstelle für jüdische Auswanderung« Adolf Eichmanns breitmachte, versuchten die Nazis, Louis und seinen Brüdern Alfons und Eugen ihr Vermögen abzupressen; im Mittelpunkt ihrer Raublust stand dabei das große Stahlwerk in Witkowitz. Der Gefangene im ehemaligen Métropole war das Faustpfand, mit dem man die Familie unter Druck setzte. Die Verhandlungen für das »Reich« führte Himmler-Freund Dr. Karl Rasche, Vorstandsmitglied und später Sprecher der Dresdner Bank, doch auch die Nazi-Größen Reinhard Heydrich und Hermann Göring zeigten ihr Interesse am Fortgang der Gespräche. Reichsführer-SS Heinrich Himmler tauchte am 12. Dezember 1938 sogar persönlich bei Louis Rothschild auf. In Begleitung von Ernst Kaltenbrunner, damals Staatssekretär für Sicherheitswesen, Chefadjutant SS-Gruppenführer Karl Wolff, SS-Standartenführer Walter Stahlecker, dem Wiener Inspekteur der Sicherheitspolizei, und Franz Josef Huber, dem Chef der Gestapoleitstelle Wien, erkundigte sich Himmler über die Haftbedingungen; »in einem Anflug von Großmut« (Roman Sandgruber, *Rothschild*) erlaubte Himmler dem Gefangenen, künftig statt dem bisher zugestandenen Löffel die Benützung von Messer und Gabel zum Essen, und Walter Stahlecker erhielt den Auftrag, »den Haftraum unverzüglich wohnlicher herzurichten« – man brachte einen »Volksempfänger«, Louis-Seize-Möbel und eine barocke Standuhr, die Louis Rothschild jedoch gleich wieder entfernen ließ – er wollte nicht, so sein Kommentar, »wie in einem Krakauer Bordell« hausen (Roman Sandgruber, *Rothschild*).

Nach der Besetzung der »Resttschechei« durch deutsche Truppen am 15. März 1939 hatte sich die Verhandlungsposition der Familie Rothschild weiter verschlechtert; es galt nun zu retten, was noch zu retten war: Am 8. Mai 1939 wurde von Walter Britsch, dem Reichstreuhänder für das Rothschildvermögen, und von Eugen, Louis und Alfons Rothschild eine notarielle Vereinbarung unterzeichnet, in der man einem Verkauf des Hüttenwerks in Witkowitz zustimmte. Drei Tage später war Louis Rothschild frei: Am 11. Mai 1939 konnte er das »Hotelzimmer« am Morzinplatz endgültig verlassen, mit dem Flugzeug ging es noch am gleichen Tag nach Zürich in die Emigration. »Zimmernachbar« Kurt Schuschnigg wurde dagegen in das KZ Dachau verlegt.

Franz Josef Huber, der die Gestapoleitstelle am Morzinplatz fast sieben Jahre lang leitete, wurde 1949 in einem Spruchkammerverfahren in Nürnberg als »Minderbelasteter« eingestuft. Seine Strafe: 500 DM und ein Jahr Haft auf Bewährung – »Huber sah nie ein Gefängnis von innen« (Thomas Mang, *Die Unperson*).

Das Ende

Die Gestapoleitstelle hatte zwar am 15. Januar 1945 einen Bombentreffer zu verzeichnen, der Schaden war aber nur gering und das Gebäude völlig intakt; das blieb auch so bis zum Einmarsch der Roten Armee. Am 18. April 1945 suchten Plünderer im Gebäude nach Beute und steckten es in Brand, ein Plünderer wurde erschossen, die übrigen entkamen. Der Brand konnte gelöscht werden, doch übersah man vermutlich ein Glutnest im Keller, das die noch vorhandenen Koksbestände und schließlich die dort vermutlich verborgenen Munitionsvorräte entzündete – am 22. April 1945 kam es zu einer gewaltigen Explosion, die das Haus in eine Ruine verwandelte. Noch im Frühjahr wurden die stehen gebliebenen Mauerteile gesprengt.

Einem Bericht der Tageszeitung *Neues Österreich* vom 22. April 1951 zufolge gab es jedoch Pläne, das Hotel neu aufzubauen. Robert Feix und Elisabeth Klein, die beide die Nazi-Zeit im Ausland überlebt hatten, ließen eine »Metropole-AG« im Handelsregister eintragen und betrauten ihren alten Anwalt Dr. Viktor Deutsch mit den Verhandlungen zur Finanzierung eines Neubaus, die jedoch scheiterten.

Das Gestapo-Hauptquartier überstand den Krieg ohne ernstliche Schäden, erst die Explosion von Munitionsvorräten im Keller am 22. April 1945 verwandelte das ehemalige Luxushotel in eine Ruine. Foto: Votava, 1945 oder 1946.

Schon früh gab es Bestrebungen, auf dem Gelände eine Gedenkstätte für die Opfer des NS-Terrors zu errichten. Als sich das Vorhaben immer wieder verzögerte, entschloss sich der KZ-Verband zu eigenständigem Handeln und enthüllte am 11. April 1951 im Rahmen einer Kundgebung am Morzinplatz einen Gedenkstein, der folgende Inschrift trug:

Hier stand das Haus der Gestapo
Es war für die Bekenner Österreichs die Hölle
Es war für viele von ihnen der Vorhof des Todes
Es ist in Trümmer gesunken
wie das 1000jährige Reich
Österreich aber ist wieder auferstanden
und mit ihm unsere Toten,
die unsterblichen Opfer

Der ohne Genehmigung der Wiener Stadtverwaltung errichtete Gedenkstein blieb immerhin 34 Jahre lang an seinem Platz, erst im Jahr 1985 wurde er von der Stadt Wien durch ein neues Mahnmal, gestaltet vom Bildhauer Leopold Grausam, »kontextualisiert«: Grausam bezog den vorhandenen Gedenkstein in seine Arbeit ein und ergänzte ihn mit roh behauenen Steinquadern aus Mauthausener Granit und einer Bronzefigur sowie dem Appell: »Niemals vergessen«.

Im Leopold-Figl-Hof, der von 1963 bis 1967 erbaut wurde, erinnert ein Gedenkrelief an die Gestapo-Opfer des NS-Terrors, in der Salztorgasse 6 wird vom Dokumentationsarchiv des österreichischen Widerstandes ein Gedenkraum betreut, der in einer Ausstellung das Schicksal der im ehemaligen Hotel Métropole festgehaltenen Häftlinge dokumentiert.

Acht Blöcke aus Mauthausener Granit umfassen die Bronzefigur des Häftlings: das Mahnmal für die Opfer der Gestapo unter dem Motto »Niemals vergessen« am Morzinplatz, errichtet 1985.

Ausgewählte Literatur

Raoul Auernheimer: Mark Twain and the Gestapo. In: The Voice of Austria, Ottawa, Heft November 1942, S. 8–9

Brigitte Bailer, Elisabeth Boeckl-Klamper, Wolfgang Neugebauer, Thomas Mang: Die Gestapo als zentrales Instrument des NS-Terrors in Österreich. In: Opferschicksale. Widerstand und Verfolgung im Nationalsozialismus. Herausgegeben vom Dokumentationsarchiv des österreichischen Widerstandes. Jahrbuch 2013. Wien, 2013, S. 163–190

Barbara Daghofer: Repräsentative Hotelbauten der Wiener Gründerzeit. Dipl.-Arb. Wien, 1997

Carl Dolmetsch: »Unser berühmter Gast«. Mark Twain in Wien. Deutsch von Gunther Martin. Wien, 1994

Judith Fink: Die Geschichte des Hotel Metropole von 1873 bis 1945. Online-Publikation auf: ZEDHIA-Portal (PDF)

Georg Hamann: 50 x Wien, wo es Geschichte schrieb. Unbekanntes, Unerwartetes, Unglaubliches. Wien, 2016

Volker Koop: In Hitlers Hand. Die Sonder- und Ehrenhäftlinge der SS. Köln-Wien, 2016

Thomas Mang: Die Unperson. Karl Ebner, Judenreferent der Gestapo Wien. Bozen, 2013

Robert Michel: The Popularity of Mark Twain in Austria. In: The Mark Twain Quarterly, 1950, S. 5–6 u. S. 19

Ursula Prokop: Das Hotel Metropole. In: David. Jüdische Kulturzeitschrift, Heft 111, 12/2016

Roman Sandgruber: Rothschild. Glanz und Untergang des Wiener Welthauses. Wien-Graz-Klagenfurt, 2018

Anna Maria Sigmund: »In Wien war alles schön«. Die Residenzstadt aus der Sicht berühmter Gäste. Wien, 1997

Karl Stiehl: Mark Twain in der Wiener Presse zur Zeit seines Aufenthaltes in Wien, 1897–1899. Phil. Diss. Wien, 1953

Franz Weisz: Die geheime Staatspolizei. Staatspolizeileitstelle Wien 1938–1945. Organisation, Arbeitsweise und personale Belange. Phil. Diss. Wien, 1991

Dokumente

Dokumentationsarchiv des österreichischen Widerstandes:

4150 (zu Karl Burian und dem Plan eines Sprengstoffanschlags)

51648 (Kopie der Grundbucheintragungen)

Der festliche Auftakt zum Sacher-Erlebnis: die holzvertäfelte Hotelhalle mit bordürenbesetzter Oberlichte.

Hotel Sacher
Philharmonikerstraße 4

Das Hotel zum alten Österreich

Das Sacher war nicht nur Hotel, es war »Stadtgespräch«. Es war Mittelpunkt und Drehscheibe des Wiener Gesellschaftslebens. Eine Institution. Wer im Sacher dinierte, sich im Sacher mit seinen Freunden zu einem Rendezvous traf, der gehörte dazu. Das Sacher adelte und zeichnete aus. Es versprach Noblesse und feinsten Genuss, es war die Krönung, der Olymp. Sein Mythos verband sich von Beginn an mit kulinarischen Freuden, ja, er existierte bereits vor dem Hotel. Eine köstliche Schokoladentorte, der Geniestreich eines begabten jungen Mannes, stand ganz am Beginn ...

Es begab sich an einem Tag des Jahres 1832: Staatskanzler Fürst Metternich wünschte sich für die große Soirée am Abend ein besonderes Dessert. Da der französische Küchenchef des Fürsten erkrankt war, fasste sich, so die Überlieferung, der 16-jährige Lehrling Franz Sacher ein Herz und sprang in die Bresche – der talentierte Kocheleve kreierte eine neuartige Schokoladentorte, die zur süßen Sensation des festlichen Empfangs wurde: Die *Original Sacher-Torte* war geboren und wurde zu einem »Teil der österreichischen Identität« (Alexandra Gürtler/Christoph Wagner, *Das neue Sacher-Kochbuch*).

Von einem Hotel war zu diesem Zeitpunkt noch keine Rede. Von der Küche des Fürsten Metternich wechselte Franz Sacher, der das Rezept seiner Kreation sorgfältig hütete, in die Dienste der Familie Esterházy, wobei er sich zu einem »wirklichen Künstler auf dem Gebiete der Kochkunst« (*Neue Freie Presse*, 12. März 1907) entwickelte. Für kurze Zeit arbeitete er auf den ersten Dampfschiffen, die zwischen Wien und Pest verkehrten, und wurde dann Küchenchef im Kasino des Grafen István Széchenyi in Pest. Zu Beginn der 1850er-Jahre kehrte Franz Sacher, inzwischen dreifacher Familienvater, nach Wien zurück und eröffnete in der Weihburggasse 939 (heute Weihburggasse 4) eine »Wein u. Delikatessen Restauration«, in der »warme Speisen à la minuit von früh bis Abends prompt verabreicht« wurden (*Die Presse*, 18. Oktober 1851); neben frischen

↑ Anna Sacher wacht noch immer über das Haus: die Rezeption, das Reich der legendären Sacher-Portiere.

→ Exklusivität mit Stil: eine Signature Suite.

↖ Harmonisch-stimmiger Historismus gibt den Ton an: kostbare antike Tischuhr in der Hotelhalle.

← Dunkelroter Damast, Ölgemälde und Kristallluster: die Rote Bar, berühmt für ihre exklusiven kulinarischen Köstlichkeiten.

Austern und Krebsen konnten die Wiener Feinschmecker hier auch die »Schokoladentorte des Franz Sacher« erstehen. Der Name »Sacher« stand bald für allerfeinsten Genuss und wurde zum kulinarischen Begriff.

In das Jahr 1865 fiel dann ein erster Versuch, im Hotelgeschäft Fuß zu fassen: Mit 1. Dezember 1865 erwarb Franz Sacher das von Moritz Graf Saint-Genois erbaute Hotel de l'Europe in der Asperngasse 2/Praterstraße 18 (heute Aspernbrückengasse 2), das er als »Grand Hotel de l'Europe« führte, 1871 jedoch an einen gewissen Friedrich Steininger verkaufte. Die Interessen der Familie Sacher konzentrierten sich damals bereits auf einen ganz anderen Punkt der Stadt, der mehr Renommee und noch bessere Geschäfte versprach, und zwar auf die Ringstraße. Hoffnungsträger Franz Sachers war sein zweitältester, 1843 geborener Sohn Eduard, der eine ausgezeichnete Ausbildung durchlief und in seine Fußstapfen treten sollte: Von der Küche im Palais Schwarzenberg am Neuen Markt wechselte Eduard nach Lyon, dann kochte er im Grand Hôtel in Paris und im Royal Hotel in London. 1865 eröffnete Eduard Sacher mit Unterstützung seines Vaters im Parterre des Palais Todesco, Kärntner Straße 51, zunächst eine »Delikatessen-Handlung«, die auch »Bestellungen auf Dejeuners, Diners und Soupers, Hochzeiten, Bällen etc. mit vollständigem Service« entgegennahm. Der Mietzins, den Sacher an den Hausherrn Eduard von Todesco zu entrichten hatte, betrug im ersten Jahr 1.200 Gulden, stieg jedoch mit der Zumietung weiterer Räume und dem wirtschaftlichen Aufschwung des Unternehmens auf stolze 28.000 Gulden.

Eduard Sacher richtete im Palais Todesco ein elegantes Restaurant ein, das nach Pariser Vorbild mit zahlreichen *Chambres séparées* ausgestattet war und bald bestens florierte. Fast noch erfolgreicher war er mit seinem Catering-Unternehmen, das einen ausgezeichneten Ruf genoss: Bereits 1867 durfte er auf der Weltausstellung in Paris kochen und Kaiser Napoleon III., den russischen Zaren Alexander II. und andere gekrönte Häupter bewirten. Besonders geschätzt wurde er von Kronprinz Rudolf: »Hochderselbe war Herrn Sacher persönlich sehr gewogen und zeichnete denselben auch durch Verleihung des Kammerlieferanten-Titels aus«, schrieb dazu die *Neue Illustrirte Zeitung* am 11. Oktober 1891. Sacher begleitete den

SYLVESTER NUMMER DER BOMBE

EDUARD SACHER.

Commençons par le commencement! Eduard Sacher vereinigt in sich die besten Eigenschaften der berühmtesten fünf Eduarde von Wien:

Von Eduard Hanslick hat er den Vorzug, der grossen Oper am nächsten zu stehen, von Eduard Mauthner hat er den [illegible] für höhere Gourmandise, von Eduard Hügel die Abneigung vor schlechten Weinen, von Eduard Strauß die Kunst, eine Kalbsbrust auf's vortheilhafteste herauszuputzen und endlich von Eduard Kopp dessen allerbeste Eigenschaft, den Sinn für – Gelderwerb.

Diese vortrefflichen Eigenschaften, unterstützt von einem ungewöhnlichen Glücke und dem günstigsten Entgegenkommen beim Publicum, haben Eduard Sacher den unbestrittenen Rang des

ersten Restaurants

der gebildeten Welt und den tönenden Titel eines Königs aller Austernkönige verschafft.

„Introite, nam et hic Dii sunt!"

Tretet ein, so ruft Eduard Sacher uns zu, tretet ein in die

Kärntnerstraße 51,

denn hier lebt man wie Gott in Frankreich!

Hier konnte ein Maler wie Meister Schwind die Inspirationen für seinen großartigen

TRIUMFZUG DES KÖNIGS WEIN

erhalten! Denn hier marschiren sie der Reihe nach auf: voran der Generalquartiermacher Oesterreicher, der husarische Tokayer, die leichte Cavallerie, der Champagner, die Scharfschützencorps aus Spanien, das schwere Geschütz aus Bordeaux und die Nobelgarde aus Johannisberg und wie alle die siegenden Corps aus aller Herren Ländern heißen mögen.

Nur bei Eduard Sacher konnte ein Hoherpriester der Eßkunst von der Urtheilsfähigkeit eines Alexander Dumas père im Angesichte dieser trüffirten Poulards, dieser Edelfische, Homards und Langousten, der feisten steirischen Kapaune, der böhmischen Fasane und der Straßburger Pasteten u. s. w. entzückt ausrufen:

„Vendez mes habits, je me trouve aux cieux!"

So sehr aber Eduard Sacher schon durch die Mannigfaltigkeit und Qualität dessen, was er seinen Gästen vorsetzt, eine Specialität ist, so sehr ist er bemüht, auch durch die [illegible] Quantität der Portionen seine exceptionelle Stellung unter den Wiener Restaurants zu behaupten.

[illegible]

So bilden die täglichen Gäste Eduard Sacher's eigentlich nichts Geringeres als eine Jury in Permanenz.

Und was für erlesene Männer finden wir in dieser Jury! Man könnte zwei Parlamente, drei kaiserliche Weltausstellungscommissionen, vier Akademien der Wissenschaften, fünf große Redactionen, sechs Schauspielhäuser, sieben — sieben — doch nein, wir wollen nicht lügen — aus dieser Jury hervorgehen lassen und es würden noch immer genug Notabilitäten übrig bleiben, um sich als

erste österreichische Akademie für Gourmandise

zu constituiren und Eduard Sacher mit Acclamation zum lebenslänglichen Präsidenten zu ernennen.

[illegible]

Eduard Sacher machte den Begriff »Sacher« zur gastronomischen Marke, bevor es noch ein Hotel gab. Sein Restaurant im Palais Todesco, eröffnet 1865, wurde zum Mekka der Feinschmecker.

Kronprinzen kulinarisch sogar im Ausland, so etwa beim Besuch bei König Milan von Serbien in Belgrad – für die »vollendete Besorgung des gastronomischen Theiles der Festlichkeiten« wurde er von König Milan mit dem Takowa-Orden ausgezeichnet. Weitere Aufträge folgten: Eduard Sacher kochte in Sofia für den Prinzen von Battenberg und bei der Hochzeit der Schwester Kaiser Wilhelms II. mit dem Kronprinzen von Griechenland in Athen. Sein Catering genoss europäischen Ruf und machte den Namen »Sacher« endgültig zur Marke, dessen Erwähnung allein schon, so die *Neue Illustrirte Zeitung*, »jedem Wiener förmlich das Wasser im Munde« zusammenlaufen lassen würde.

Von der maison meublée zum Hotel Sacher

Inzwischen hatte sich die unmittelbare Umgebung des Palais Todesco entscheidend verändert. 1869 wurde das neue Hofoperntheater eröffnet, 1873/74 riss man das nun funktionslos gewordene Kärntnertortheater hinter dem neuen Opernhaus ab; eine Investorengruppe, der neben dem Hof- und Gerichtsadvokaten und Verwaltungsrat der Unionbank Philipp Mauthner noch Adolph Graf Dubsky, Gustav Leon und Arthur von Layer angehörten, hatte 1872 das frei gewordene Grundstück erworben (nach Monika Czernin, *Das letzte Fest des alten Europa*). In den Jahren 1874/1875 ließen die Investoren hier von der Union-Baugesellschaft eine vier Stockwerke umfassende *maison meublée* errichten; als Architekt des im Stil der Neorenaissance gehaltenen Baus zeichnete der im Hotelbau bereits erfahrene Stadtbaumeister Wilhelm Fraenkel (1844–1916) verantwortlich – 1872 war von ihm im Auftrag der Commissionsbank das kurzlebige Hotel Austria am Schottenring 11 erbaut worden, das bereits 1874 vom Staat angekauft und zum Sitz der Polizeidirektion wurde. An der Stelle des im Jahr 1945 zerstörten Gebäudes steht heute das 1988 eröffnete Hotel Vienna Plaza.

Eduard Sacher, der seit 1871 auf dem Konstantinhügel im Prater auch noch »Sacher's Sommer-Restauration« betrieb, sah seine Chance gekommen: Er erwarb die *maison meublée* und eröffnete dort im Februar 1876 zunächst ein Restaurant, das, wie das *Neue Fremden-Blatt* am 6. Februar 1876 meinte, »unbedingt den ersten Etablissements in Paris und London an die Seite gestellt« werden könne; enthusiastisch schilderte das Blatt die Einrichtung: »Die untersten Keller wurden als Wein- und Eiskeller adaptirt, im Souterrain befinden sich die Küchen- und Arbeitslocale, im Parterre die luftigen und mit exquisitem Geschmack eingerichteten Speisesalons für Raucher und Nichtraucher, sowie ein mit Glas gedeckter Sommersalon und im Mezzanin prachtvoll decorirte Salons und Cabinets für große und kleine Gesellschaften. Namentlich die Zimmer im Mezzanin zeichnen sich durch pompöse Ausstattung aus, es findet sich daselbst ein nach japanesischem Geschmacke eingerichtetes Cabinet, ein chinesischer und ein französischer Salon, überall reiche Tapeten, elegante Möbel und dichte Teppiche.« Am schönsten, so das *Wiener Salonblatt* in seiner nicht weniger begeisterten Beschreibung von »Sacher's Prachtbau« (22. Januar 1876), sei der Salon Louis XIV., in dem man sich »trotz seines vornehmen Airs und seiner prächtigen Erscheinung« besonders »wohl gestimmt und angeregt« fühle: »Es klingt und singt aber auch harmonisch in diesem Saal Ton und Farbe der Stoffe; wie herrlich und prächtig passen doch zu den olivfarbenen Sammt-Velour-Tapeten die rothen Vorhänge und wie stimmt doch die Tönung in Carnießen und Spiegelrahmen, die gleich der Verzierung am plastisch behandelten, mit reizenden Figürchen und Emblemen geschmückten Plafond und am Kamin in Gold, Drap und Roth stylvoll gehalten ist!« Auch die technische Ausstattung befand sich auf dem letzten Stand – Attraktion der »warmen« Küche – daneben gab es auch eine »kalte« Küche – war ein mächtiger »Sparherd neuester Construction ..., um den man rings herum kommen kann und bei dem der Dampf nach unten abgeleitet wird«; es gab auch einen »großen Aufzug«, mit dem die Speisen »direct nach den einzelnen Stockwerken spedirt werden« konnten. Mit Stolz könne daher Eduard Sacher sagen: »my house my castle« (*Wiener Salonblatt*, 22. Januar 1876).

Eduard Sacher, der »vornehmste Gaumenschmeichler Wiens« (*Illustrirtes Wiener Extrablatt*, 13. Februar 1876), setzte bewusst auf Exklusivität und traf damit genau den Geschmack der Ersten Wiener Gesellschaft und des reichen Großbürgertums: Auf der Speisekarte standen erlesene Genüsse wie Whitstabler-Austern, Schildkrötensuppe und »steaks (sic) von Schildkröten« (*Fremden-Blatt*, 25. November 1876), als k. u. k. Hoflieferant führte Sacher die besten Weine und teuersten Champagnermarken.

Noch deutliche Distanz zu modernem Hotel-Komfort: Zimmer in der Ära von Anna Sacher mit beeindruckend massivem Bett. Foto von Julius Scherb, 1930.

In der *maison meublée* wurde mit der Vermietung von Appartements und Zimmern ein erster Hotelbetrieb gestartet. Kurzzeitig führte Sacher das Haus als »Hotel de l'Opéra«, dann entschied er sich für »Hotel Sacher«; über dem Eingang zum Hotel prangte der Schriftzug: *Ed. Sacher*.

Das Kalkül Eduard Sachers ging auf: Sein neues Haus stieg rasch zum beliebten Treffpunkt des österreichischen Hofadels, von Diplomaten, hohen Militärs und Politikern auf. Und dann kam mit einer neuen Chefin noch mehr Schwung ins Etablissement hinter der Oper: Am 2. Februar 1880 heiratete Eduard Sacher im Stephansdom die um 16 Jahre jüngere Anna Fuchs, die Tochter des Leopoldstädter Fleischhauers Johann Fuchs. Die Familie Fuchs wohnte in der Rotensterngasse, der Fleischerladen des Vaters befand sich in der Taborstraße.

Mit der jungen Fleischhauerstochter aus der Leopoldstadt an seiner Seite setzte Eduard Sacher zunehmend auf die Vergrößerung des Hotelbetriebs. In den Nachbarhäusern wurden weitere Zimmer und Wohnungen angemietet; Anna Sacher kümmerte sich um zusätzliches Dienstpersonal. Aus der *maison meublée* wurde ein *Grand Hotel*.

Der Herr im Haus bin i

Anna Sacher hatte zwar nicht wie ihr Gatte die große internationale Welt der Hotels und Restaurants kennengelernt, sie besaß aber einen untrüglichen Geschäftssinn und war, wie der Wien-Kenner Gunther Martin schrieb, eine »gelungene Charaktermischung aus Urwüchsigkeit und natürlicher Würde«. Als ihr Mann zu kränkeln begann und 1892 mit nur 49 Jahren verstarb, übernahm die robuste, mit großer Menschenkenntnis ausgestattete Frau mit eindrucksvoller Souveränität die Leitung des Hauses. »Als Wirtin«, so charakterisierte sie der Zeitgenosse und Augenzeuge Emil Seeliger, »war Frau Sacher allerdings ein Unikum auf Erden. Autokratisch, temperamentvoll, den ganzen Tag hinter allem und jedem her. Wenn nötig, und das war oft der Fall, auch in der Nacht. Währte doch nicht selten ein Kavalierssouper mit seinen vielerlei Wünschen und Bedürfnissen bis in den grauenden Morgen.« Die Stellung von Anna Sacher exemplifizierte Seeliger so:

»Fragte einer von den Gästen nach dem Hoteldirektor, so holte der Pikkolo die Frau Sacher. – ›Verzeihen, ich wollte den Direktor sprechen.‹ – ›Der bin i.‹ – ›Ich meine den Herrn.‹ – ›Der Herr im Haus bin i. Also, was wünschen S' denn von mir?‹«

Sie »identifizierte sich in einer Weise mit ihrem Hause, daß sie es, wie der Riese Atlas die Erdkugel, gewissermaßen auch auf den Schultern trug und dorthin versetzte, wo Gaumen und Magen ihrer bedurften« (Emil Seeliger, *Hotel Sacher in Wien*).

Anna Sacher, die die Verschwiegenheit selbst war, führte ein strenges Regiment: »Der Minister X. oder der Graf Y. machten ein tiefes Buckerl, wenn sie die ›Tant' Sacher‹ sahen« und bezeugten ihren Respekt mit einem »Küß die Hand, wie geht's?« (*Illustrierte Kronen Zeitung*, 26. Februar 1930). Und nicht jeder Gast stand der Chefin des Hauses zu Gesicht – sie »individualisierte die Menschheit«, die bei ihr ein und aus ging: »Unliebsame Gäste hat sie so lange negligiert, bis sie von selber nicht mehr erschienen. Nicht jeder war ihr recht, der das Geld hatte, sich mit seiner Gesellschaft beim Sacher ein Souper zu bezahlen« (Siegfried Geyer, *Die Frau Sacher*).

Anna Sacher, bereits zu Lebzeiten eine Legende, wurde als Sacher-Chefin zu einer der reichsten Frauen Wiens. 1910 versteuerte sie ein Einkommen von 179.110 Kronen; das bedeutete, wie Roman Sandgruber gezeigt hat, immerhin Platz 390 unter den reichsten Wienerinnen und Wienern. Ihr Markenzeichen: Sie rauchte Zigarren, aber nicht die kleinen Zigarillos, sondern große, dicke Zigarren. Und sie hatte ein Faible für Hunde: Französische Zwergbulldoggen, die »Sacher-Bullys«. Dass die Bullys mit Kaviar gefüttert wurden, war wohl nur ein böses Gerücht.

Bezeichnend für Anna Sacher war, dass sie die Konterfeis ihrer Gäste mit in ihr privates Reich nahm. In ihrem Büro versammelte sie an den Wänden die Porträts prominenter Besucher: von Erzherzog und Thronfolger Franz Ferdinand bis zu König Milan von Serbien, von Erzherzog Otto bis zur schönen Gräfin Kitty Schönborn, der späteren Gattin Eugen Rothschilds.

Ihre große Zeit ging mit dem Ersten Weltkrieg zu Ende, die Welt der Nachkriegsjahre, der Börsenspekulanten und Glücksritter, des Jazz und der *Five o'Clock Teas* war nicht mehr die ihre. Die wirtschaftliche Lage des Hotels verschlechterte sich zusehends. Im März 1929 wurde Anna Sacher entmündigt, Grund dafür war angeblich der fortschreitende geistige Verfall. Sie musste die Hotelleitung abgeben, die Überschuldung war bereits so hoch, dass sich ein Ausgleich abzeichnete. Nach sechswöchiger Krankheit starb sie am 25. Februar 1930 im Hotel Sacher; ihre Kinder Eduard und Franziska hatte sie nach heftigen Auseinandersetzungen zuvor schon enterbt.

Lebte zuletzt in einer Welt der Erinnerungen: Sacher-Chefin Anna Sacher mit Zigarre und einer ihrer Französischen Zwergbulldoggen, die sie angeblich mit Kaviar fütterte. Foto vom Ende der 1920er-Jahre.

Vom Soupieren und Regieren

Im Nachruf zum Tod Anna Sachers schrieb ein Reporter unter dem Pseudonym »Sebastian« im *Neuen Wiener Journal* am 26. Februar 1930: »... es ist das Hotel zum alten Oesterreich. Denn hier ging aus und ein, was zu den Notabilitäten der österreichisch-ungarischen Monarchie gehört. In den Speisesälen ließen sich österreichische Erzherzoge (sic) blicken, ungarische Magnaten aßen hier das berühmte Wiener Beinfleisch, tranken alte Bordeauxweine, Grafen und Barone machten die Honneurs und ließen sie sich machen. ... Denn hier wurden wichtige Entrevuen abgehalten, Sitzungen mit und ohne Champagner fanden statt, Staatsmänner unterhielten sich über politische Fragen. Folgenschwere Entschlüsse wurden bei Sacher gefaßt, hier rollte sich ein Stück Österreich ab. So sagte man. Manchmal freilich war nichts anderes los, als daß ein Erzherzog mit einem Ballettmädel ungestört sein wollte. Es wurde regiert und soupiert, oft ging das Soupieren über das Regieren.«

Zahllos waren die Anekdoten, die über das Treiben der feinen Gesellschaft im Sacher erzählt wurden, so etwa über den schönen Erzherzog Otto, dem Vater Kaiser Karls. Der kaiserliche Prinz mit dem »echt wienerischen Gemüt« (Emil Seeliger, *Hotel Sacher in Wien*), bekannt für seine pikanten Eskapaden, soll eines Abends nur mit einem Säbel bekleidet am Gang zu den Chambres séparées aufgetaucht sein – akkurat in dem Augenblick, in dem der amerikanische Botschafter mit seinen beiden Töchtern den Korridor betreten habe. Da die lustigen Freunde des Erzherzogs die Tür von innen abgesperrt hätten, soll eine rasche Retirade unmöglich gewesen sein, die Begegnung mit dem nackten Habsburgerspross wäre für die amerikanischen Hotelgäste entsprechend schockierend gewesen.

»Denn vieles, was sich späterhin in der Geschichte mit der Auszeichnung einer Jahreszahl etabliert hat«, so »Sebastian« im *Neuen Wiener Journal*, »begann mit einem kleinen Gespräch beim Sacher. Dort wurde bei Champagner und Burgunder auch Weltkrieg gemacht, eine oder die andere Enthebung vom Kommando entriert, über die heute noch Briefwechsel und Tagebuchaufzeichnungen existieren. Die Wahrheit hörte sich meist anders an. Oft schlug in Oesterreich die Magnetnadel aus, weil zwei oder drei beim Sacher saßen. Ein temperamentvolles Gespräch setzte Geschichte in Bewegung.« Wie diese Gespräche im Sacher aussahen, hat der Marineoffizier Emil Seeliger (1872–1955) sehr anschaulich in seinem Buch *Hotel Sacher in Wien* überliefert. Oberst Seeliger war Lehrer an der Marineakademie in Fiume (heute: Rijeka) und wurde 1912 an die Marinesektion des Kriegsministeriums versetzt, wo er im Präsidialbüro die neu geschaffene Funktion eines Pressereferenten übernahm. Bereits zuvor war er regelmäßig zwischen Fiume und Wien gependelt, wo er die Wochenenden verbrachte – ein Treffen mit Freunden im Sacher gehörte da meist dazu. So war er eines Abends auch Teilnehmer an einem Essen, das der im Sacher wohnende ungarische Magnat Nikolaus von Szemere (1856–1919) und dessen »Stabschef« Graf Rudolf Kinsky für Thronfolger Franz Ferdinand gaben. Nach dem lukullischen Menü, auf den Tisch gezaubert von den maîtres de cuisine des Sacher, kam man auf die österreichische Flottenpolitik zu sprechen; Franz Ferdinand, in den Augen Seeligers ein

Für das Hotelpersonal nicht selten Schwerarbeit: das Verladen des Gästegepäcks (oben).
Perfektes Service: Die geputzten Schuhe werden vor die Tür gestellt (unten links).
Der Portier beim Verteilen der Gästepost. Alle Fotos aus einer Sacher-Reportage des Jahres 1955.

»maritimer Dilettant« und »Rätselmensch«, verteidigte einmal mehr den Bau von Großkampfschiffen, den sogenannten »Dreadnoughts«, denn nur sie würden zu einer »aktiven Verteidigung« der Adriaküsten befähigen. Kriegsminister Moritz Auffenberg, der an der Runde teilnahm, fand nach dem Abgang des Thronfolgers kein gutes Wort für das »unnütze Wettrüsten«, in dem Österreich-Ungarn »auf die Dauer den kürzeren ziehen« müsse. Der offenen Diskussion im Sacher folgten allerdings keine Konsequenzen; einmal mehr manifestierte sich die seltsame Lähmung einer Gesellschaft, die dem Untergang entgegentrieb.

Dekadenz und Müßiggang fanden ihren spezifischen Ausdruck in den »Sacher-Buben«. Die »Sacher-Buben«, das waren die »jungen Aristokraten, die ganz jungen Fürsterln und Graferln, die von Zuhause meist noch wenig Taschengeld bekamen und die doch ihre Zechen machten, meist im Delikatessengeschäft, das auch zum Sacher-Betrieb gehört, und unterhielten sich über eine Gräfin oder ein Mäderl. Egal – die Frau Sacher kam dazu und redete mit. Sie ließ schuldig bleiben und man wartete, bis ein Graf oder ein Jud' zahlte. Die Zigarre dampfte und die Bullys bellten« (Siegfried Geyer, *Die Frau Sacher*).

Vom Sacher in die Hofburg

Tradition war es, dass die Herrenhausmitglieder und Abgeordneten der österreichischen Länder und Ungarns im Sacher abstiegen. Das hatte auch einen ganz profanen Grund: Wenn sie, wie üblich, zur Hoftafel geladen waren, zogen sie es vor, bereits vorher im Sacher zu dinieren – nicht, weil die von der Hofküche zubereiteten Speisen nicht wohlschmeckend genug gewesen wären, aber an der Hoftafel galt das alte habsburgische Speisenzeremoniell *à la Cour*: Wenn der Kaiser bei einem Gericht Messer und Gabel weglegte, so mussten auch die Gäste dies tun. Franz Joseph, dem zuerst serviert wurde, aß jedoch gewöhnlich nicht allzu viel, sodass für die Gäste meist nur wenig Zeit blieb, um sich einigermaßen zu sättigen. Um an des Kaisers Tafel nicht den Hungertod zu sterben, wie der ungarische Ministerpräsident Graf Tisza laut Emil Seeliger scherzhaft zu sagen pflegte, speiste man entsprechend genussvoll beim Sacher. Ein »einzigartiger Anblick« war es dann, so Emil Seeliger, »die Magnaten und Adeligen, besonders die ungarischen und polnischen Standesherren und Volksvertreter, in ihrer prunkvollen Nationaltracht in langer Equipagenreihe vom Hotel Sacher weg zum Kaiser fahren zu sehen«.

Ganz allgemein galt: Beim Sacher zu essen war der Inbegriff der Vornehmheit. Es gehörte »zum feudalen Ton, Sacher-Gast zu sein, im Jagdzimmer, im Einser- oder im Vierer-Zimmer zu sitzen, den Oberkellner Wagner persönlich zu kennen und von Frau Sacher eine Antwort auf den Gruß zu hören. Denn es fiel der Frau Sacher nicht ein, einen ihrer Gäste zuerst zu grüßen« (Siegfried Geyer, *Die Frau Sacher*).

Déjeuner mit Cléo de Mérode

Sie war eine Ikone der Moderne. Junge Frauen kopierten ihre Frisur, der Cléo-de-Mérode-Scheitel ging um die Welt. Vom 1. bis zum 27. Januar 1907 tanzte sie im Budapester Orpheum. Das tägliche Auftrittshonorar betrug 600 Kronen; wegen einer Steuervorschreibung von 540 Kronen legte sie allerdings Rekurs gegen »diesen empfindlichen Eingriff des Staates in ihre Vermögensverhältnisse« ein – was das *Neue Wiener Journal* zur bissigen Bemerkung veranlasste, dass die Künstlerin dem Grundsatz »nehmen ist seliger denn geben« folge (*Neues Wiener Journal*, 31. Januar 1907).

Im März 1907 trat die gefeierte Tänzerin in Ben Tiebers Apollotheater auf, und die damals 32-jährige Schönheit war der Star der Saison. Hingerissen von ihr waren auch der Marineoffizier Emil Seeliger und sein Freund, der angesehene Astrologe und Fregattenkapitän Friedrich Schwickert (1857–1930), bekannt unter dem Pseudonym »Sindbad«. Sie lernten Cléo de Mérode in privater Gesellschaft kennen. Jahrzehnte später schilderte Seeliger diese Begegnung in seinem Sacher-Buch: »Aphrodite, vom Olymp herabgestiegen, ledig jeglicher Erdenschwere. Die biegsame, ebenmäßige Gestalt, bei aller Schlankheit doch frauenhaft gerundet, zeigte ein Maß von natürlicher Anmut und Grazie, wie ich es noch niemals getroffen. Das wunderbare Blondhaar von dunklem Bronzeschimmer breit gescheitelt um das klassisch geformte Haupt mit dem griechischen Knoten und dem regelmäßigen Profil einer antiken Gemme. Blaugraue, große Augen blickten uns an. Sinnend, wenn sie nicht lachte, fast schwermütig, beschattet von langen, seidigen Wimpern. Das Oval des Gesichts, die Linien der dunklen Brauen, die schöngeschwungenen Lippen, der blütenfrische Teint, der herrliche Statuenhals – all das vereint gab ein solches Bild der Vollendung, daß wir sie geradezu fasziniert anstarren mußten.«

Als die Tänzerin, der eine Affäre mit dem belgischen König Leopold II. – Spottname *Cléopold* – nachgesagt wurde, erfuhr, dass Schwickert Astrologe war, bat sie ihn um ein Horoskop; man verabredete sich zum *déjeuner* im Hotel Sacher. Seeliger reservierte einen kleinen Raum, der »blendend weiße Tisch mit Blumen« war gedeckt *à trois*. »Sprühend, mit echt romanischer Lebhaftigkeit, begrüßt uns das herrliche Wesen. Nimmt Platz, richtet sogleich die schönen Augen fragend auf meinen Begleiter.« Schwickert übergab ihr das gefaltete Horoskop, in dem er ihr offenbar von der Beziehung zu König Leopold abriet und außerdem kein allzu langes Leben prohezeite. Das »göttliche Geschöpf« zeigte sich gefasst und meinte in gebrochenem Deutsch: » – – alt soll ick, nach dem Horoskop nicht werden – – die Stellung der Venus bestimmt das? – –?« Das Déjeuner endete rasch, Cléo de Mérode aß nichts – überlebte aber letztlich die beiden Wiener Herren: Sie starb 1966 in Paris.

Die Zäsur

Wenige Tage vor dem Februaraufstand des Jahres 1934 entschied sich das Schicksal des Hotel Sacher. Bereits 1932 hatte ein erster Ausgleich stattgefunden, dem Ausgleichsverwalter gelang es aber nicht, die Schuldenlast entscheidend zu verringern, sodass Anfang 1934 neuerlich ein Ausgleichsverfahren eröffnet werden musste, das in einen Konkurs mündete. So kam es am 8. Februar 1934 zur Zwangsversteigerung des halben Hausanteils des Gebäudes, in dem das Hotel Sacher untergebracht war. Zwei Familien bestimmten von nun an die Geschicke des Sacher: das Cafetier-Ehepaar Josef und Anna Siller und der Rechtsanwalt Dr. Hans Gürtler mit seiner Frau Poldi, wobei zwischen den beiden Paaren durchaus ein Zusammenhang bestand:

Lebendiger Wien-Mythos: der Hotel-Sacher-Film (1938/39), gedreht unter der Regie von Erich Engel. Hedwig Bleibtreu gab die Anna Sacher, Wolf Albach-Retty den Leutnant Herrngruber.

Hans Gürtler, Jahrgang 1895, war der Anwalt von Anna Siller, die mit seiner Hilfe 1938 den sogenannten Daringerhof in der Sieveringer Straße 36 erwarb – ein Zwangsverkauf, da die Besitzerinnen, die beiden Jüdinnen Margarethe Ticho und Lea Roth, nach Palästina geflohen waren. Josef Siller (1871–1948), der 1898 den Gastronomiebetrieb seiner Eltern am Kaiser-Ferdinands-Platz 3 (heute Schwedenplatz 3), die Meierei Siller, übernommen hatte und dort später auch ein Hotel führte, war als leidenschaftlicher Kunstsammler und Mäzen bekannt. In seinem Hotel versammelte der »bürgerliche Kunstfreund im besten Sinne des Wortes« (Wolfgang Born, *Die Sammlung Josef Siller in Wien*) zahlreiche Gemälde bedeutender Künstler, u. a. auch von Carl Spitzweg, Moritz Schwind, Hans Makart, Franz von Stuck, Oskar Kokoschka, Gustav Klimt und Egon Schiele, insgesamt rund 1.500 Bilder. Einen Großteil der von den Nazis zum Teil auf die »Reichsliste national wertvollen Kunstguts« gesetzten Sammlung ließ Siller mit Einverständnis des Instituts für Denkmalpflege in den Luftschutzkeller am Schwedenplatz bringen; dort verbrannten sie aber nach einem Bombenangriff, der im Frühjahr 1945 das Hotel und das Kaffeehaus zerstörte. Einen zweiten Teil der Kunstsammlung hatte man in die Villa der Familie Siller in Hetzendorf gebracht – die Objekte verschwanden spurlos und konnten nach dem Krieg nicht mehr gefunden werden.

Am 21. Juni 1934 wurde das Hotel Sacher gesperrt, es begannen umfassende Renovierungsarbeiten. So gab es bis zu diesem Zeitpunkt nur wenige Badezimmer, viele Zimmer hatten kein fließendes Wasser, die Möblierung war veraltet. Ein heftiger Streit über ausstehende Beiträge an die Kellnerkrankenkasse konnte schließlich beigelegt werden, da sich Hans Gürtler und Josef Siller zur Zahlung der ausstehenden Beiträge verpflichteten.

Auffallend ist, dass die Nazis den Mythos des Sacher durchaus für ihre Zwecke zu nutzen wussten – so wurde ab Herbst 1938 in den Rosenhügel-Studios der Film *Hotel Sacher* mit Hedwig Bleibtreu in der Rolle der Anna Sacher gedreht –, dass gleichzeitig aber auch eine gewisse Distanz zum ehemaligen Treffpunkt der angeblich »reaktionären« habsburgischen Elite und des sogenannten »Judentums« gewahrt wurde. In seinem Bericht vom 16. Dezember 1938 zu den Dreharbeiten hetzte der *Völkische Beobachter* dementsprechend gegen die »jüdische Weltmacht«, die sich vor allem in Wien »am deutschen Wesen« vergriffen hätte. Der Film *Hotel Sacher* wurde ein Erfolg und lief noch jahrelang in den Kinos.

Josef Siller starb 1948, seine Frau Anna 1962.

Hans Gürtler engagierte sich nach 1945 für eine demokratische Rechtspflege und trat mit zahlreichen Veröffentlichungen zu einzelnen Rechtsfragen hervor, so etwa mit einer Schrift, in der er 1945 – noch ganz unter dem Eindruck der Nazi-Diktatur – verfassungsrechtliche Bedenken gegen die Todesstrafe und das Schwurgericht äußerte.

Die Figl-Bankette

Während des Zweiten Weltkriegs blieb das Sacher wie durch ein Wunder von Zerstörungen durch die alliierten Bombenangriffe weitgehend verschont – die Staatsoper direkt gegenüber und der benachbarte Philipphof wurden dagegen schwer getroffen. Unmittelbar nach der Befreiung Wiens wurde das Hotel von sowjetischen Soldaten besetzt, als Teil der Interalliierten Zone übernahmen es dann die Briten. Graham Greene, der 1948 zu Recherchen für das Drehbuch zum Film *Der dritte Mann* nach Wien kam, soll in der Bar des Hotels von einem britischen Offizier Hinweise auf die unterirdischen Kanalwelten Wiens bekommen haben.

Hollywood im Sacher: Regie-Star Billy Wilder und Hoteliers-Sohn Charles Laughton genossen die feine Sacher-Küche. Der Dritte im Bunde bei diesem Essen war Tyrone Power; gemeinsam promotete man den Wilder-Film »Zeugin der Anklage«. Foto von Alfred Cermak, 1957.

Seinen Nimbus hatte das Sacher jedenfalls nicht verloren. Es war Leopold Figl, der erste Bundeskanzler der Zweiten Republik und spätere Außenminister, der an die altösterreichische Tradition anknüpfte und seine Mitarbeiter zu »Banketten« in das Sacher lud – beim Personal des Hauses gefürchtete Termine, dauerten diese »Bankette« doch in der Regel bis vier oder fünf Uhr früh. Figl war eben kein Kind von Traurigkeit.

Alois Mock, der Außenminister, der Österreichs EU-Beitritt verhandelte, war da mit seiner Zeit schon geiziger: Bei Veranstaltungen am Abend im Sacher gab es für die Angestellten eine klare Anweisung: »Tummelt's euch, tummelt's euch, um elfe will i geh'n!« Mock zog die Arbeit beim Frühstück vor – das begann im Sacher pünktlich um 7.30 Uhr (Alexandra Gürtler/Christoph Wagner, *Das neue Sacher-Kochbuch*).

1951 erhielten Anna Siller und die Familie Gürtler das Hotel zurück, das in den sechs Jahren der Besatzung entsprechend gelitten hatte und nun umfassend renoviert werden musste. Nach dem Tod von Anna Siller (1962) gelangte das Sacher in das alleinige Eigentum der Familie Gürtler. Hans Gürtler, der den Wiederaufbau des Hotelbetriebs mit großer Tatkraft gemeistert hatte, starb 1970, sein Sohn Rolf, der die Nachfolge antreten sollte, verunglückte bereits wenige Monate später tödlich. Die Leitung des Hauses ging auf dessen Sohn Peter Gürtler über; nach dem Tod von Peter Gürtler leitete Elisabeth Gürtler für ihre Kinder Alexandra und Georg die Geschäfte. 2016 übergab sie das Ruder ihren Kindern, die geschäftsführenden Agenden übernahmen Matthias Winkler und Michael Mauthner.

Das Hotel Sacher, heute Mitglied von *The Leading Hotels of the World*, einer globalen Allianz von Luxushotels, ist eines der wenigen privat geführten 5-Sterne-Hotels weltweit und das einzige familienbetriebene Luxushotel Wiens. Das Haus hat sich gewandelt und wurde mit großem Aufwand um- und ausgebaut. Seinen spezifischen, einzigartigen Charme hat es jedoch behalten: Es bleibt ein österreichischer Erinnerungsort.

Ausgewählte Literatur

Andreas Augustin: Hotel Sacher Wien. Wien, 1994

Wolfgang Born: Die Sammlung Josef Siller in Wien. In: Die Bühne, Heft 287 (1930), S. 5–7 und S. 57

Monika Czernin: Das letzte Fest des alten Europa. Anna Sacher und ihr Hotel. München, 2014

Wilhelm Fraenkel: Etablissement des Herrn Eduard Sacher in der Augustinerstrasse in Wien. In: Allgemeine Bauzeitung, Jg. 1877, S. 76 bzw. Pläne Nr. 69–71

Siegfried Geyer: Die Frau Sacher. In: Die Stunde, 27. Februar 1930, S. 5

Alexandra Gürtler, Christoph Wagner: Das neue Sacher-Kochbuch. Die zeitgemäße österreichische Küche. Wien, 2005

Gunther Martin: Zu Gast in Wien. Wien-München, 1980

Leo Mazakarini: Das Hotel Sacher zu Wien. Wien, 1976

Roman Sandgruber: Reich sein. Das mondäne Wien um 1910. Wien-Graz, 2022 (Die Erstausgabe erschien 2013 unter dem Titel »Traumzeit für Millionäre. Die 929 reichsten Wienerinnen und Wiener im Jahr 1910«)

(Oberst) Emil Seeliger: Hotel Sacher in Wien. Weltgeschichte beim Souper. Berlin, 1931

Sorgfältig abgestimmtes Spiel von Farben und Stoffen: die Lounge der Opera Suite im Bristol.

Hotel Bristol
Kärntner Ring 1 und 3

Belle Époque am Ring

Wie kein anderes Wiener Grand Hotel spiegelt das Bristol den Charme der Belle Époque. Um genau zu sein: die Wiener Spielart dieser schillernden Zeit. Zu Recht stehen daher alle seine öffentlichen Räume unter Denkmalschutz. Das Luxushotel am Kärntner Ring wurde zum Treffpunkt der High Society des alten Europa, der eleganten Ladys und soignierten Gentlemen, die überall zu Hause waren, in Paris und London ebenso wie in Biarritz, Deauville und Montreux. Wer hier abstieg, konnte sich als Teil dieser mondänen Gesellschaft empfinden, demonstrierte Weltläufigkeit und Joie de vivre.

Es war der Gastronom Andreas Kührer, Besitzer des im Frühjahr 1891 eröffneten Restaurants Monopole am Kärntner Ring 10, der erkannte, dass genau dieses fashionable Logement in Wien noch fehlte. Er erwarb das vierstöckige, 1863 von Ludwig Förster erbaute Haus am Kärntner Ring Nr. 7, in dem sich zuvor die Generaldirektion der Carl-Ludwig-Bahn befunden hatte, und ließ es zu einem Hotel umbauen. Der unternehmungsfreudige Wirt verstand es, dieses mit »solchem Comfort auszustatten und ihm ein so recht behagliches Wesen zu geben«, dass »der Reisende sich nur schweren Herzens von diesen wohligen Räumen trennen wird. Die Einrichtung ist eine sehr vornehme und praktische. Große Salons und trauliche Zimmerchen passen sich jeder Stimmung an« (*Wiener Sonn- und Montags-Zeitung,* 4. Juli 1892). Kührer, ein »Fachmann par excellence«, hatte vor allem auch Wert auf eine moderne technische Ausstattung der 80 Zimmer gelegt: Das neu eröffnete Haus hatte elektrisches Licht in allen Räumen, »zweckmäßige Badezimmer«, Telefon und Haustelegraph sowie – für Wiens Hotellerie noch nicht selbstverständlich – einen elektrisch betriebenen Aufzug. Die Möbel kamen von Portois & Fix. Zum Hoteldirektor bestellte Kührer einen Herrn Ludwig Gapp, er selbst übernahm die Leitung der Küche; sein Ziel war, auch die verwöhntesten und anspruchsvollsten Gäste zufriedenzustellen.

Am 26. Juni 1892 stellte Andreas Kührer sein »neues Etablissement« einem kleinen Kreis von geladenen Gästen vor und führte

Bristol Bar

↖ Mächtige dorische Halbsäulen aus Stuckmarmor dominieren die ovale Lobby mit der Rezeption.

↑ Nobles historisches Ambiente: Die Bristol Lounge beeindruckt durch ihre prachtvolle Edelholzvertäfelung und die Spiegelfelder mit Messingdekor.

← Der Charme der Belle Époque ist allgegenwärtig: Deluxe-Gästezimmer.

Fin-de-Siècle-Treffpunkt der Reichen und Noblen: Speisesaal des alten Hotel Bristol. Sidney Jones komponierte hier »The home of waltzes«. Gemälde von Hans Stalzer, 1910.

selbst durch die Räumlichkeiten; er erntete »gerechte Bewunderung« (*Dillinger's Reisezeitung*, 1. Juli 1892). Das Kalkül ging auf, das Bristol erfreute sich rasch großer Nachfrage beim vornehmen Publikum.

Kührer wälzte jedoch bald schon neue Pläne: Im Sommer 1894 eröffnete er in der Währinger Straße 22 das riesige Restaurant »Newaldhof«, das Platz für 500 Personen bot; für das Hotelgeschäft blieb da kaum mehr Zeit, und so verkaufte er das Bristol noch im selben Jahr an Carl Wolf, den Besitzer der Alt-Pilsenetzer Bierhalle und Mitgesellschafter einer Bierbrauerei (siehe dazu auch das Kapitel über das Hotel Regina). Inzwischen hatte sich gezeigt, dass die 80 Zimmer für ein Hotel dieses Anspruchs zu wenig waren, und so entschieden sich Wolf, der bereits bei der Finanzierung des ersten Hotelbaus mitgeholfen hatte, und seine Hotelfachleute 1898 für die Expansion – das Hotel Bristol übernahm die Nachbarhäuser: das Gebäude Kärntner Ring 5, das sogenannte Hoyos-Sprinzensteinsche Majoratshaus, und das Wohnhaus Kärntner Ring 3. Man ließ diese von den Architekten Emil Bressler (auch: *Breßler* oder *Brehsler*) und Gustav Wittrisch umbauen. Nach dem Umbau wies das Bristol 235 Zimmer auf, besaß einen großen Speisesaal mit Platz für 150 Gäste und einen Frühstücksraum mit 70 Sitzplätzen sowie mehrere kleinere öffentliche Säle.

The Home of Waltzes

Nach dem Tod von Carl Wolf (1904) übernahm sein Bruder Arthur Wolf die Leitung des Hotelgeschäfts. Er und sein Hoteldirektor Eduard Wilhelm Bertsch machten das Bristol endgültig zur »modischen Residenz der Elite der europäischen und amerikanischen Gesellschaft, gelegen im zentralsten und bequemsten Teil der Stadt«, wie in einem Reiseführer zu lesen war. Im Herbst 1900 war etwa der britische Operettenkomponist Sidney Jones im Bristol zu Gast, der mit seinem Welterfolg *Die Geisha* auch in Wien viele Fans gewonnen hatte. Jones war zur Premiere seines neuen Stücks *San Toy* am Carl-Theater nach Wien gekommen und erzählte dem Reporter der *Neuen Freien Presse* von seinem Aufenthalt im Bristol: »Der süße Reiz Ihrer Walzerrhythmen ist ansteckend. Ich habe gestern im Speisesaal des ›Hotel Bristol‹, angeregt durch die Strauß'schen Weisen, welche die Drescher-Capelle so flott spielte, einen kleinen Walzer hingeworfen; ich werde ihn ›The home of waltzes‹ nennen, zur Erinnerung an die schönen Tage, die ich hier an der schönen blauen Donau verlebt« (*Neue Freie Presse,* 11. November 1900). Anlässlich des Besuchs von Sidney Jones erlebte das Hotel, wie das Blatt schrieb, einen ersten Starrummel: »Groß ist die Zahl der Besucher, die täglich im ›Hotel Bristol‹ vorsprechen, noch größer jene der Briefe, welche Bitten um seine Photographie, um sein Autogramm, sowie Anerbietungen aller Art enthalten.«

Samuel Schallinger übernimmt das Ruder

1913 wagte das Hotel den nächsten großen Schritt: Die Häuser Kärntner Straße 53 und Kärntner Straße 55 wurden in den Hotelkomplex eingebunden und nach Plänen von Ladislaus Fiedler und Pietro Palumbo umgebaut. Erworben wurden auch das Haus Kärntner Ring 1, das abgerissen und durch einen Neubau ersetzt wurde, und das Gebäude Mahlerstraße 2. Die treibende Kraft dieses imposanten Unternehmens war ein Mann, der von nun an die Geschicke des Hauses mitbestimmen sollte: der Bauunternehmer Samuel Schallinger. Seine Firma »S. & W. Schallinger«, die er zusammen mit seinem Bruder, dem Baumeister Wilhelm Schallinger, leitete, führte die Um- und Erweiterungsbauten durch und sorgte für die Finanzierung; der aus Florenz stammende Architekt Pietro Palumbo (1877–nach 1928) war mit Wilhelm Schallinger gut bekannt – beide waren Vorstandsmitglieder des noblen »Wiener Automobil-Clubs«. Palumbo musste Wien nach dem Eintritt Italiens in den Ersten Weltkrieg (1915) verlassen und konnte der Neueröffnung des Hotels nicht mehr beiwohnen.

Im Frühjahr 1916 wurde der Betrieb im »Neuen Bristol« aufgenommen. Der gesamte Hotelkomplex reichte nun von der Akademiestraße bis zur Kärntner Straße (Kärntner Ring 1–7), die bis 1898 errichteten Bauten wurden »Altes Bristol« genannt; beide Häuser waren durch Durchgänge im Untergeschoss und im Erdgeschoss miteinander verbunden. Der Jubel über den neuen »herrlichen Hotelpalast« war groß; so meinte *Sport & Salon,* die »illustrirte Zeitschrift für die vornehme Welt«, in der Ausgabe vom 22. April 1916, dass der Erweiterungsbau »alles bisher auf diesem Gebiet Bestehende in den Schatten« stelle und »eine Sehenswürdigkeit unserer Stadt« bilde. Die Firma S. & W. Schallinger habe sich damit »selbst übertroffen und ein Werk zustande gebracht, das uneingeschränkte Bewunderung verdient und in allen seinen Details ebensosehr wie in dem Gesamteindruck etwas wahrhaft Vollendetes darstellt«. Detailliert schilderte die Zeitschrift die stilvoll-moderne Ausstattung der Zimmer, beschrieb »ingeniöse Vorrichtungen« wie das »interurbane Telephon in jedem Zimmer« oder die »elektrischen Lichtsignale zum Personal, die ohne jedes ärgerliche Geklingel die dienenden Geister herbeirufen«, und vergaß auch nicht auf die »wunderschönen Kamine« in den Salons.

Der Zeitpunkt der Neueröffnung hätte ungünstiger nicht sein können: Durch den Krieg brach ein Großteil des internationalen Publikums weg, mit dem Untergang der Monarchie im Herbst 1918 schwanden auch die Gäste aus den ehemaligen Kronländern. Dennoch schaffte es das Hotel Bristol, sich über Wasser zu halten, und schließlich fand man auch eine Lösung, um zu neuem, dringend benötigtem Geld zu kommen: Am 24. Februar 1921 erfolgte die Gründung der »Hotel Bristol AG«. Samuel Schallinger trat als Aktionär in diese Hotelgesellschaft ein. Es kam zur Vereinigung von Altem Bristol und Neuem Bristol, Samuel Schallinger wurde Generaldirektor. Insgesamt hatte man 289 Zimmer mit 402 Betten sowie 204 private Badezimmer anzubieten, eine Dimension, mit der man im Ringen mit den anderen großen Ringstraßenhotels absolut konkurrenzfähig war. Die Konstruktion hielt bis zur Wirtschaftskrise zu Beginn der 1930er-Jahre. Ab 1934 hielt die Creditanstalt-Bankverein die Mehrheit an den Aktien, Samuel Schallinger war der zweitgrößte Aktionär.

Die Nachkriegswirren beeinträchtigten auch die einst so gefeierten Luxushotels am Ring, wie z. B. die Ereignisse vom »Spiegelscheiben-Tag« (1. Dezember 1921) erkennen lassen: Aus Protest gegen die massive Teuerung bei Lebensmitteln traten die Metallarbeiter der Fabriken in Floridsdorf und Stadlau in den Streik. Sie versammelten sich zu einem Demonstrationszug und marschierten in die Innere Stadt, etwa 30.000 Menschen nahmen teil. Auf dem Weg zum Parlament, wo sie einen Forderungskatalog überreichen wollten, zerschlugen sie die Scheiben der Kaffeehäuser im zwanzigsten und im zweiten Bezirk, später auch die der Ringstraßencafés. Nach Auflösung der Demonstration durch die Polizei kam es zu Ausschreitungen, die Demonstranten devastierten Cafés, Geschäfte und Hotels, darunter auch das Bristol, das Sacher und das Hotel Imperial.

Der Jackie-Rummel

Das Hotel Bristol blieb seiner Linie konsequent treu, bald konnte man wieder Stars und Prominente aus aller Welt begrüßen. Hollywood durfte da nicht fehlen.

Heute fast vergessen, war er vor einem Jahrhundert ein großer Star: Jackie Coogan, der blonde Junge aus Charlie Chaplins Filmklassiker *The Kid* (1921). 1924 hielt es sein Management für angemessen, ihn für eine Werbetour nach Europa zu schicken. Jackie durfte dem Papst und Mussolini, in Budapest Miklós Horthy und in Wien Bundespräsident Michael Hainisch die Hände schütteln, seine Fans waren überall in heller Aufregung. Jackie Coogan bewohnte mit seinen Eltern und seiner Begleitung im Bristol die Zimmer Nr. 170 bis 177; eine Wache wurde aufgestellt, die alle unerwünschten Besucher fernzuhalten hatte. Der Reporter der *Illustrierten Kronen-Zeitung* schaffte es aber dennoch bis zum »nunmehr historischen« Zimmer Nr. 177: »An der Tür kommt uns Papa Coogan mit gutgespielter Herzlichkeit entgegen. Er ist ein hoher, schmächtiger Mann in mittleren Jahren, mit schütterem rötlichen Haar und einem blonden ›Kotbürstchen‹ unter der Hakennase. Typus: Varieté-Artist. Im Salon herrscht noch große Unordnung: auf den Möbeln die hastig abgelegten Ueberkleider der Familie, Handkoffer, Taschen usw. Der große Tisch ist mit Blumensträußen, Schachteln, Briefen, Visitkarten und Düten (sic) mit Süßigkeiten – durchwegs Liebesgaben der Wiener ›Untertanen‹ – vollbeladen. Die Tür zum Balkon steht halb offen und von der Straße braust der Lärm der Coogan-Verehrer herauf.

Der Vater lacht glücklich und zufrieden, dann ruft er, den Straßenlärm übertönend: ›Jackie, come along!‹, und im nächsten Augenblick hüpft schon das neueste Weltwunder, das populärste Kind des Erdballs, der ungekrönte kleine König des weltumspannenden Filmreiches, zur Tür herein – in seiner vollen Lebensgröße! Oder besser gesagt: Lebenskleinheit! Denn Jackie Coogan ist in Wirklichkeit noch viel zarter und kleiner, als er auf seinen letzten Filmbildern erscheint« (*Illustrierte Kronen-Zeitung*, 15. Oktober 1924). Jackie erzählte dem *Krone*-Reporter »mit seinem entzückenden Kopfverdrehen und schelmischen Augenzwinkern« von »Rom, Marmelade, Eiffelturm, Seekrankheit, Papst, Akropolis, Mussolini, Magenweh, Gelsendippel und Ringelspiel«, dann stürmte er auf den Balkon, um sich der Menge zu zeigen, die nach ihm rief.

»Bis in die späten Nachtstunden blieben die Neugierigen vor dem Hotel Bristol stehen, um den kleinen Amerikaner mit der blonden Pagenfrisur zu sehen. Jackie wünschte den Wienern um 10 Uhr abends ›Gute Nacht‹, grüßte zum letzten Mal vom Balkon, winkte noch einmal und dann wurde er von der unbarmherzigen Gouvernante, die so streng aussieht wie eine Miss nur

»The Kid« in Wien: Kinderstar Jackie Coogan, das »populärste Kind des Erdballs«, wurde bei seinem Aufenthalt im Bristol (1924) von den Fans umlagert.

Im Jahr 1930 ließ die Hotelleitung das Haus für Werbezwecke neu fotografieren: die damalige »Große Halle«.

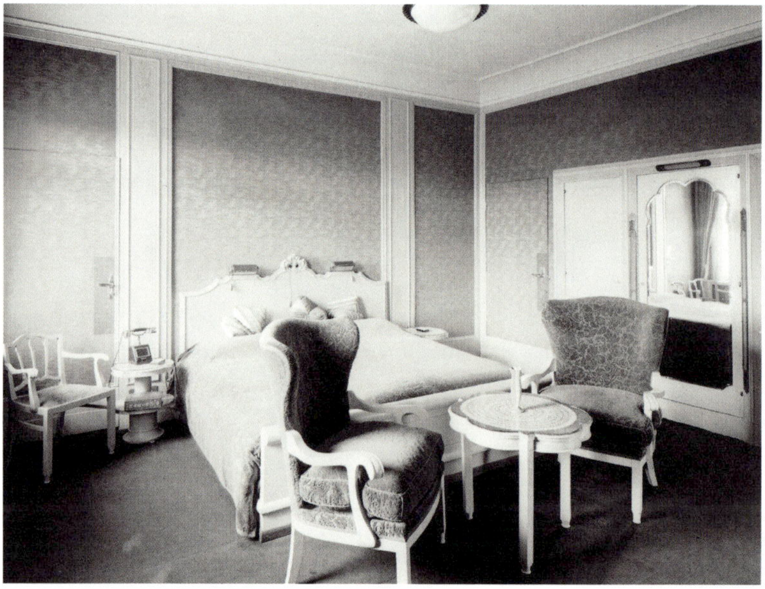

Unmittelbar neben dem Bett gab es jetzt das elegant designte Telefon: Ansicht eines Schlafzimmers aus der Werbekampagne von 1930.

aussehen kann, ins Bett gelegt« (*Die Stunde,* 15. Oktober 1924).

Für den nächsten Tag war eine Rundfahrt durch Wien geplant. Als Jackie Coogan, der »in seinem engen blauen Matrosenanzug mit eingeknöpfter Bluse« nach Meinung des Reporters wie »ein Prinz« aussah, um 10.30 Uhr ins Auto steigen wollte, »wurde er auf der Straße von einer riesigen Menschenmenge erwartet, die es unmöglich machte, daß sich das Auto in Bewegung setzen konnte. Die Polizei mußte einschreiten. Nach längeren Bemühungen gelang es, den Weg frei zu machen. Die Menge brachte dem Kleinen stürmische Ovationen dar.«

Um 12 Uhr gab »Jackie Coogan die erste Audienz«: »Wie ein großer Staatsmann hatte er die Vertreter der Wiener Tagespresse zu einer Konferenz zusammenberufen, denen er sich mit seiner kindlichen Naivität und Kinograzie repräsentierte. Sein Manager hielt sich zu Auskünften bereit. Wer aber den schönen, blonden Jungen sah, der braucht nichts mehr zu fragen. Und die Biographie des kleinen Jackie Coogan ist mindestens ebenso bekannt, wie die Lebensdaten des Exkaisers Wilhelm« (*Die Stunde,* 15. Oktober 1924).

Das Programm an diesem Tag: eine Fahrt in den Prater, ein Besuch in einem Waisenhaus, um »den armen Kindern Geschenke« zu überbringen, am Abend eine dem Jungen zu Ehren veranstaltete Festvorstellung im Zirkus Busch-Kino. Am nächsten Tag, dem 16. Oktober 1924, absolvierte Jackie zusammen mit seinem Vater den Besuch beim Bundespräsidenten am Ballhausplatz. Michael Hainisch bedankte sich für die »großen Leistungen« der USA für »darbende österreichische Kinder«. Jackie Coogan seinerseits, so scherzte *Die Stunde,* hätte Interesse für den »Ausbau der steirischen Wasserkräfte« und die »Sanierung der Depositenbank« gezeigt (*Die Stunde,* 16. Oktober 1924).

Dem Kinderstar aus Hollywood folgten viele andere Größen aus England und aus den USA – so stieg 1928 auch der damals 30-jährige George Gershwin im Bristol ab und arbeitete dort an seinem Klassiker *An American in Paris,* der am 13. Dezember 1928 in der Carnegie Hall uraufgeführt werden sollte. Für das Thema »Jazz« war das Hotel im Übrigen besonders aufgeschlossen – so übertrug Radio Wien am 22. Januar 1928 das Konzert einer Jazzband im »Grill-Room« des Bristol.

King Charming und die unsichtbare Wallis Simpson

8. Februar 1935. Zwei illustre Fahrgäste, bald die Lieblinge der Klatschpresse, stiegen am Westbahnhof aus dem Salonwagen: Englands Thronfolger Prinz Edward und seine verheiratete Freundin Wallis Simpson, Gattin des britischen Unternehmers Ernest Simpson. Die beiden waren in Kitzbühel zum Schifahren gewesen und hatten sich dort mit Kitty und Eugen Rothschild getroffen (Roman Sandgruber, *Pretty Kitty und die Frauen der Rothschilds*), jetzt wollten sie noch Wien einen Besuch abstatten.

Am Bahnsteig wurden sie vom britischen Gesandten Sir Walford Selby und seinen Mitarbeitern begrüßt, dann ließen sie sich zum Hotel Bristol fahren und checkten ein – zehn Zimmer waren für die beiden und ihre Suite gerade genug. In Begleitung des Prinzen und seiner Freundin befanden sich »der Earl und die Countess of Carrick, Capt. Bruce Ogilvy und Mrs. Ogilvy sowie

Commander Dugdale«. Der Prince of Wales achtete auf strengstes Inkognito, Wallis Simpson blieb dagegen überhaupt unsichtbar – ihre Existenz wurde von den Zeitungen eisern verschwiegen. So konnte man alles über Edward lesen, nichts über seine Geliebte: Der britische Thronfolger besuchte Schönbrunn und die Hofburg und stattete dem Bundespräsidenten Wilhelm Miklas einen Besuch ab. Nach einem Spaziergang durch Graben und Kärntner Straße nahm er im Hotel Sacher den Tee ein. Am Abend soupierte der Prinz mit seinen Begleitern – und wohl auch mit Wallis – bei den »3 Husaren« und setzte den Abend in der »Femina« in der Johannesgasse 1, fort; dann ging es noch auf einen Sprung in die Kaiserbar, wobei sich der Prinz, wie das *Wiener Salonblatt* am 24. Februar berichtete, »als brillanter Walzertänzer erwies«.

Mit dem strengen Inkognito dürfte es niemand so genau genommen haben, denn am nächsten Tag veranstaltete die Spanische Hofreitschule für Edward eine Sondervorführung, wobei er »für diese edelste Blüte der Reitkunst« das »höchste Interesse« bekundete. Am Nachmittag gab Sir Walford Selby einen Tee für seinen zukünftigen König, zu dem auch Bundespräsident Wilhelm Miklas, Vizekanzler Ernst Rüdiger Starhemberg und Außenminister Egon Berger-Waldenegg geladen waren. Am Abend speisten Edward und Wallis wieder bei den »3 Husaren«.

Am dritten Tag führten die Wiener Vizebürgermeister Lahr und Dr. Kresse durch einige Wohnhausbauten, am Nachmittag erfolgte die Abreise nach Budapest. Für Edward gab es auch noch ein passendes Geschenk: das Buch *Tiroler Kaiserjäger im Weltkrieg* von Guido Jakoncig.

Am 7. September 1936 trafen Edward und Wallis, von ihrer Sommerreise auf der Dampfyacht *Nahlin* im östlichen Mittelmeer kommend, neuerlich in Wien ein. Edward, seit Januar des Jahres König Edward VIII., reiste wieder inkognito, diesmal als Herzog von Lancaster. Und wieder blieb Wallis in den Zeitungen unsichtbar. Begleitet wurde Edward offiziell von seinem Adjutanten Sir John Aird und von Lord Sefton. Pflichtgemäß absolvierte der König den Besuch bei Wilhelm Miklas, doch mehr Freude bereitete ihm sicherlich der Ausflug zum Golfspiel im Country Club in Lainz. Als er »einige Arbeiter beim Grasmähen sah, nahm er selbst«, wie das *Wiener Salonblatt* am 20. September 1936 berichtete, »eine Sense und mähte eine Viertelstunde lang«.

Am 10. September stand ein Jagdausflug nach Trumau auf dem Programm, dem Jagdrevier von Sir Walford Selby, »wo der König eine stattliche Anzahl Rebhühner zur Strecke brachte. Der kgl. Jäger trug hiebei ein Jagdgewand nach österreichischer Jägerart und einen Jägerhut mit Gamsbart.« Am nächsten Tag folgte Edward nach einem Gespräch mit Bundeskanzler Schuschnigg zusammen mit Wallis einer Einladung seiner Freunde Eugen und Kitty Rothschild nach Schloss Enzesfeld, wo man das Déjeuner einnahm. Dann fuhren die beiden Paare im offenen Jagdwagen zum Golfplatz und spielten eine Runde; zurück in Wien und nach einem »Privatbesuche« (*Wiener Salonblatt*, 20. September 1936) schaffte es der König zum letzten Akt der *Götterdämmerung* in der Staatsoper.

Noch ahnte Edward wohl nicht, dass er in wenigen Monaten bereits wieder in Wien und Enzesfeld sein würde – allerdings nicht mehr als König. Dafür würde Wallis, seine große Liebe, nun endlich sichtbar werden, die Welt würde das Schicksal der beiden verfolgen.

Die eindrucksvolle »Prince of Wales Suite«, gelegen an der Sirk-Ecke gegenüber der Staatsoper, erinnert an die Aufenthalte von *King Charming* im Bristol.

Powidltheorie

Joseph Roth, der sein Vaterland, die österreichisch-ungarische Monarchie, verloren hatte, fand in den Hotels Europas eine neue Heimat. Aus dem Untertanen des Kaisers wurde der »Hotelbürger«. Er hatte, wie sein Freund Hermann Linden später schrieb, »nirgendwo eine Wohnung, kein Haus, kein möbliertes Zimmer. Das Hotel war seine Wohnung. ... In den kleinen Hotelzimmern, in der unpersönlichen Umgebung konventioneller Hotelbehaglichkeit saß er, der Schilderer österreichischer Kaiserpracht« (Hermann Linden, *Tage mit Joseph Roth*). So wie der Hotelbewohner Peter Altenberg brauchte auch Joseph Roth, der seine Texte mit goldener Füllfeder schrieb, keinen Schreibtisch, es genügte ihm die »Marmorplatte des Nachtschränkchens«.

Hatte er sich mit einem Hotel angefreundet, so kehrte Roth, der wusste, dass er »ewig heimatlos war und sein würde« (Irmgard Keun, *Wenn wir alle gut wären*), immer wieder dorthin zurück. Auf diese Weise schuf sich der »Zivilisationsnomade« (Hermann Linden, *Tage mit Joseph Roth*) auf seinen ruhelosen Reisen durch Europa, einer »Flucht ohne Ende«, ein Netz von Hotel-Domizilen, die ihm zum Ersatz für das fehlende Zuhause wurden. Neben dem Hotel Foyot in der Rue de Tournon in Paris, das er gerne als seinen »ordentlichen Wohnsitz« angab, gehörten dazu das Nautique in Marseille, das er wie ein »Vaterland« liebte (Joseph Roth, *Ankunft*

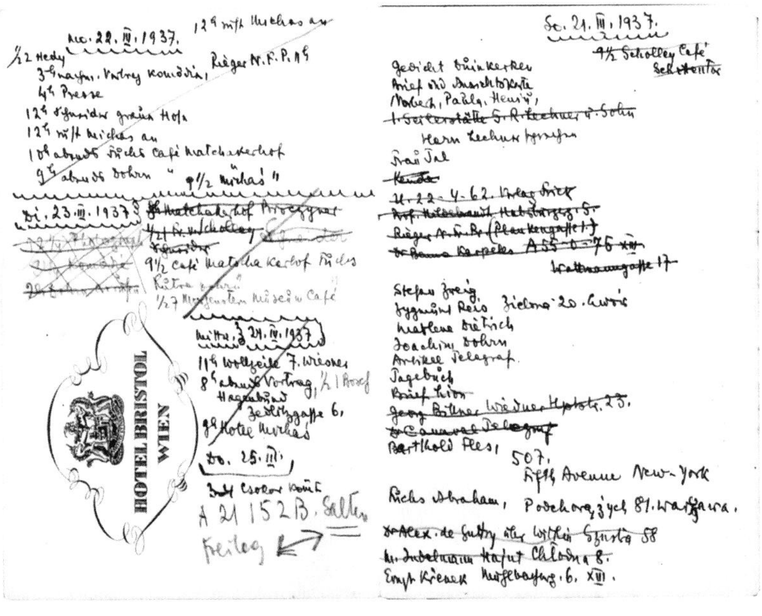

»Hotelbürger« Joseph Roth, Stammgast im Bristol, notierte seine Termine mit Journalisten, Freunden und Verlegern fein säuberlich auf Briefpapier des Hotels. Für den 21. März 1937 war ein Treffen mit Stefan Zweig vorgesehen. Joseph Roth Collection, Leo Baeck Institute, New York.

im Hotel), der Englische Hof in Frankfurt am Main, das Hotel am Zoo in Berlin und nicht zuletzt auch das Hotel Bristol in Wien. Etliche »Meldezettel für Reisende« dokumentieren die Aufenthalte Roths im Bristol.

Joseph Roth war, wie die Zeitgenossen einstimmig bezeugten, ein trauriger Mensch. Ja, Irmgard Keun, seine Geliebte und Reisegefährtin in den Jahren 1936 bis 1938, hatte sogar, als sie ihn das erste Mal sah, »das Gefühl, einen Menschen zu sehen, der einfach vor Traurigkeit in den nächsten Stunden stirbt«. Dennoch konnte er auch ausgiebig lachen, wie die folgende Episode zeigt: Als sich Joseph Roth im Herbst 1937 wieder einmal in Wien aufhielt, kam es in der Bar des Hotel Bristol zu einem denkwürdigen Treffen mit seinen beiden Freunden Stefan Zweig und Soma Morgenstern. Morgenstern, sein galizisch-jüdischer Landsmann, der damals noch in Wien wohnte und Roth seit 1934 nicht mehr gesehen hatte, war über dessen Aussehen »erschüttert«: Er hätte »wie ein sechzigjähriger Säufer« ausgesehen und den »Eindruck eines vornehmen, wenn auch verkommenen österreichischen Aristokraten alten Stils« gemacht. Die drei Autoren hatten sich für vier Uhr nachmittags verabredet, tranken ausgiebig Hennessy und sprachen, wie hätte es anders sein können, über Schuschnigg, den Roth nur »Schuschnjak« nannte, Chamberlain und Hitler und über das mögliche Verhalten Englands und Frankreichs im Fall eines »Vorgehens« des Dritten Reichs gegen Österreich. Dann erzählte Stefan Zweig, dass er eine Einladung zur Jause bei Sigmund Freud hätte, er könne daher nicht mehr lange bleiben. Das Wort »Jause« provozierte, wie Soma Morgenstern später schildern sollte, den Hohn Joseph

Die Welt der Hotels wurde ihm zum »Vaterland«: Joseph Roth, 1935 im Pariser Exil. The Josef and Yaye Breitenbach Charitable Foundation, New York.

Die Geliebte und Reisegefährtin Joseph Roths in den Jahren 1936 bis 1938: Irmgard Keun. © Margaret S. Travers.

Roths, schließlich kam es zum Streit über Freuds Werk *Der Mann Moses und die monotheistische Religion,* dessen aufsehenerregende einleitende These – Moses sei nicht Jude, sondern Ägypter gewesen – bereits vor Erscheinen der Studie (1939) bekannt war und diskutiert wurde. Roth, der die Hilflosigkeit der Ärzte angesichts der Geisteskrankheit seiner Frau Friedl erlebt hatte, schockte seine Freunde mit einem polemischen Urteil: Die Theorie Freuds, dass Moses Ägypter gewesen sei, sei eine »Powidltheorie«, bei dem Werk handle es sich »um ein altersschwaches Powidlbuch«. Von Freud kam man auf Karl Kraus und Dreyfus zu sprechen, und schließlich landete man wieder bei der Politik. Ein Scherz von Roth, Zweig wollte bereits aufbrechen, löste die Spannung: Er möge doch beim »Meister« erwirken, dass er nicht noch eine Theorie präsentiere, nämlich die, dass Hitler jüdischer Abstammung sei – ein wahres Lachgewitter war die Folge: »Eine lange Weile hielten wir einander an den Händen, und wir lachten in brüderlicher Vereinsamung gegen die ganze Welt, die es kaum ermessen wird, wie viel Lächerlichkeit in der fast herzigen Vorstellung eines Mannes liegt, der glaubt, er könne den Juden ihren Moses wegnehmen … Das da war das heilige Lachen Joseph Roths« (Soma Morgenstern, *Joseph Roths Flucht und Ende*).

Anton Kuh, der Hotelflitzer

Der Bohemien Anton Kuh war »Hotel-Jahresmieter« seit seinem 17. Lebensjahr. Die Welt der fashionablen Luxushotels war sein Lebenselixier, mit dem Drehbuch zum Stummfilm *Hotelgeheimnisse* (1929) setzte er ihr ein Denkmal. Regisseur des Streifens war Friedrich Fehér, die Hauptrollen spielten Angelo Ferrari und Magda Sonja. Das Hotel wurde zur Kulisse: »Geheimes Leben regt sich im Dunkel der Nacht – schwarze Schatten huschen über die Hotelgänge – Türen öffnen sich lautlos – Laternen blitzen auf. – Irgendwo lauert eine schöne Frau auf ihr Opfer … drohend erhebt sich der Revolver in der Hand einer vermummten Gestalt – Die Hyänen der Nacht sind an der Arbeit« (zitiert nach Walter Schübler, *Anton Kuh*).

Im März 1937 war Anton Kuh, der in diesen Tagen »mit der Frequenz eines Schlafwagenschaffners zwischen Wien und Prag pendelte« (Walter Schübler, *Anton Kuh*), wieder einmal in der österreichischen Hauptstadt. Er liebte den »Ständestaat« nicht, mit seiner Entstehung sei, wie er in *La fin de Vienne* meinte, die »letzte Bastion der Zivilisation in Zentraleuropa« gefallen und der Untergang des »Leben und Lebenlassen« besiegelt; dennoch kam er offenbar nicht ungern in die Stadt, in der er einst Karl Kraus denkwürdige Gefechte geliefert hatte. Die Frage nach der Hotelunterkunft war noch ungeklärt, da fügte es sich, dass Kuh im Café seines Lieblingshotels Bristol seinen alten Bekannten Joseph Roth und dessen Freundin Irmgard Keun traf. Wie er von den beiden erfuhr, hatten sie getrennte Einzelzimmer nehmen müssen, da ein Doppelzimmer nicht mehr verfügbar gewesen war. Kuh konnte Roth zwar nicht leiden, das hinderte aber den genialen Schnorrer – Irmgard Keun attestierte ihm auf diesem Gebiet »Weltklasse« – nicht daran, seine Chance wahrzunehmen: Er bat Roth, ihm doch sein Zimmer zu überlassen, er könne ja in jenes seiner Freundin übersiedeln. Joseph Roth, die Gutmütigkeit in Person, willigte ein, die Gratis-Übernachtung war für Kuh perfekt. Eine etwas unge-

Opulenter Jugendstil: der Eingang zum Café Bristol im Jahr 1910.

Verlorenes Kulturerbe: das »Fürstenzimmer« im »Alten Bristol«, Kärntner Ring 7, das im Zweiten Weltkrieg zerstört wurde. Foto, 1930.

wöhnliche Vorliebe wurde dem Sparmeister jedoch zum Verhängnis: Kuh, der Exzentriker, lief gerne nackt durch die Korridore, und so gönnte er sich auch diesmal einen kleinen Ausflug im Adamskostüm – sehr zum Schrecken eines arglosen Zimmermädchens, das den Flitzer prompt bei der Direktion meldete. Anton Kuh wurde mit Rücksicht auf die Reputation des Hauses umgehend hinauskomplimentiert; wo er die restliche Nacht verbrachte, ist nicht dokumentiert. Kuh ging aber nicht, ohne noch einmal gegen Joseph Roth nachzutreten. Irmgard Keun: »Das letzte Wort, das Kuh mir zu sagen hatte, war: ›Roth sieht wie die vollgefressene Agonie aus‹« (zitiert nach David Bronsen, *Joseph Roth*). Wie Walter Schübler vermutet, könnte der spätere Wechsel Kuhs vom langjährig bevorzugten Hotel Bristol ins Hotel Beatrix mit diesem von Irmgard Keun überlieferten Ereignis zusammenhängen:

Insgesamt sind von Anton Kuh gleich 41 »Meldezettel für Reisende« erhalten, jene aus dem Hotel Bristol reichen bis zum Juni 1937, jene aus dem Hotel Beatrix vom Januar 1935 bis zum Februar 1938.

Wie Irmgard Keun später in einem Interview Joseph Roths Biografen David Bronsen erzählte, war das Zusammenleben mit dem Schriftsteller in diesen Tagen bereits äußerst mühsam. Roth, »in jeder Hinsicht eifersüchtig«, hätte sie am liebsten keinen Augenblick aus den Augen gelassen, erschreckende »Aussetzer« wären immer häufiger geworden: »Nachts im Hotelzimmer schaute er mich einmal mit schweifendem Blick und in einem Zustand furchtbarer Beängstigung an und fragte dringend: ›Wo ist die Frau Keun?‹ Ich brüllte ihn an: ›Frau Keun ist unten im Restaurant und Sie sollen schlafen gehen!‹ Am nächsten Tag schien er sich des Vorfalls nicht zu erinnern, und ich habe auch nichts davon erwähnt« (zitiert nach David Bronsen, *Joseph Roth*). Im Januar 1938 verließ Irmgard Keun in Paris Roth mit »einem tiefen Seufzer der Erleichterung«.

»Hotelflitzer« und notorischer Schnorrer: Anton Kuh, 1932 fotografiert von Albert Hilscher im Theater in der Josefstadt.

Großbürgerliche Solidität verband sich mit Elementen des Art déco: Gesellschaftsraum des Bristol im Jahr 1930.

Der imposante Marmorkamin und die gewundenen ionischen Säulen sind bis heute der Mittelpunkt der Bristol Lounge. Foto, 1930.

Die Creditanstalt und die »Arisierung«

Bereits vor dem sogenannten »Anschluss« war die wirtschaftliche Lage des Hotel Bristol nicht die beste; nach der Machtübernahme der Nazis im März 1938 spitzte sich die Situation weiter zu. Zunächst einmal wurde »arisiert« – alle jüdischen Mitglieder des Verwaltungsrates und Geschäftsführer Samuel Schallinger wurden aus dem Handelsregister gelöscht, an ihre Stelle berief man Parteigenossen wie Ernst Hoffmann, Obersturmbannführer der Waffen-SS, oder Hermann Klimpfinger, der sich am Juliputsch 1934 beteiligt hatte. Samuel Schallinger wurde verhaftet, sein Aktienpaket – noch 6 Prozent der Gesamtaktien umfassend – wurde von der Gestapo beschlagnahmt. Es gelangte schließlich an die für »Großarisierungen« zuständige Kontrollbank und wurde von dieser im Jahre 1940 für 180.000 Reichsmark an die Creditanstalt verkauft. Samuel Schallinger, der den Aufstieg des Hotelunternehmens ermöglicht und begleitet hatte, wurde 1942 nach Theresienstadt deportiert und starb dort am 11. Januar 1943. Für seinen Lebensunterhalt hatte die Kontrollbank einen monatlichen Betrag von 300 Reichsmark genehmigt.

Wie Ulrike Zimmerl gezeigt hat, hatte die Creditanstalt einen Plan zur Sanierung des Hotels, dessen Schulden mit 30. September 1938 mit etwa 1,6 Millionen Reichsmark angegeben wurden: Das Hotel Imperial, das ebenfalls im Besitz der Bank stand, sollte verkauft und zu einem Bürohaus umgebaut werden, mit dem Erlös wollte man das Bristol sanieren. Für den »Führer« sollte das Schloss Belvedere als Quartier adaptiert werden, womit Hitler aber nicht einverstanden war. Ein »Führerbefehl« vom August 1941 verbot »jegliche Umwidmung von Hotels in Bürogebäude«. Was zu diesem Zeitpunkt noch niemand wusste: Hitler sollte nie wieder nach Wien kommen.

In beiden Hotels hatte inzwischen im Juli 1938 die Creditanstalt den Hotelfachmann Erhard Hammerand, dessen Eltern bis 1928 das Hotel Hammerand in der Florianigasse 8 in der Josefstadt geleitet hatten, als neuen Geschäftsführer eingesetzt. Hammerand, ein Nazi der ersten Stunde, der bereits von 1924 bis 1931 im Hotel tätig gewesen und von Schallinger gekündigt worden war, stieß jedoch auf den Widerstand des Hotelpersonals, das ihm vorwarf, »asozial« zu sein und sich »überhaupt nicht fachmännisch zu verhalten« (Ulrike Zimmerl, *Exkurs: Die Wiener Ringstraßenhotels Bristol und Imperial während der NS-Zeit*). Tatsächlich war das Hotel, von der Wiener Städtischen Versicherung bereits teilweise als Bürogebäude genutzt, 1941 ein Sanierungsfall. Erhard Hammerand wurde abberufen, mit 1. April 1941 wurde Franz Krisper zum neuen Geschäftsführer bestellt. Krisper hatte seine Fähigkeiten als Hotelmanager im Grand Hotel bewiesen, das 1940 mit dem »Gaudiplom« ausgezeichnet worden war. In einem Gedächtnisprotokoll vom 20. Juni 1941 schilderte Krisper die wenig erfreuliche Situation: »Der V. Stock im Bristol ist

An der Sirk-Ecke, einst der Beginn des Ringstraßenkorsos, prangte nach dem »Anschluss« der deutsche Reichsadler mit dem Hakenkreuz. Die Sirk-Ecke wurde zum »Deutschen Eck«. Foto: Votava, um 1938.

eine Selchküche, die Böden verrottet und verfault, die Bäder und Waschangelegenheiten eine ausgesprochene Schweinerei und die Toiletten in einem erbarmungswürdigen Zustande; ... Die Prunkräume im I. Stockwerke sind total versaut. – Die Hilfsküche im Mezzanin mit den anschließenden Wirtschafts- und Gefolgschaftsräumen ein ›Europäischer Skandal‹. Die Möbel, Ottomanen und Teppiche sind vollkommen vermottet; die Umkleideräume der Angestellten sind das Unhygienischste, das man sich nur vorstellen kann; die Sprüche, die dort stehen, muten wie ein guter ›Witz‹ an« (zitiert nach Ulrike Zimmerl, *Exkurs: Die Wiener Ringstraßenhotels Bristol und Imperial während der NS-Zeit*).

Mit der Entlassung Hammerands, der 1945 verhaftet und wegen Verstoßes gegen das »Verbotsgesetz« und § 6 des Kriegsverbrechergesetzes vor Gericht gestellt wurde, beruhigte sich zwar das Geschehen im Hotel, der Bombenkrieg traf das Bristol jedoch schwer: Das Stammhaus am Kärntner Ring Nr. 7 wurde im Frühjahr 1945 zerstört. 1954 bis 1957 wurde an dieser Stelle ein vom Architekten Carl Appel geplantes modernes Bürohaus errichtet, in das die Firma Steyr-Daimler-Puch einzog. 1987 brannte es völlig aus, an seiner Stelle wurde der »Kärntnerringhof« erbaut.

Zehn Jahre Besatzungsmacht

Im intakten Teil des Alten Bristol bezogen unmittelbar nach Kriegsende sowjetische Offiziere Quartier, der Hotelbetrieb musste – wie auch im Imperial – eingestellt werden. Die Creditanstalt beschwerte sich daraufhin bei Bürgermeister Theodor Körner, der gebeten wurde, sich für die Rückgabe der beiden Hotels einzusetzen – ein Ansinnen, das keine Chance auf Erfolg hatte. Das Bristol wurde der Interalliierten Zone zugeteilt, ab 15. September 1945 war es in der Hand der US-Besatzungsmacht; die US-Hochkommissare und Botschafter Walter J. Donnelly (bis 1952) und Llewellyn E. Thompson, ab 1955 US-Botschafter in der Sowjetunion, hielten dort Hof. Das *Grand Hotel* Bristol am Ring wurde zur Drehscheibe der amerikanischen Besatzungspolitik.

Die Hotel Bristol AG existierte weiter; zum öffentlichen Verwalter wurde vom Staatsamt für Industrie, Gewerbe, Handel und Verkehr per Dekret vom 22. Juni 1945 Felix Primus bestellt. Primus, der schon vor 1938 für den Betrieb des Hotel Bristol verantwortlich gewesen war, hatte etwa darauf zu achten, dass die Besatzungsmächte – die Sowjets für das Imperial – pünktlich ihr monatliches Entgelt für die »Abnützung« der Hotels leisteten.

Nach Abschluss des Staatsvertrags wurde das Hotel Bristol wieder an die Hotel Bristol AG zurückgegeben, und zwar Ende September 1955. Es begannen die Renovierungs- und Umbauarbeiten; der Festsaal und der ovale Biedermeier-Salon wurden vom Architekten Otto Mayr neu gestaltet. Einkerbungen, die GIs in den Treppengeländern aus Messing hinterlassen hatten, erinnern noch an diese Zeit.

2011 wurde das Bristol von der Hotel-Sacher-Gruppe übernommen und unter der Leitung des französischen Innenarchitekten Pierre-Yves Rochon Schritt für Schritt modernisiert. Bei Umbauarbeiten (2016) ergab sich eine besondere Überraschung: Im Restaurant entdeckte man eine Stuckdecke aus dem Jahr 1916, die freigelegt und restauriert wurde – eine wunderbare Reminiszenz an die Welt der Belle Époque.

Ausgewählte Literatur

Andreas Augustin: Hotel Bristol Wien. Wien, 2000 (Die berühmtesten Hotels der Welt)

David Bronsen: Joseph Roth. Eine Biographie. Köln, 1974

Irmgard Keun: Wenn wir alle gut wären. Herausgegeben von Wilhelm Unger. München, 1993

Anton Kuh: Kleiner Führer durch das große Hotel. In: Das Magazin, Jg. 4 (1927/28), Nr. 43, März 1928, S. 1993–2000

Hermann Linden: Tage mit Joseph Roth. In: Joseph Roth. Leben und Werk. Herausgegeben von Daniel Keel und Daniel Kampa. Zürich, 2010, S. 95–103

Victoria Lunzer-Talos, Heinz Lunzer: Alles was ich besitze sind drei Koffer. In: Cordula Seger, Reinhard G. Wittmann (Hrsg.): Grand Hotel. München, 2007, S. 125–136

Victoria Lunzer-Talos, Heinz Lunzer: Joseph Roth. Leben und Werk in Bildern. Köln, 2009

Manfried Rauchensteiner: Kriegsende und Besatzungszeit in Wien 1945–1955. In: Wiener Geschichtsblätter 30 (1975), S. 191 ff.

Joseph Roth: Ankunft im Hotel. In: Joseph Roth: Ich zeichne das Gesicht der Zeit. Essays, Reportagen, Feuilletons. Herausgegeben und kommentiert von Helmuth Nürnberger. Zürich, 2013, S. 317–321 (Erstdruck: Frankfurter Zeitung, 19. Januar 1929)

Roman Sandgruber: Pretty Kitty und die Frauen der Rothschilds. Wien, 2023

Walter Schübler: Anton Kuh. Biographie. Göttingen, 2018

Hasso Spode: Eine kurze Geschichte des Hotels. Zur Industrialisierung der Gastlichkeit. In: Das Hotel. Herausgegeben von Nikola Langreiter, Klara Löffler und Hasso Spode. Berlin, 2011 (= Voyage. Jahrbuch für Reise- und Tourismusforschung, Band 9), S. 10–31

Ulrike Zimmerl: Exkurs: Die Wiener Ringstraßenhotels Bristol und Imperial während der NS-Zeit. In: Gerald D. Feldman, Oliver Rathkolb, Theodor Venus, Ulrike Zimmerl: Österreichische Banken und Sparkassen im Nationalsozialismus und in der Nachkriegszeit. Erster Band: Creditanstalt-Bankverein. München, 2006, S. 279–318

Jedes Detail erzählt eine Geschichte: Diese elegante Suite im 2. Stock des Regina war einst Teil des großen zentralen Salons im Palais Angerer. Die prächtige Kassettendecke zeugt noch davon. Der Flügel im Vordergrund ist ein historischer Bösendorfer.

Hotel Regina
Rooseveltplatz 15

Eine Familie schafft sich ihr Hotel

Die Geschichte des Hotel Regina ist die Geschichte der Familie Kremslehner. Darauf ist man zu Recht stolz, und ein Gang durch das Gebäude bestätigt dies auf Schritt und Tritt: Familie und Hotel sind zu einer Einheit geworden, man ist zusammen gewachsen, zusammen durch Höhen und Tiefen geschritten. Das Herzensprojekt wurde zum Erfolg. Gegenwart und Vergangenheit verschränken sich, Erinnerung erfüllt die Räume: vom Foyer mit dem lebensgroßen Porträt von Christine Kremslehner über den Salon Makart mit dem Bild des Gründervaters bis zum legendären Stefan-Zweig-Zimmer – jedes Detail erzählt und dokumentiert eine Geschichte.

Als der Stadterweiterungsfonds die Bauparzellen neben der Votivkirche zum Verkauf ausschrieb, knüpfte man daran konkrete Normen, »bestimmte Höhen und eine bestimmte Silhouette« sollten vom Verbauer unbedingt eingehalten werden. Das Ziel war, wie die *Allgemeine Bauzeitung* in ihrer Beschreibung der Häusergruppe formulierte, eine passende »Folie« zur Votivkirche zu schaffen. Bereits 1872 waren alle Parzellen auf dem ehemaligen Glacis verkauft, vier Grundstücke am nunmehrigen Maximilianplatz erwarb Johann Angerer, der auf den Nummer 12 bis 15 Wohnhäuser »für bessere, komfortable Wohnungen« errichten ließ. Für den Bau am Maximilianplatz Nr. 16 scheute er jedoch »kein Opfer«, um diesen »mit aller Eleganz und mit jedem Komfort auszustatten« (*Allgemeine Bauzeitung,* 45. Jahrgang, Nr. 107, Wien 1880).

225.000 Gulden, etwa 3,4 Millionen Euro nach heutiger Kaufkraft, investierte der Bauherr August Angerer, der Erbe Johann Angerers, in das Projekt. Errichtet wurde das Palais nach Plänen der Architekten Emil von Förster und Theodor Reuter; Baubeginn war im Mai 1876, bereits Ende November 1877 war das Gebäude vollendet. Für den viergeschossigen Bau hatten Förster und Reuter die Stilformen der Neorenaissance

↖ Ursprünglich ein Teil des Vestibüls des Palais Angerer: der Salon Makart mit dem Porträt von Gründervater Georg Kremslehner in der Rundbogennische.

← Erinnerung füllt die Räume: ein Familienporträt aus dem Jahr 1905 mit Georg und Christine Kremslehner und ihren fünf Kindern, umrahmt von zahlreichen weiteren Fotos der Familie Kremslehner.

↑ Alles begann mit der Eröffnung der Alt-Pilsenetzer Bierhalle (1889). Das Restaurant Roth an der Ecke zur Währinger Straße (oben) ist deren Nachfolger.
Bei der Errichtung der Gebäude am heutigen Rooseveltplatz achtete man darauf, eine harmonische Kulisse für die Votivkirche (unten) zu finden.

gewählt; gleichzeitig versah man die Fassade ganz nach dem Geschmack der Zeit mit altdeutschem Dekor. Die Beletage im ersten Stock – heute die zweite Etage – wurde dominiert vom prachtvollen Salon, dessen Kassettendecke noch erhalten ist, flankiert vom großen Speisezimmer, vom Damensalon und vom Raucherzimmer; im Mezzanin befanden sich Wohnzimmer und Diensträume und auch das Bad. Der repräsentative Eingangsbereich ist leider nicht mehr im Original erhalten – die Marmortreppe fiel dem Umbau von 1906 zum Opfer, aus dem Vestibül wurde der Salon Makart.

Die Alt-Pilsenetzer Bierhalle

Am 20. April 1889 eröffnete der Wiener Kaufmann Carl Wolf, Mitgesellschafter des Alt-Pilsenetzer Bräuhauses im böhmischen Alt-Pilsenetz bei Pilsen, im Erdgeschoss des Palais Angerer, Ecke Währinger Straße 1, die Alt-Pilsenetzer Bierhalle. Das war die Chance für einen jungen Mann, der zuvor im Restaurant Gilly in der Berggasse und im Hotel Fischbacher gearbeitet hatte und nach Veränderung strebte: Georg Kremslehner, geboren 1853 als siebentes Kind des Bauern Franz Kremslehner in Rems bei St. Valentin im Mostviertel, wurde Zahlkellner in der Alt-Pilsenetzer Bierhalle und galt bald als der »beste und beliebteste«, wie die *Illustrierte Kronen Zeitung* in ihrem Nachruf am 20. November 1930 schrieb. Pächter war der Gastwirt Johann Hirtz (1855–1942). Das Geschäft lief glänzend, der tüchtige Zahlkellner hatte daran großen Anteil. Die Motivation war umso größer, als in der Küche eine junge Frau, die eine exzellente Köchin war, dirigierte, die er schätzen und lieben lernte: Christine Heim (1866–1956). Christine kam aus Kirchberg an der Raab in der Steiermark, auch sie stammte aus einem bäuerlichen Elternhaus.

Nach einigen Jahren entschloss sich Hirtz, der ein landgräfliches Gut in Oberösterreich erworben hatte, zum Rückzug aus der Gastronomie und ermöglichte seinen beiden Zahlkellnern Georg Kremslehner und Robert Lechner mit Gesellschaftsvertrag vom 17. Juli 1896 den Eintritt in den Pachtvertrag. Zwei Monate später, am 27. September 1896, heirateten Georg Kremslehner und Christine Heim; Partner Robert Lechner war zwar Trauzeuge, doch angeblich kam es zwischen Christine und Lechner bald zu Spannungen, sodass Georg Kremslehner Ende 1897 dessen Anteil übernahm – damit wurden die Kremslehners zu alleinigen Pächtern des florierenden Restaurants, das sie weiter ausbauten.

Georg Kremslehner erfreute sich einer wachsenden Klientel. Dafür sorgten die zahlreichen Universitätsinstitute in der Umgebung, wobei er für Studenten, die sich kein regelmäßiges Mittagessen leisten konnten, einen eigenen Stammtisch einrichtete, an dem sie kostenlos bewirtet wurden. Mit der Eröffnung des Stadttheaters in der Währinger Straße anno 1898, der heutigen Volksoper, verstärkten sich die Gästezahlen weiter; vermutlich wurde von Künstlern, die in der Alt-Pilsenetzer Bierhalle verkehrten, ab und zu auch die Frage nach einem günstigen Hotel gestellt. Zunächst erweiterte das Ehepaar Kremslehner jedoch seinen Handlungsspielraum: Mit Kaufvertrag vom 1. September 1899 erwarb es von Carl Wolf die Alt-Pilsenetzer Bierhalle.

Die Geschichte vom großzügigen Herrn Hirtz hatte noch ein Nachspiel: Nach dem Ersten Weltkrieg kehrte der ehemalige Guts-

Das ehemalige Vestibül des Palais Angerer mit dem Deckengemälde, nach dem der Raum heute »Makart-Salon« genannt wird. Stich von H. Bültemeyer, Allgemeine Bauzeitung, 1880.

Im Mai 1946 wurde der Platz um die Votivkirche von »Freiheitsplatz« in »Rooseveltplatz« umbenannt, nach der Rückgabe des Regina durch die Amerikaner (1952) konnten die Brüder Kremslehner gleich zwei »vornehme Familienhotels« bewerben. Ansichtskarte, um 1954.

besitzer, nunmehr völlig verarmt, nach Wien zurück und bat Kremslehner, »sich seiner anzunehmen, da er sein Vermögen bis auf den letzten Heller verloren« hätte. Für Georg Kremslehner war dies der Augenblick, in dem sich nun er großmütig zeigen konnte: Hirtz, so erwiderte er angeblich, »möge sich Zeit seines Lebens als Gast der Familie Kremslehner betrachten«. Johann Hirtz aber wollte sich nichts schenken lassen und übernahm die Funktion eines Geschäftsführers, die er bis über den Tod Georg Kremslehners hinaus bekleidete (*Illustrierte Kronen-Zeitung,* 20. November 1930). Johann Hirtz starb 1942 im Graben Hotel.

Das Palais wird zum Hotel

Eine Reise nach Frankreich im Jahre 1905 gab den endgültigen Ausschlag: In Paris wohnten Georg und Christine Kremslehner im vom Architekten M. A. Sibien ausgestatteten Hôtel Regina des Herrn Léonard Tauber – warum also nicht auch in Wien ein »Hotel Regina« eröffnen? Einer anderen Überlieferung zufolge war es der Zimmer-Ober Georg Huber, der den Namen "Hotel Regina" vorschlug.

Sie suchten um Konzession für das Hotelgewerbe an, die ihnen schließlich mit 28. Mai 1907 auch erteilt wurde. Es begann der Umbau des Palais Angerer: Eine erste Stufe

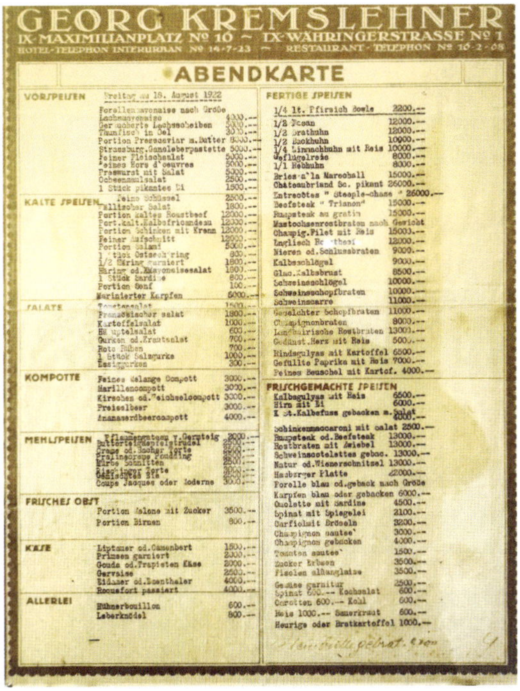
GEORG KREMSLEHNER
IX·MAXIMILIANPLATZ Nº 10 ~ IX·WÄHRINGERSTRASSE Nº 1
HOTEL-TELEPHON INTERURBAN Nº 14-7-23 ~ RESTAURANT-TELEPHON Nº 16-2-08

ABENDKARTE

Freitag am 18. August 1922

VORSPEISEN
Forellenmayonaise nach Größe
Lachsmayonnaise 4000.--
Geräucherte Lachsscheiben 5000.--
Thunfisch in Oel 3000.--
Portion Presscaviar m. Butter 8000.--
Strassburg. Gansleberpastette 5000.--
Feiner Fleischsalat 5000.--
Feines Hors d'oeuvres 5000.--
Presswurst mit Salat 5000.--
Ochsenmaulsalat 2500.--
1 Stück pikantes Ei 1500.--

KALTE SPEISEN
Feine Schüssel 2500.--
Italienischer Salat 1800.--
Portion kaltes Roastbeef 12000.--
Port. kalt. Kalbsfricandeau 12000.--
Portion Schinken mit Krenn 12000.--
Feiner Aufschnitt 12000.--
Portion Salami 5000.--
1 Stück Ostseehering 800.--
1/2 Häring garniert 1800.--
Häring od. Mayonaisesalat 1800.--
1 Stück Sardine 800.--
Portion Senf 100.--
Marinierter Karpfen 6000.--

SALATE
Tomatensalat 1500.--
Französischer salat 1800.--
Kartoffelsalat 1000.--
Häuptelsalat 600.--
Gurken od. Krautsalat 700.--
Rote Rüben 700.--
1 Stück Salzgurke 1000.--
Essiggurken 300.--

KOMPOTTE
Feines Melange Compott 3000.--
Marillencompott 3000.--
Kirschen od. Weichselcompott 3300.--
Preiselbeer 3000.--
Ananaserdbeercompott 4000.--

MEHLSPEISEN
Pflaumenpasteten v. Germteig 2000.--
Butterteigäpfelstrudel 2500.--
Creme od. Sacher Torte 2500.--
Pralinecreme Pudding 2500.--
Mürbe Schnitten 2500.--
Linzer Torte 3000.--
Gemischtes Eis 2500.--
Coupe Jacques oder Moderne 3000.--

FRISCHES OBST
Portion Melone mit Zucker 3500.--
Portion Birnen 800.--

KÄSE
Liptauer od. Camenbert 1500.--
Primsen garniert 2000.--
Gouda od. Trapisten Käse 2000.--
Gervaise 2500.--
Edamer od. Emmenthaler 4000.--
Roquefort passiert 4000.--

ALLERLEI
Hühnerbouillon 600.--
Leberknödel 800.--

FERTIGE SPEISEN
1/4 lt. Pfirsich Bowle 2200.--
1/2 Fasan 12000.--
1/2 Brathuhn 12000.--
1/2 Backhuhn 10000.--
1/4 Einmachhuhn mit Reis 10000.--
Geflügelreis 8000.--
1/1 Rebhuhn 8000.--
Bries a'la Marechall 15000.--
Châteaubriand Sc. pikant 26000.--
Entrecôtes "Steeple-chase" 26000.--
Beefsteak "Trianon" 15000.--
Rumpsteak au gratin 15000.--
Mastochsenrostbraten nach Gewicht
Champig. Filet mit Reis 15000.--
Englisch Roastbeef 12000.--
Nieren od. Schlussbraten 9000.--
Kalbsschlögel 9000.--
Glac. Kalbsbrust 8500.--
Schweinsschlögel 10000.--
Schweinsschopfbraten 10000.--
Schweinscarre 11000.--
Geselchter Schopfbraten 11000.--
Champignonbraten 8000.--
Landbairische Rostbraten 13000.--
Gedünst. Herz mit Reis 5000.--
Rindsgulyas mit Kartoffel 6500.--
Gefüllte Paprika mit Reis 7000.--
Feines Beuschel mit Kartof. 4000.--

FRISCHGEMACHTE SPEISEN
Kalbsgulyas mit Reis 6500.--
Hirn mit Ei 6000.--
1 St. Kalbsfuss gebacken m. Salat 4000.--
Schinkenmaccaroni mit Salat 2500.--
Rumpsteak od. Beefsteak 13000.--
Rostbraten mit Zwiebel 13000.--
Schweinscotelettes gebac. 13000.--
Natur od. Wienerschnitzel 13000.--
Hamburger Platte 22000.--
Forelle blau od. geback nach Größe
Karpfen blau oder gebacken 6000.--
Omelette mit Sardine 4500.--
Spinat mit Spiegelei 2100.--
Karfiol mit Bröseln 3200.--
Champignon sautee 3000.--
Champignon gebacken 4000.--
Tomaten sautee 1500.--
Zucker Erbsen 3500.--
Fisolen a l'anglaise 3500.--
Gemüse garnitur 2500.--
Spinat 600.-- Kochsalat 600.--
Carotten 600.-- Kohl 600.--
Reis 1000.-- Sauerkraut 600.--
Heurige oder Bratkartoffel 1000.--

Speisekarte aus der Zeit der galoppierenden Inflation: Am 18. August 1922 gab es im Hotel-Restaurant den Schweinsschopfbraten um 10.000 Kronen, der Kartoffelsalat dazu kostete 1.000 Kronen.

umfasste das Mezzanin und die Beletage, die mit Badezimmern versehen werden mussten, ab 1908 wurden auch der dritte und vierte Stock für den Hotelbetrieb adaptiert. Der Name des Unternehmens lautete: »Hotel und Restaurant Regina GmbH.«

Zugleich liefen die Kaufverhandlungen mit August Angerer, die im Jahre 1909 erfolgreich abgeschlossen werden konnten. Das Ehepaar Kremslehner erwarb das Palais Angerer und investierte weiter tatkräftig in den Um- und Ausbau des Gebäudes; 1910 konnte ein neuer großer Speisesaal eröffnet werden, in dem täglich bis zu 1.000 Gäste bewirtet wurden. Geschickt lancierte man dazu die entsprechende Werbung; so stand etwa in der Wochenschrift *Der Fremdenverkehr* vom 21. Dezember 1913 zu lesen: »Nun ist Herr Kremslehner an eine ganz bedeutende Vergrößerung seines Restaurants gsschritten (sic) und hat nach den künstlerischen Entwürfen des bekannten Architekten Cesar Poppovits ein prächtiges Souterrainlokal geschaffen, das mit seiner reizenden Majolikaverkleidung und stilvollen Einrichtung die denkbar behaglichsten und angenehmsten Speisesäle bietet. Ein separater Eingang führt direkt von der Straße in die neuen Räumlichkeiten und auch die oberen Restaurationssäle sind geschmackvoll modern ausgestattet worden. Bei den bekannten Vorzügen des Restaurants Kremslehner wird der Zuspruch noch viel bedeutender werden und das angesehene Restaurant wie das vornehme Hotel Regina sich der noch wachsenden Gunst des Wiener Publikums und der Fremdenwelt erfreuen.«

Am Vorabend des Ersten Weltkriegs – inzwischen hatten Georg und Christine Kremslehner fünf Kinder, nämlich Christine (1897–1982), Georg (1898–1976), Fritz (1899–1977), Rudolf (1901–1976) und Josefa (1903–1967) – war das Unternehmen gut gerüstet und manövrierte sich einigermaßen sicher durch die kommenden schweren Jahre. 1926 übergaben Georg und Christine Kremslehner in einem Schenkungsvertag ihren Besitz an ihre Kinder; 1927 erfolgte mit dem Erwerb des Graben Hotels ein nächster Schritt zu Expansion, 1931 schloss sich der Kauf des Hotel Royal in der Singerstraße an.

Die Franzi aus Gersthof und der König der Skipetaren

Er krönte sich am 1. September 1928 selbst

zum »König der Albaner« und behauptete, ein Nachkomme des legendären Nationalhelden Skanderbeg zu sein: Ahmet (Achmed) Zogu. Wenige Jahre zuvor, 1925, hatte er sich zum Staatspräsidenten wählen und Albanien vom Parlament zur Republik erklären lassen – nun wandelte er den Balkanstaat in eine konstitutionelle Monarchie um, außenpolitische Hilflosigkeit und wirtschaftliche Abhängigkeit vom faschistischen Italien kompensierte er durch Repression nach innen, Oppositionelle wurden gnadenlos verfolgt und eingesperrt. Sein größter »Erfolg«, so urteilt Zogus Biograf Robert C. Austin, sei es gewesen, alle Gegner umgebracht zu haben. Und er war Junggeselle, »one of the most picturesque and romantic figures of our time«, wie der US-Journalist Edward Alexander Powell 1931 begeistert schrieb (zitiert nach Jason Tomes, *King Zog*).

Ahmet Zogu, der aus einer alten albanischen Adelsfamilie stammte, kannte Wien gut. Als Oberst der k. u. k. Armee hatte er mit einem Freiwilligenverband im Ersten Weltkrieg für Österreich-Ungarn gekämpft, war dann nach Wien befohlen und hier bis Kriegsende festgehalten worden. Anfang der 1930er-Jahre hielt er sich wieder einige Male länger in Wien auf, angeblich um seiner angeschlagenen Gesundheit willen, doch dies war, wie sich herausstellen sollte, nicht der einzige und nicht der wirklich wichtige Grund.

Am 14. Februar 1931 checkten im Hotel Regina zwei Frauen ein, die sich als Baronin Franziska de Janko und Baronin Marie de Janko ausgaben, beide aus Tirana angereist, aber in Wien geboren. Die beiden Frauen waren offenbar Schwestern, der Altersunterschied war allerdings erstaunlich groß: Franziska war um die 25 Jahre alt, Marie um die 40. Franziska bezog im ersten Stock des Regina das Zimmer Nr. 22, ein komfortables Eckzimmer, Marie musste mit Nr. 23, einem kleinen Kabinett, vorliebnehmen.

Die Stunde

20 g

WIEN, Dienstag, 24. Februar 1931

Der Zusammenbruch der „Agrarindustrie"

Die Lawinenkatastrophe bei Innsbruck

Der Liebesroman des Königs Achmed Zogu

Die beiden Baronessen de Janko im Hotel Regina

Warum die Ueberwachung des Königs so besonders schwer war

So wenig im allgemeinen Attentate oder Attentatsversuche zu verhindern sind, gerade im Falle des Königs Achmed Zogu haben die Behörden das Menschenmögliche getan, um

ein großer Altersunterschied, die eine war ungefähr 25, die andere über 40 Jahre alt, trotzdem konnte man sie unschwer als Schwestern agnoszieren.

lich frei mache, um eine standesgemäße Heirat einzugehen, aber dieses politische Begehren brach sich an dem entschlossenen

24. August vorigen Jahres. Von ihrer diesmaligen Wiener Anwesenheit hatte ihre Schwester angeblich keine Kenntnis.

König Achmed Zogu wird durch den Liebes-

Erst durch das Attentat vor der Staatsoper wurde die Wiener Boulevardpresse auf den »Liebesroman« zwischen Albaniens König Ahmet Zogu und Franziska Janko aufmerksam. Schlagzeile in Die Stunde, 24. Februar 1931.

Noch am Tag ihrer Ankunft hatten die beiden Damen überraschend prominenten Besuch: Sie trafen sich mit Ahmet Zogu; für die zwölf Kriminalbeamten, die den König rund um die Uhr überwachten, Anlass genug, um ihre Identität genauer zu überprüfen. Rasch stellte sich heraus, dass der Adelstitel völlig frei erfunden war – die beiden Schwestern hießen Janko und waren die Töchter eines Gärtnereiarbeiters in der Gersthofer Straße 140, eine weitere Schwester, Katharina (1891–1966), war mit einem Lokomotivheizer namens Stoll verheiratet und wohnte im Karl-Marx-Hof. Marie (eigentlich Maria, 1889–1937), die Ältere, hatte ihre gesamten Ersparnisse für die Ausbildung der jüngeren Schwester zur Tänzerin geopfert. Franziska war schließlich der Sprung ins Ensemble einer Varieté-Truppe gelungen, die durch die Städte der Monarchie und der angrenzenden Balkanstaaten tingelte.

Madame Pompadourette

Vermutlich 1924, bei einem Auftritt in einem Varieté in Novi Sad oder Belgrad, begegnete die am 14. Januar 1905 geborene Franziska dem feschen hellblonden Albaner mit der »ausgeprägten Adlernase« (Pietro Quaroni, *Diplomatengepäck*) und »der Stimme eines unentwickelten Knaben« (Martha Sills-Fuchs, *Seine Majestät, der König*). Ahmet Zogu »verliebte sich in sie und von diesem Augenblick an verknüpften ihn mit ihr unzerreißbare Bande tiefster Zuneigung. Franziska und ihre Schwester waren stets in seiner Nähe und kein Einspruch, keine noch so große Unannehmlichkeit, keine noch so gewaltigen Schwierigkeiten waren imstande, das Liebesidyll des albanischen Königs zu stören« (*Die Stunde,* 24. Februar 1931). Wie der italienische Diplomat Pietro Quaroni in seinen Erinnerungen berichtete, waren Franziska und ihre Schwester in Tirana in einem eigenen kleinen Palais untergebracht, die Diplomaten gaben ihr den Spitznamen »Madame Pompadourette«. Angeblich wollte Ahmet Zogu die »Franzi aus Gersthof« (*Illustrierte Kronen-Zeitung,* 24. Februar 1931), die laut Pietro Quaroni in Tirana ein »völlig abgeschlossenes Haremsdasein führte«, sogar heiraten, die Hochzeitspläne scheiterten jedoch am Widerstand einflussreicher Berater, die eine standesgemäße Ehe mit einer italienischen Prinzessin lieber gesehen hätten.

Das Hotel Regina wurde für Franziska und den König zum Wiener Mittelpunkt ihrer leidenschaftlichen Romanze. Ahmet Zogu, der bereits am 29. Januar 1931 »im strengsten Inkognito« (*Die Stunde,* 29. Januar 1931) in Wien eingetroffen war, logierte mit seiner Entourage im Hotel Imperial, ein gemeinsamer Aufenthalt mit seiner »Favoritin« war dort unmöglich. In das kleine Haus der Eltern in der Gersthofer Straße konnte Franziska nicht zurück, ihre Schwester verfügte nur über eine Wohnung im Gemeindebau – auch nicht das Richtige für einen König. Das Regina bot daher die ideale Lösung, und der angeblich so kranke König – kolportiert wurde eine Nikotinvergiftung – tat sein Bestes, um seine Geliebte entsprechend zu verwöhnen. Wie die Journalisten der *Stunde* herausfanden, kaufte er ihr in einem Wiener Pelzhaus einen Hermelin- und einen Nerzmantel, allein die Rechnungen für Fotoaufnahmen in einem Atelier sollen sich auf 7.000 Schilling belaufen haben. Franziska und auch Marie wurden von Ahmet Zogu nicht versteckt – er ging mit ihnen aus und besuchte mit ihnen gemeinsam das Theater und die Oper. Die Erkrankung erwies sich als keineswegs schwer – der Internist Franz Chvostek jr. diagnostizierte ein Magengeschwür, das durch entsprechende Diät geheilt werden könne (Florian G. Mildenberger, Peter Schwarz, *Der Tanz in den Abgrund*).

Das Attentat vor der Staatsoper

Es war eine ungestörte Liebesidylle – bis zum 20. Februar 1931. Am Programm der Staatsoper standen an diesem Freitag Leoncavallos *Bajazzo* und das Ballett *Josephs Legende* von Richard Strauss, der selbst dirigierte. Ahmet Zogu hatte mit seiner Entourage, darunter sein Hofmarschall Ekrem Libohova und sein Adjutant und Leibwächter Major Llesh Topallaj, wie immer eine Loge reserviert. Auch Franziska und Marie Janko waren an diesem Abend wieder mit in der Oper, verließen diese aber offenbar etwas früher, um zur Westminster-Bar vorauszufahren, wo man den Abend gemeinsam ausklingen lassen wollte. Die Bar in der Mariahilfer Straße 57–59 war damals einer der beliebtesten Treffpunkte der besten Wiener Gesellschaft. Und Franziska Janko liebte Bars, »das Milieu ihrer Tänzerinnenzeit zog sie immer wieder magisch an« (Martha Sills-Fuchs, *Seine Majestät, der König*).

Um etwa 22.15 Uhr war die Aufführung zu Ende; Ahmet Zogu und sein Gefolge nahmen den Ausgang zur Operngasse, wo der Mercedes des Königs mit der Nummer A 49008 und ein Taxi auf sie warteten. Zogu und Libohova hatten bereits im Fond des Mercedes Platz genommen, als plötzlich ein dunkel gekleideter Mann auf das Auto zutrat und mit einem Revolver das Feuer eröffnete. Major Topallaj, die »treue Schildwache« des Königs (*Illustrierte Kronen-Zeitung, 22. Februar 1931*), wurde in den Kopf getroffen und war auf der Stelle tot. Ein zweiter Attentäter gab nun ebenfalls Schüsse in Richtung des Mercedes ab, Ahmet Zogu und Libohova, der in den Unterschenkel getroffen wurde, zogen ihre Waffen und erwiderten das Feuer, der König blieb unverletzt.

Innerhalb weniger Sekunden fielen in diesem Feuergefecht 18 Schüsse, dann versuchten die beiden Attentäter zu fliehen, hatten aber das Pech, dass einer der Verfolger, der Taxichauffeur Franz Weintritt, ein ehemaliger Fliegerhauptmann, ebenfalls bewaffnet war – Weintritt konnte mit zwei Warnschüssen einen der Flüchtenden stoppen, auch der zweite Attentäter wurde festgenommen.

Ahmet Zogu wurde in die Staatsoper in die Wohnung des Generalintendanten Schneiderhan gebracht; anschließend fuhr er mit dem Taxi zurück ins Hotel Imperial, wobei er »in der Rocktasche … den entsicherten Revolver« hielt, wie die *Illustrierte Kronen-Zeitung* ihren Lesern am nächsten Tag zu berichten wusste. Franziska und Marie Janko waren inzwischen schon in der Westminster-Bar eingetroffen und hatten ihre Pelzmäntel an der Garderobe abgegeben; sie warteten jedoch vergeblich auf den König und kehrten schließlich ins Hotel Regina zurück. Hier wurden sie vom Imperial aus über das »furchtbare Geschehnis« (*Illustrierte Kronen-Zeitung,* 24. Februar 1931) informiert.

Knapp vor Mitternacht erschien noch Österreichs Außenminister Johann Schober im Hotel Imperial, um dem König namens der österreichischen Regierung »das Bedauern über das Geschehnis« auszudrücken. Das Mitgefühl der österreichischen Presse mit Ahmet Zogu hielt sich dagegen in Grenzen.

»Er ist der letzte, der sich über diese gewiß tiefstehenden und verwerflichen Methoden des politischen Kampfes beklagen dürfte«, schrieb etwa das *Kleine Blatt,* das den König einen »gelehrigen Schüler des Duce« nannte (22. Februar 1931). Und *Die Stunde* resümierte: »Das Österreich von heute kann für das gegenwärtige Albanien nicht fortgesetzt die geraden Glieder seiner Kriminalbeamten in Gefahr bringen« (22. Februar 1931).

Wie die Ermittlungen rasch ergaben, waren die Attentäter Ndok Gjeloshi und Aziz Cami ehemalige albanische Offiziere, die schon seit mehreren Jahren in Wien lebten. Sie sahen in Ahmet Zogu einen Verräter, der ihr Land an die Italiener verkauft hatte. Aziz Cami war mit Zogu einst sogar befreundet gewesen. Das Attentat, so die ursprüngliche Planung, hätte eigentlich vor dem Hotel Regina stattfinden sollen, die Rendezvous des Königs mit Franziska Janko waren nicht unbemerkt geblieben. Das Gelingen des Anschlags hätte sich für die Täter auch finanziell ausgezahlt: Albanische Oppositionsgruppen hatten, wie sich herausstellte, bereits bei seiner Abreise aus Albanien ein Kopfgeld von 10.000 Goldfrancs auf Ahmet Zogu ausgelobt.

Kein Happy End

Die wenig diskrete Berichterstattung der Wiener Presse über die Beziehung Achmed Zogus zu Franziska Janko – so hatte *Die Stunde* am 24. Februar 1931 die Headline »Der Liebesroman des Königs Achmed Zogu« gebracht – zog einen »geharnischten Protest« der österreichischen Bundesregierung, verlautbart durch die Amtliche Nachrichtenstelle, nach sich, die darin eine »Verhöhnung des befreundeten Volkes und seiner staatlichen Einrichtungen« sah; es sei dies ein »besonders beklagenswerter Presse-Exzeß, der aufs Tiefste zu bedauern ist«, worauf die *Wiener Allgemeine Zeitung* am 25. Februar 1931 treffend antwortete: »Wir sind nicht der Ansicht, daß die Gersthofer Gärtnerstochter zu den staatlichen Einrichtungen des albanischen Volkes gehört. Wir glauben vielmehr, daß die Oeffentlichkeit ein Recht darauf hat, zu wissen, aus welchen Gründen der Albanerkönig unsere Stadt mit seinem langandauernden Besuche beehrt und aus welchen Gründen das Wiener Territorium zum Schauplatz einer blutigen Balkanszene werden mußte.«

Ahmet Zogu, der nunmehr auch das fünfte Attentat unverletzt überlebt hatte, änderte seine Reiseplanung nicht und blieb zwei weitere Wochen in Wien; gemeinsam mit »Franzi« erholte er sich anschließend in Venedig vom ausgestandenen Schrecken. Die Beziehung zu Franziska Janko hielt er noch einige Jahre aufrecht. Um aus »Madame Pompadourette« endgültig eine »Dame von Welt« zu formen, ließ Ahmet Zogu 1932 die Schauspielerin Martha Fuchs (1896–1986), geborene Brosch, aus Wien an den Hof in Tirana kommen. Die neue »Hofdame« erhielt den Beinamen »Sills« – nach dem albanischen Wort »sill« (= »Steighilfe«) – und wurde so zu »Martha Fuchs-Sills«.

Ein Handikap war jedoch nicht zu überwinden: Franziska konnte keine Kinder gebären, das Land brauchte aber einen Thronfolger – eine Trennung war unausweichlich. König Zogu schickte sie daher im Juni 1934 auf ausgedehnte Reisen. 1938 heiratete er die ungarisch-amerikanische Gräfin Geraldine Apponyi (1915–2002), die einst in Pressbaum die Sacré-Coeur-Schule besucht hatte. Nur

Das Hotel Regina nach dem »Anschluss«. Der »Dollfußplatz« wurde von den Nazis in »Hermann-Göring-Platz« umbenannt. Foto von Franz Lobinger, 1939.

zwei Tage nach der Geburt von Sohn Leka am 5. April 1939 besetzten italienische Truppen Albanien, die Königsfamilie musste nach Griechenland fliehen.

Und Franziska Janko? Das Glück wandte sich von ihr ab: Während einer Reise nach Ostasien erkrankte sie – angeblich nach einem Insektenstich – schwer und musste von Schanghai »ohne Bewußtsein ihrer selbst« (*Neues Österreich,* 4. September 1949) nach Wien zurücktransportiert werden. Sie war jedoch eine reiche Frau: Ahmed Zogu hatte ihr als Abfertigung eine Million Schweizer Franken sowie zwei »Paläste in Wien« (*Neues Österreich,* 4. September 1949), ein Auto und Schmuck zugestanden. Nun tauchte jedoch ein gewisser Baron Richard von Buttlar zu Brandenfels (1904–1972) auf, der sich »mehr für Franziskas Vermögen als für sie selbst« interessierte: »Es kam zu einem schamlosen Komplott gegen die Wehrlose. Mit Hilfe eines Chauffeurs, der dafür 10.000 S einstrich, wurde die Umnachtete an den Baron verkuppelt, der ihr Vermögen zu verprassen begann. Schließlich gelang es einem Verwandten der Unglücklichen, den Rest der königlichen Abfertigung der Kranken dadurch zu retten, daß er sie – entmündigen ließ. Der Baron ließ daraufhin die Ehe für nichtig erklären und verschwand im Ausland« (*Neues Österreich,* 4. September 1949).

Ein gerichtliches Nachspiel hatte die Affäre Janko-Zogu im Jahre 1949: Martha Sills-Fuchs, die ehemalige »Hofdame« von Franziska Janko und nunmehr Schauspielerin, publizierte 1948 im Jörgl Verlag (Klagenfurt) unter dem Titel *Seine Majestät, der König* einen Schlüsselroman, der ihre Jahre in Tirana noch einmal Revue passieren ließ. Das Pflegschaftsgericht von Franziska Janko, die inzwischen schwer nervenleidend und entmündigt war, glaubte – völlig zu Recht – in der Figur der »Johanna« Franziska Janko zu erkennen und strengte am Bezirksgericht Mittersteig eine Klage wegen Ehrenbeleidigung gegen Martha Sills-Fuchs an. Der Richter gab der Klage statt und verurteilte Sills-Fuchs zu einer Geldstrafe von 400 Schilling, der »Schundroman« musste vom Verlag eingestampft werden und ist nur mehr in wenigen Exemplaren erhalten. Seine Lektüre lohnt sich trotz aller Schwächen, gibt er doch interessante Einblicke in das Zusammenleben »König Agros« – so der Name des Romanhelden – mit der Tänzerin aus Wien. In ihrem Gesamturteil versuchte Martha Sills-Fuchs, einigermaßen gerecht zu bleiben: »Ich kann das Verhältnis Johannas zum König nicht zynisch oder mit gestillter Sensationslust betrachten. Alles, was sich mit den beiden begibt, muß ich genau so ernst nehmen, wie Agro sich als König ernst nimmt und Johanna ihre Million. Sie halten sich für auserwählt, und sie sind es. Freilich nicht im Sinne einer Erhöhung zu einem Menschenadel, sondern als Symbole einer Zeit, die sich dem Gelde und der Machtgier verschrieben hat« (Martha Sills-Fuchs, *Seine Majestät der König*).

Franziska Janko starb am 23. August 1961 im Privatspital für Nervenkranke in der Obersteinergasse in Döbling, im selben Jahr wie Ahmet Zogu, der am 9. April 1961 im Exil in Frankreich einem Krebsleiden erlag.

Stefan Zweigs letzte Wiener Adresse

Das Hotel Regina wurde für Stefan Zweig, der das Zerbrechen seiner alten Lebenswelt besonders intensiv erlebte, zum Ort des Abschieds von Wien. Die Meldezettel für Reisende dokumentieren seine Aufenthalte im

Hotel in den Jahren 1935, 1936 und 1937; bemerkenswert sind das mehrmonatige Verbleiben im Frühjahr 1935 und vor allem die Wien-Besuche zu Weihnachten 1935 und 1936, die wohl ganz im Zeichen der Treffen mit seiner Mutter Ida und seinem Bruder Alfred standen.

Ende November 1937 kam Stefan Zweig mit dem Flugzeug von London nach Wien, es sollte sein letzter Besuch in seiner Heimatstadt sein. Es gab noch einige Dinge zu regeln; vor allem wollte der Dichter endgültig seinen »Frieden» mit dem österreichischen Finanzamt schließen. Schließlich fand man mit Hilfe von Joseph Gregor, dem Leiter der Theatersammlung der Österreichischen Nationalbibliothek, einen »ungewöhnlichen Weg» (Oliver Matuschek, *Stefan Zweig*): Mittels einer »Schenkung» übereignete Stefan Zweig der Theatersammlung 101 Autographen, im Gegenzug dafür sollte es von Seiten der österreichischen Finanzbehörden keine Steuerforderungen mehr an Zweig geben. Die dreiseitige Liste der Autographen, die u. a. Briefe und Manuskripte von Joseph Roth, Franz Kafka, Carl Zuckmayer, Franz Werfel, Alexander Lernet-Holenia, Hermann Hesse und anderen enthielt, verfasste Zweig am 28. November 1937 – seinem 56. Geburtstag – im Hotel Regina auf dem Briefpapier des Hauses. »In seiner Aufregung» (Oliver Matuschek, *Stefan Zweig*) notierte der Dichter auf dem Papier nicht das Datum des Tages, sondern sein Geburtsdatum, den 28. November 1881.

Dann musste Zweig Abschied von Wien nehmen. In *Die Welt von Gestern* erinnerte er sich an diese letzten Tage: »Ich habe in jenen letzten zwei Tagen in Wien jede einzelne der vertrauten Straßen, jede Kirche, jeden Garten, jeden alten Winkel der Stadt, in der ich geboren war, mit einem verzweifelten, stummen ›Nie mehr‹ angeblickt. Ich habe meine Mut-

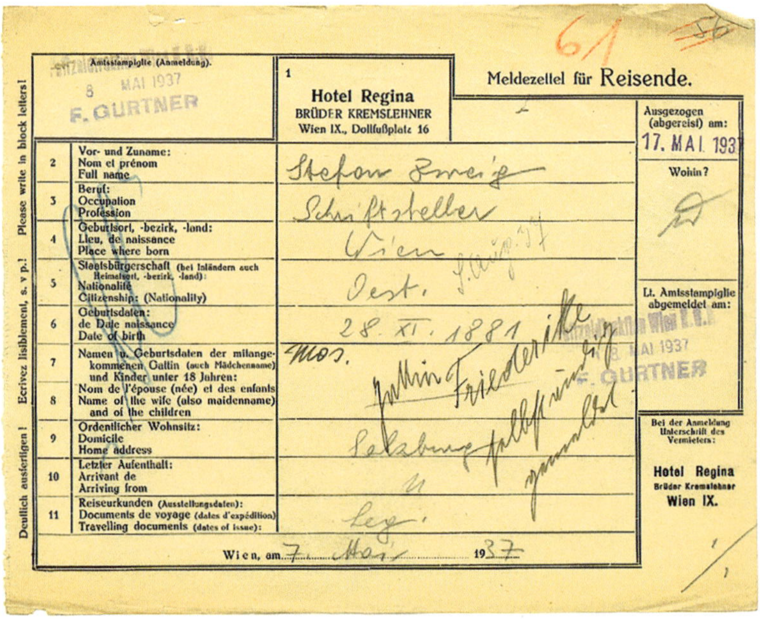

Deutlich ausfertigen! Ecrivez lisiblement, s. v. p.! Please write in block letters!

Amtsstampiglie (Anmeldung). 8 MAI 1937 F. GURTNER

1 Hotel Regina BRÜDER KREMSLEHNER Wien IX., Dollfußplatz 16

Meldezettel für Reisende.

2	Vor- und Zuname: Nom et prénom Full name	Stefan Zweig
3	Beruf: Occupation Profession	Schriftsteller
4	Geburtsort, -bezirk, -land: Lieu de naissance Place where born	Wien
5	Staatsbürgerschaft (bei Inländern auch Heimatsort, -bezirk, -land): Nationalité Citizenship: (Nationality)	Oest.
6	Geburtsdaten: Date de naissance Date of birth	28. XI. 1881
7	Namen u. Geburtsdaten der mitangekommenen Gattin (auch Mädchenname) und Kinder unter 18 Jahren:	Gattin Friederike
8	Nom de l'épouse (née) et des enfants Name of the wife (also maidenname) and of the children	
9	Ordentlicher Wohnsitz: Domicile Home address	Salzburg
10	Letzter Aufenthalt: Arrivant de Arriving from	"
11	Reiseurkunden (Ausstellungsdaten): Documents de voyage (dates d'expédition) Travelling documents (dates of issue):	Leg.

Wien, am 7. Mai 1937

Ausgezogen (abgereist) am: 17. MAI 193

Wohin?

Lt. Amtsstampiglie abgemeldet am: MAI 1937 F. GURTNER

Bei der Anmeldung Unterschrift des Vermieters: Hotel Regina Brüder Kremslehner Wien IX.

Für Stefan Zweig wurde das Hotel Regina zur Station des Abschieds von Wien. Die »Meldezettel für Reisende» dokumentieren seine Aufenthalte wie jenen vom 7. zum 17. Mai 1937.

ter umarmt mit diesem geheimen ›Es ist das letztemal‹. Alles in dieser Stadt, in diesem Land habe ich empfunden mit diesem ›Nie wieder!‹, mit dem Bewußtsein, daß es ein Abschied war, der Abschied für immer.«

Vor dem »Anschluss«: NS-Geheimsitzung

Hotels spielten in der Geschichte der Untergrundarbeit illegaler politischer Organisationen eine bedeutende Rolle. Sie boten den Vorteil weitgehender Anonymität, das Hotelzimmer war sicherer als die eigene Wohnung, wo man vor den Augen neugieriger Nachbarn nicht sicher sein konnte. Das galt auch für das Hotel Regina.

Donnerstag, 10. März 1938. Es war der vorletzte Tag, der Österreich noch in Freiheit gegönnt war, ehe sich das Dunkel der NS-Gewaltherrschaft über das Land senkte. Im Hotel Regina war für den Abend eine Besprechung der illegalen NS-Gauleiter aus ganz Österreich anberaumt – die Herren von übermorgen, rund zwölf Parteigenossen, unter ihnen Landesleiter Hubert Klausner und Friedrich »Friedl« Rainer, später Reichsstatthalter in Salzburg und Kärnten, diskutierten die Lage in der »Volksabstimmungskrise«. Der ersehnte »Umbruch«, das ahnten sie, stand bevor. Mit dabei war auch der umtriebige Odilo Globocnik, der kurz zuvor mit einem Sonderflugzeug aus Berlin eingetroffen und von »Friedl« Rainer vom Flugplatz Aspern abgeholt worden war. »Globus«, wie ihn seine Freunde nannten, hatte die neuesten Nachrichten aus der Reichskanzlei – und ein Briefkuvert direkt vom »Führer« mit einem an die österreichischen Nazis gerichteten Befehl: Von nun an sei es ihnen erlaubt, dem Schuschnigg-Regime auch mit »kämpferischen« Mitteln entgegenzutreten, sie hätten nun endlich »Handlungsfreiheit«.

Die Stimmung war euphorisch, als spätabends schließlich auch noch Innenminister Arthur Seyß-Inquart zur Runde stieß, Hitlers »Vertrauensmann« in der Regierung Schuschnigg. Wie ihm von Hitler aufgetragen, informierte Globocnik den Minister darüber, dass sein Kollege im Kabinett, Minister ohne Portefeuille Edmund Glaise-Horstenau, für ihn am nächsten Tag neue Direktiven aus Berlin bringen würde, verschwieg ihm aber die »Blankovollmacht«, die Hitler den österreichischen Parteigenossen erteilt hatte. Der energische »Parteimanager« Globocnik konnte Seyß-Inquart nicht leiden, er war ihm zu wenig entschlossen und zu katholisch – und ein Konkurrent im Kampf um die Verteilung der Macht. Was Glaise-Horstenau betraf, so sollte sich die Ankündigung Globocniks nicht bewahrheiten: Der Minister lehnte es ab, den »Briefträger des Führers zu spielen« (Gordon Brook-Shepherd, *Der Anschluss*). Auch das Ansinnen Hermann Görings, den Entwurf eines Telegramms zu überbringen, das, von Seyß-Inquart unterzeichnet, formell um die Entsendung deutscher Truppen nach Österreich »zur Wiederherstellung der Ordnung« bitten sollte, lehnte Glaise-Horstenau ab.

Seyß-Inquart berichtete dann über das Ergebnis eines langen Privatgesprächs mit dem Bundeskanzler: Er werde die für 14. März geplante Volksabstimmung unterstützen, eine »Erklärung für Österreich« abgeben und seine Anhänger im Rundfunk dazu auffordern, mit »Ja« zu stimmen, wenn Schuschnigg im Gegenzug dafür weitere Nazis wie den Arzt Hugo Jury – später Gauleiter von »Niederdonau« – oder den oberösterreichischen Bauern Anton Reinthaller – später der erste Bundesparteiobmann der FPÖ – mit wichtigen Posten in der Bundes- oder Landesverwaltung betraue.

Verständlicherweise zeigten die Freunde von der Partei jedoch wenig Begeisterung für Seyß-Inquarts fragwürdigen »Erfolg« – ein Mitgehen bei der Volksabstimmung wäre auch klar gegen Hitlers Anweisung gewesen. Mit der »Weisung Nummer 1«, die sich bereits in Ausarbeitung befand und am 11. März um zwei Uhr morgens an die Wehrmacht gehen sollte, hatte sich der »Führer« für die militärische Invasion Österreichs entschieden. So schlugen die NS-Parteigrößen dem verblüfften Innenminister angeblich die Tür vor der Nase zu, als sie sich in einen Nebenraum zur Beratung zurückzogen und »ihre Messer« wetzten (Gordon Brook-Shepherd, *Der Anschluss*).

Nach langen Diskussionen formulierte der Jurist »Friedl« Rainer die Verhaltensmaßregeln für die nächsten Tage:

»Es gibt in den nächsten Tagen drei mögliche Fälle:
1. Fall: Rückziehung der Volksabstimmung, in diesem Fall ist angeordnet, Demonstrationen größeren Stils zu veranstalten.
2. Fall: Schuschnigg demissioniert: Für diesen Fall ist das Übergehen von Demonstrationen zur Machtergreifung angeordnet.
3. Fall: Schuschnigg nimmt den Kampf auf: Für diesen Fall ist sämtlichen Führern der Partei Handeln auf eigene Faust mit Einsatz aller Mittel zur Gewinnung der Machtpositionen anbefohlen.«
(zitiert nach Gerhard Tomkowitz, Dieter Wagner, *»Ein Volk, ein Reich, ein Führer!«*)

Landesleiter Hubert Klausner ordnete noch an, dass alle Anwesenden für ihn am nächsten Tag jederzeit erreichbar sein müssten; Seyß-Inquart wurde von Globocnik darauf eingeschworen, dass er sich in jedem Fall gegen die Volksabstimmung zu wenden hätte, und Rainer entwarf noch den Text zu einem Zeitungsartikel, der am nächsten Tag in den *Wiener Neuesten Nachrichten* erscheinen sollte und die Leserinnen und Leser dazu aufforderte, nicht an der Volksabstimmung teilzunehmen.

Es war bereits weit nach Mitternacht, als die Nazi-Führer auf ihre Zimmer gingen bzw. das Hotel Regina verließen. Der 11. März 1938, der »schwärzeste aller schwarzen Freitage in der Geschichte Wiens« (Gordon Brook-

Der »Anschluss« im März 1938: Vor dem Hotel Regina drängten sich die Menschen, um einen Blick auf die hohen Nazi-Funktionäre zu erhaschen, die jetzt dort ein und aus gingen. Foto Votava, 1938.

Shepherd, *Der Anschluss*), war angebrochen. Die deutschen Panzer waren bereits im Anrollen Richtung Grenze …

Nach dem »Anschluss«: Triumphfahrt

Zum Schlafen blieb für die führenden Nazi-Funktionäre in der Nacht vom 11. zum 12. März 1938 wenig Zeit. Als sie erfuhren, dass Reichsführer-SS Heinrich Himmler mit seinem Gefolge von München-Oberwiesenfeld Richtung Wien abgeflogen war, beschlossen sie, ihn gebührend zu empfangen, erwarteten sie sich doch in der Stunde des Triumphes Lob und Anerkennung. In drei »Regierungsautos« fuhr man durch das nächtliche Wien hinaus zum Flugplatz Aspern: Landesleiter Hubert Klausner, Friedrich Rainer, Odilo Globocnik, Ernst Kaltenbrunner, Sicherheitsstaatssekretär Michael Skubl und Edmund Veesenmayer, ein Mitarbeiter Wilhelm Kepplers, des »Beauftragten« Hitlers für Österreich; begleitet wurden die Herren von SA- und SS-Leuten. Da man zu früh am Flugplatz war, machte man es sich im Restaurant gemütlich; Edmund Veesenmayer gelang es sogar, einen Kranz Zervelatwurst zu organisieren.

Um 4:30 Uhr kam von der Flugleitung die Meldung, dass die beiden Maschinen aus München in Kürze landen würden, der Leiter des Flugplatzes, Polizeioberstleutnant Oscar von Schmoczer, begleitete Klausner und Co hinaus auf das Flugfeld. Und dann waren die Chefs aus dem »Reich« auch schon da. Zwei Junkers 52 rollten aus, deutsche SS-Männer, bewaffnet mit Maschinenpistolen, stürzten aus einer der Maschinen und sicherten das Erscheinen ihrer Herren – dreier Männer, die die geballte SS- und Polizeimacht des NS-Regimes repräsentierten: Reichsführer-SS und oberster Polizeichef Heinrich Himmler, Polizeigeneral Reinhard Heydrich, als Chef der Sicherheitspolizei Chef der Geheimen Staatspolizei (Gestapo) und der Kriminalpolizei (Kripo), und SS-Obergruppenführer Kurt Daluege, Chef der Ordnungspolizei (OrPo).

Ernst Kaltenbrunner, der Führer der SS in Österreich, übernahm es, Meldung zu erstatten. Markig tönte er: »Melde Reichsführer vollen Sieg der Bewegung! Die SS zur weiteren Befehlsausgabe angetreten!« Himmler zeigte sich von den stramm stehenden Österreichern wenig beeindruckt und eilte zu den wartenden Autos; gemeinsam mit Klausner und Kaltenbrunner fuhr er mit seinem Gefolge ins Hotel Regina – Globocnik und Rainer hatten großzügig auf ihre Plätze im Auto verzichtet und blieben allein in Aspern zurück, erst nach Stunden gelang es ihnen, ein Taxi in die Stadt zu bekommen.

Rasch mussten die beiden erkennen, dass das Gesetz des Handelns nun nicht mehr bei ihnen lag. Im Hotel Regina, wo sie, die »illegalen Kämpfer«, die »Machtübernahme« so heiß diskutiert und vorbereitet hatten, gaben nun die deutschen Nazi-Polizeibosse den Ton an.

Am 13. und 14. März 1938 beratschlagten Reinhard Heydrich, Heinrich Himmler und Kurt Daluege im Hotel Regina das weitere Vorgehen im eben annektierten Österreich, der Terror erhob sein Haupt. Und im Regina wurden auch manche »Belohnungen« verhandelt: Landesleiter Hubert Klausner stieg zum Minister für »politische Willensbildung« im Kabinett von Arthur Seyß-Inquart auf, Ernst Kaltenbrunner wurde zum »Staatssekretär für das Sicherheitswesen im Lande Österreich« ernannt.

Die »Amis« im Hotel Regina

Nach Kriegsende (1945) wurde das Regina, das zum Glück kaum Kriegsschäden aufwies, von den Sowjets beschlagnahmt, dann aber der amerikanischen Besatzungsmacht übergeben, die es als Unterkunft für ihre Offiziere nutzte. Im Souterrain wurde ein Offizierskasino eingerichtet, das sich bald großer Beliebtheit erfreute. Die »Oberaufsicht« über das Hotel übertrug man Rudolf Kremslehner, der im Unterschied zu seinen Brüdern Georg und Fritz nicht zur Wehrmacht hatte einrücken müssen. Damit er sich im Hinblick auf die Versorgung des Hotels in Wien bewegen konnte, versah man ihn mit »diversen Ausnahmegenehmigungen« (Andreas Augustin, Carola Augustin, *Hotel Regina*); verwaltet wurde das Hotel offiziell von den United State Forces in Austria (USFA), die es im Sommer 1952 über den Magistrat der Stadt Wien der Familie Kremslehner zurückstellen ließen. Der *Wiener Kurier* berichtete darüber am 3. Juli 1952: »Der Wiener Stadtkommandant der USFA, Brigadegeneral William T. Fitts, gab bekannt, daß das Hotel Regina heute an die österreichische Regierung zurückgestellt wird. Es ist dies das zweite große Gebäude in Wien, das innerhalb der letzten zwei Wochen geräumt und zurückgestellt wurde ...»

Nach den Kriegs- und Besatzungsjahren war eine Renovierung dringend notwendig, die Entschädigung von 314,10 Schilling pro Zimmer und Tag – 86 Zimmer und 102 Tage wurden anerkannt – reichte allerdings nur für das Notdürftigste. Dennoch: Der Wiederaufbau hatte begonnen, Aufbruchsstimmung machte sich breit, neue Projekte konnten ins Auge gefasst werden. 1958/59 konnte Rudolf Kremslehner zwei Nebenhäuser erwerben, wobei eines dem Hotel ganz angeschlossen wurde, die Zahl der Zimmer stieg auf 119; 1965 waren es 127. Nach dem Tod von Rudolf Kremslehner (1976) übernahm Dr. Peter Kremslehner die Leitung des Regina bzw. aller *Kremslehner Hotels*.

Besatzungszeit in Wien: Vor dem Hotel Regina wehte das Sternenbanner der Vereinigten Staaten, ein Stützpunkt der »American Military Police« wurde eingerichtet, im Hotel bezogen amerikanische Offiziere Quartier. Foto von Hans Siegenfeld, 1946.

Ausgewählte Literatur

100 Jahre Hotel Regina. Chronik des Hotels und der Familie Kremslehner. Wien, 1995

Andreas Augustin, Carola Augustin: Hotel Regina Wien. Wien, 2016

Robert C. Austin: Royal Fraud. The Story of Albania's First and Last King. Budapest-New York, 2024

Kurt Bauer: Hitlers zweiter Putsch. Dollfuß, die Nazis und der 25. Juli 1934. St. Pölten-Salzburg-Wien, 2014

Gordon Brook-Shepherd: Der Anschluss. Graz-Wien-Köln, 1963

Jason Hunter Tomes: King Zog of Albania. Europe's Self-Made Muslim King. New York, 2003

Oliver Matuschek: Stefan Zweig. Drei Leben – Eine Biographie. Frankfurt am Main, 2006

Florian G. Mildenberger, Peter Schwarz: Der Tanz in den Abgrund. Das Leben der Franziska Janko (1905–1961). In: Südost-Forschungen, Jg. 78 (2019), S.169–190

Pietro Quaroni: Diplomatengepäck. Aufzeichnungen eines Botschafters. Frankfurt am Main, 1956

Martha Sills-Fuchs: Seine Majestät, der König. Klagenfurt, 1948

Gerhard Tomkowitz, Dieter Wagner: »Ein Volk, ein Reich, ein Führer!» Der »Anschluß» Österreichs 1938. München, 1988

Udo Wolter: König Zogu wurde ihr Schicksal. Die tragische Liebesgeschichte der Baronin Franziska Buttlar. In: Revue, Nr. 40, 3. Oktober 1953, S. 2 f. und S. 36–41; Nr. 41, 10. Oktober 1953, S. 14 und S. 22–25; Nr. 42, 17. Oktober 1953, S. 15–19; Nr. 43, 24. Oktober 1953, S. 11 und S. 38–41; Nr. 44, 31. Oktober 1953, S. 28–35; Nr. 45, 7. November 1953, S. 22–27; Nr. 46, 14. November 1953, S. 23–26

Stefan Zweig: Die Welt von Gestern – Erinnerungen eines Europäers. Frankfurt am Main, 1981

Shangri-La am Tiefen Graben: Das kuppelige Jugendstil-Metalldach wurde zum Signum des Hauses.

Hotel Orient
Tiefer Graben 30

Himmlische Stunden, teuflische Nächte

Wie kaum ein anderes Hotel in Wien pflegt das Orient seinen Mythos. Ja, folgt man seiner Selbstdarstellung, so könnte man fast meinen, dass es tatsächlich mythischen Ursprungs sei. Ein Ort, »irgendwo zwischen Atlantis und Shangri-La«, wo »Sehnsüchte gestillt und wieder neu entfacht werden, ein ums andre Mal«, offenbar schon seit Jahrhunderten. Glanzvoll legitimiert durch kaiserlichen Besuch: »Franz Joseph der Erste soll hier mit seiner Mätresse im bordeauxroten Samt-Exil stundenweise ein Gegenleben voller Leidenschaft geführt haben«, liest man auf der Homepage des Hotels im Text zur »Kaiser-Suite«.

Nun ja, blickt man etwas genauer hin, so erweist sich die Geschichte mit dem Kaiser schon als etwas fragwürdig. Das Hotel Orient wurde erst 1912 eröffnet. Da war der Monarch schon 82 und seine »Leidenschaft« wohl schon etwas abgekühlt. Und mit der Kathi Schratt ging er nicht ins Stundenhotel.

Es geht natürlich nicht um schnöde Fakten. Es geht um die Gegenwelt, die entworfen wird, um ein *Feeling*, das den Gästen ermöglicht, »den Alltag eine Zeit lang gänzlich abzustreifen«. Ein Ambiente, dominiert von sinnlichem Rot, von exotischem Flair und sorgfältiger Inszenierung – so präsentiert sich die Tausendundeine-Nacht-Suite mit goldenen Wänden, marokkanischen Mosaiken und »Motiven aus dem Sassanidenreich«, die Engerl & Bengerl-Suite empfängt die Paare mit »feuchtfröhlichem Barock«, und »goldene Putten, die kindlichen Liebesboten mit den Pausbacken, wachen vergnügt über die Liebenden« und versprechen »himmlische Stunden, teuflische Nächte«. »Dschungel schleichen über dein Gesicht in Afrika«, und in der Kaiser-Suite, eingerichtet im Stil des Fin de Siècle, beherrschen das »prunkvolle Himmelbett und die opulenten Spiegel« die Szene.

Wenn das Hotelzimmer der »Ort des Nirgendwo« ist, wie es Michel Foucault formuliert hat, so gilt das für das Zimmer eines Stundenhotels in besonderem Maße. Es verführt durch seine Anonymität, zugleich ist man geschützt vor unliebsamen Störungen –

es lädt ein zur Grenzüberschreitung. Man wird dem Dichter und Hotelbewohner Raoul Schrott zustimmen, wenn er meint: »Hotels sind auch jene orte, denen eine gewisse erotik innewohnt, natürlich. Diese bezahlten zimmer für stunden, in denen die spuren einer gegenwart jeden morgen mehr oder weniger sorgfältig getilgt werden, das mobiliar und die wenigen gegenstände, dinge, die nichts bewahren. In diesem übertragenen sinn sind hotels, je älter sie sind, die tempel dieses jahrhunderts; Hermes und Hestia, um Aphrodite und Eros gruppiert.«

Alles begann jedoch ganz profan: Der Tiefe Graben, das ehemalige Bett des Ottakringer Baches und im Mittelalter die nordwestliche Grenze des Stadtkerns, ist heute eine eher stille Straße. Das war nicht immer so. In seinem Buch *Wiener Sommertage* schilderte der deutsche Schriftsteller und Journalist Julius Rodenberg den Verkehr am Tiefen Graben, der in Richtung Donaukanal flutete: »... unten Wagen, oben Wagen, unten Menschen, oben Menschen – das geht, fährt, rollt und rasselt quer über- und untereinander her, ohne Stillstand.«

Die Errichtung des späteren Hotel Orient ist im Zusammenhang mit der völligen Neugestaltung des Tiefen Grabens zu Beginn des 20. Jahrhunderts zu sehen. Das Erscheinungsbild, so damals die Meinung der Stadtväter, war nicht mehr zeitgemäß.

Geschickt iszenierter Mythos: In der »Kaiser-Suite« soll einst schon Kaiser Franz Joseph »stundenweise ein Gegenleben voller Leidenschaft«, so die Homepage des Hotels, geführt haben. 1912, als das Hotel eröffnet wurde, war der Monarch allerdings bereits 82 Jahre alt.

Ein besonderer Dorn im Auge war ihnen die Wächtergasse, die den Tiefen Graben mit der Renngasse verband. Bereits in den 1880er-Jahren hatte man »aus sanitären, ästhetischen und moralischen Rücksichten« die Auflassung dieser schmalsten Gasse Wiens gefordert, in der die Prostitution blühte. Eine Reihe von alten Gebäuden, die man als störend empfand, wurde zum Abriss vorgesehen: Neben den Häusern Nr. 30 und 32 etwa auch die 1905 demolierten Gebäude Nr. 33, 35 und 37 – hier hatte sich im Spätmittelalter das »hintere Frauenhaus«, eines der Bordelle der Stadt, befunden. Später wurde es Teil des ersten Wiener Polizeigefängnisses, des sogenannten »Diebsschergenhauses«. Da dort vor allem »widerspenstige Bettler« festgehalten wurden, sprach man auch vom »Bettlerkotter« (Moritz Bermann, *Alt- und Neu-Wien*); im ersten Viertel des 18. Jahrhunderts war das Gebäude als »Rumorhaus« bekannt, in dem die »Rumorknechte« residierten.

Der Mythos rund um das Hotel Orient erzählt nun von einem »Schankhaus Orient«, das sich einst an seinem heutigen Standort Tiefer Graben Nr. 30 befunden haben soll und in dem angeblich vor allem die Schiffsleute verkehrten, die auf der Donau Waren aus dem Orient nach Wien brachten. Nun, ein Schildername »Zum Orient« oder ähnliche Formulierungen sind am Tiefen Graben nicht nachgewiesen; was wir wissen, ist, dass im Haus Nr. 30 im 18. Jahrhundert der Hofmaler Franz Josef Wiedau (1703–1779) wohnte, der die Fresken der Schlosskapelle in Hetzendorf schuf. Einen Weinkeller »Beim Bacchus« gab es allerdings im Haus Nr. 33, in dem man »neben Wein auch Gesang und Weiber« fand (*Neues Wiener Tagblatt,* 5. Februar 1905).

Hier kann zu jeder Tageszeit übernachtet werden

Den Auftakt zu den Neubauten am Tiefen Graben setzte das Haus Nr. 30. Ein Hotelprojekt stand an: Stadtbaumeister Johann Gasteiger errichtete 1901 ein vierstöckiges Gebäude, das als »Hotel Derby« bekannt wurde. Beworben wurde die neue Herberge, die als »Hotel Garni« geführt wurde, als »Modernes Haus« – was immer das auch heißen mochte. Die Anzeigen des Hotels erschienen vor allem in der Zeitschrift *Wiener Caricaturen,* was darauf hindeutet, dass man ein bestimmtes männliches Publikum im Auge hatte. Wohl nicht zufällig waren in den *Wiener Caricaturen* auch bekannte Stundenhotels wie das Hotel Apollo in der Kaunitzgasse 4 oder das Hotel Wieser in der Neubadgasse 4 häufige Inserenten. Was es mit dem »Hotel Garni« auf sich hatte, konnte man in den *Wiener Caricaturen* am 25. Juli 1909 unter dem Titel »Ein schlauer Ausweg« nachlesen: »Einem bekannten österreichischen Kurorte fehlte es, zur richtigen Hebung des Fremdenverkehres an einem passenden – Hotel Garni. Und weil nun de facto das Bedürfnis danach bestand, fand sich auch bald ein unternehmungslustiger Hotelier, errichtete eine solche ›Bedürfnisanstalt‹ und machte ein schönes Geschäft daraus. Weil er aber die Ehrlichkeit besaß, an der Front plakatieren zu lassen: ›Hier sind jederzeit Zimmer für Monate, Tage und Stunden zu vermieten‹, gab es riesige Proteste seitens einiger prüder Familien. Darauf änderte der Hotelier die Tafel durch folgende Inschrift: *Hier kann zu jeder Tageszeit übernachtet werden.*«

Anno 1912 wurde dann das Hotel Derby nach Plänen des jungen Architekten Ludwig Ramler (1878–1921) mit dem Nachbarhaus Nr. 32 vereint und mit einer neuen, reich ornamentierten Jugendstil-Fassade versehen. Zwei Erker, Masken und Girlandendekor sowie eine mit Vasen besetzte Attikabalustrade bestimmten von nun an das Erscheinungsbild des Hauses, das vom bekannten Hotelfachmann Gustav Altermann geleitet wurde. Zum Wahrzeichen des Hotels wurde der Eingang mit seinem Metallkuppelaufsatz und der Jugendstil-Dekorbänderung.

Das neu eröffnete Haus erhielt den Namen »Hotel Orient« und wies nun 40 Zimmer auf. Im Fachblatt *Der Fremdenverkehr* vom 25. Mai 1913, der »Illustrierten Wochenschrift zur Förderung der Reise- und Verkehrsinteressen«, las man dazu: »Mit allen Errungenschaften der modernen Hotelbautechnik ausgestattet, bietet das Hotel Orient luxuriös eingerichtete Zimmer, mit Kalt- und Warmwasserleitung, Warmwasserheizung, Zimmer mit anschließendem Bade, prächtige Schreib- und Lesezimmer, Lift usw.« Die »gesamte Inneneinrichtung« wurde von der »renommierten Möbelfabrik Edmund Gabriels Söhne« in der Webgasse 2a geliefert; die Preise waren »außerordentlich mäßig«, bereits ab drei Kronen war ein Zimmer zu haben. Die »erstklassige glänzende Organisation« durch Gustav Altermann und diese »mäßig angesetzten Preise« sicherten, so schrieb das Wiener Montagblatt *Der Morgen* (10. Februar 1913), »diesem Stadthotel den Zuspruch der Feemden (Fremden) und die Zufriedenheit der Gäste«.

Von einem »ausgesprochenen« Stundenhotel konnte damals wohl noch keine Rede sein. Es war, wie Ernst Molden in seinem Roman *Die Krokodilsdame* schrieb, »ein richtiges Hotel, das einfach ein Stück kleiner war als die bekannten Kästen des Wiener Stadtherzens, es war kleiner, behaglicher und billiger«.

Bis in die NS-Zeit bestimmte Direktor Gustav Altermann die Schicksale des Hotel Orient. Einer Notiz im *Völkischen Beobachter* vom 3. Juli 1943 ist zu entnehmen, dass die Firma »Hotel Orient, G. Altermann & Co.« im Januar 1943 als Offene Handelsgesellschaft im Handelsregister eingetragen wurde, Gesellschafter waren Gustav Altermann sen. und sein Sohn Ing. Gustav Altermann jun.; vertretungsbefugt war nur Gustav Altermann sen.

Hier ist jetzt kein Platz für Liebesgötter

Im Nachkriegsjahr 1919 wurden die Stundenhotels, die bis dahin relativ unbehelligt ihrem Geschäft nachgehen konnten, zu einem heftig diskutierten Thema; ein Grund dafür war nicht zuletzt das Wohnungsanforderungsgesetz. Mittlerweile hatte die Stadt Wien in ihren Landesgesetzen unter dem Titel »Fremdenzimmerabgabe« zu folgender präzis-nüchterner Definition eines »Stundenhotels« gefunden: »Stundenhotels im Sinne des Gesetzes sind all jene fremdenzimmerabgabepflichtigen Betriebe, die ausschließlich, überwiegend oder doch regelmäßig von Liebespaaren oder von zufällig zusammentreffenden Personen für den vorübergehenden Zweck des Geschlechtsverkehrs benützt werden.«

Die Zeitgenossen schockierte vor allem, dass der »Betrieb« rund um die Stundenhotels nun plötzlich viel deutlicher wahrgenommen werden konnte. In einem vielbeachteten Artikel schilderte der Journalist und Schriftsteller Alois Ulreich unter dem

Titel *»Rennpferde!«* in der *Arbeiter-Zeitung* vom 8. Mai 1919 die geänderte Situation: »Durch den Massenzustrom von Prostituierten wurden die Stundenhotels, die bisher ein einsames verborgenes Dasein führten, lebhaft begehrte Geschäftsobjekte, denn nun trat plötzlich ein ungeahnter Umsatz an Vermietungen der Zimmer ein. Man erinnere sich nur, wie diese Steigerung der Konjunktur in den letzten Jahren vor dem Kriege eine ganz überraschende Zunahme der Stundenhotels in allen Bezirken hervorrief. Unter dem Deckmantel der Hebung des Fremdenverkehrs, der Ausgestaltung des Wiener Hotelbetriebes wurden an Leute, die gute Beziehungen hatten, eine Reihe Konzessionen hinausgegeben. Es boten sich ja da mit einemmal ganz unerhörte Möglichkeiten, zu verdienen, und für so etwas haben viele Leute stets eine feine Witterung.« Um nun den Umsatz weiter zu steigern, würden die Hoteliers, so Ulreich, Prostituierte engagieren, im Jargon des Gewerbes: Sie würden »Rennpferde« laufen lassen, und das Geschäft soll geblüht haben: »Wenn ein Mädchen hübsch und jung ist, hat sie leicht zehn bis fünfzehn Herren am Tage und in der Nacht. Sie bringt also dem Hotelier zehn bis fünfzehn Vermietungen eines und desselben Zimmers ein und man kann sich da ausrechnen, was für einen Zimmerumsatz so ein Hotel hat, wenn es mehrere solcher

Ein »Ort, an dem Sehnsüchte gestillt und wieder neu entfacht werden«: die Lobby des Orient, dessen gesamte Inneneinrichtung ursprünglich von der Möbelfabrik Edmund Gabriels Söhne in der Webgasse geliefert wurde.

Mädchen als ›Rennpferde‹ engagiert hat.« Der »Liebesbetrieb der ›Rennpferde‹«, so Ulreich, sei in Wien einzigartig, in keiner anderen Stadt habe er eine »derartige Organisation der Prostitution« gesehen. Sein Resümee: »Man weiß nur nicht, was ist tiefstehender, die geschäftliche Schäbigkeit einiger Hotelbesitzer, die um des niedrigen Profits willen die Unmoral künstlich vermehren und ihr eine absichtliche Ausbreitung geben, oder die Lustigkeit dieser Lebemänner, die sich im Zuhälterjargon amüsieren, oder das Los der armen Mädchen, die Tag und Nacht die Straßen durchstreifen, oder die Beschränktheit einer Polizei, die noch immer nicht einsehen will, daß man mit Erlässen und Detektivs in den Bezirken des menschlichen Herzens, im Freiland der Sittlichkeit nichts ausrichtet, so daß die letzten Dinge ärger sind, als die ersten waren.«

Im Frühjahr 1919 wurden daher verstärkt »polizeiliche Streifungen« durchgeführt; betroffen war etwa das Hotel Minerva in der Schlagergasse 9 am Alsergrund; ein »ausgesprochenes Stundenhotel«, so die *Arbeiter-Zeitung* in einem Artikel vom 2. Oktober 1919, sei das Hotel City in der Walfischgasse, das am 26. August einer nächtlichen Revision unterzogen wurde. Das Ergebnis: Sämtliche 34 Zimmer würden an »Liebespaare« vermietet, manche Zimmer »oft zehnmal am Tag«, und vor dem Hotel seien »sehr häufig starke Ansammlungen von Lebedamen und Männern, die auf galante Abenteuer ausgingen«, zu beobachten. Weil das Mietamt der Stadt Wien die Wohnungsanforderungen nicht konsequent durchsetze, sabotiere es »alle Arbeit der Wohnungskommissionen der Arbeiterräte« (*Die Rote Fahne,* 2. Oktober 1919).

»Hier ist jetzt kein Platz für Liebesgötter«, schrieb ein anonymer Kommentator, der sich als »Nervenarzt« bezeichnete, im *Neuen 8 Uhr Blatt* am 25. Oktober 1919 und bezeichnete das Vorgehen gegen die Stundenhotels als »Moralheuchelei, deren sich unsere Zeit schuldig macht«, er finde daher die »Razzias mittelalterlich, abgeschmackt, grausam, lächerlich und nutzlos!«, man solle den Liebespaaren besser Wohnungs- und Einrichtungskredite bewilligen und Notstandswohnungen bauen lassen. Nicht zuletzt habe der Gott Amor in diesem »furchtbaren Krieg, der ihm die schönsten Männer geraubt« habe, »lange genug weinen müssen«.

Die Zahl der betroffenen Hotels war beträchtlich: Laut *Arbeiter-Zeitung* vom 26. September 1919 waren bis zu diesem Zeitpunkt dreißig »derartige Hotels« für Wohnzwecke angefordert worden, und zwar »einundzwanzig ganz und neun teilweise«. Die frei gewordenen Hotelzimmer würden nun »hauptsächlich zur Unterbringung der aus den Nachbarstaaten vertriebenen Deutschösterreicher dienen, insbesondere für die Eisenbahnangestellten«.

Walkürenritt

»Nur ein harter Mensch«, behauptete einst Alfred Polgar, kann ein »guter Hotelportier sein«, für »Weichmütige, die sich leicht attachieren«, sei das kein Beruf. Die Beobachtung Polgars mag für den Portier eines Stundenhotels besonders zutreffend sein. Als solcher hat man es gewiss nicht immer leicht. Davon konnte auch Richard Novak, der langjährige Portier des Orient, ein Lied singen. Novak hatte die Hotelfachschule in der Grüngasse absolviert, einige Jahre in Schweden und Argentinien gearbeitet und sprach fließend Englisch, Spanisch und Schwedisch. Das Geschäft der Stundenhotels kannte er von der Pike auf, hatte er doch u. a. auch im berüchtigten Hotel Wieser gearbeitet. »Wenn er an der Theke der schummrigen Rezeption stand, sah er in seinen grauen Strickwesten aus wie ein Lohnbuchhalter aus der Ärmelschoner-Zeit«, schrieb Ernst Molden über ihn.

In seinen im Jahr 2002 erschienenen Erinnerungen berichtete Novak etwa von folgender »Herausforderung«: »Ein mittelalterliches Pärchen bezahlte die orientalische Suite für drei Stunden, betrachtete mich eingehend und ging dann aufs Zimmer. Zehn Minuten später läutete das Telefon.

›Der Abfluss der versenkten Marmorwanne ist nicht in Ordnung, kommen Sie doch bitte aufs Zimmer nachsehen‹, bat mich der Gast. Der alte Hausarbeiter, der vor kurzem eingestellt worden war, war unauffindbar.

So hielt ich Nachschau. Nur mit einem durchsichtigen Schleier bedeckt, öffnete mir die Dame und ich war bemüht, so diskret wie möglich woanders hinzusehen. Wie eine Statue, so regungslos, stand der Mann am Fenster und schaute angestrengt in den Hof auf die vollen Mistkübel hinunter. Um den Verschluss der tiefer gelegten Wanne zu erreichen, musste ich mich niederknien. Im nächsten Moment saß die Dame splitternackt auf meinem Rücken. So gut es ging, kroch ich auf allen Vieren unter ihr hervor, richtete mich auf und ging bei der Tür hinaus. Kein Wort wurde zwischen uns dreien während der ganzen Zeremonie gewechselt. Und auch beim Verlassen des Hotels sprach keiner über den Vorfall.«

»Rich«, wie Richard Novak von seiner Chefin Gertrude Pertiller genannt wurde, erhielt von ihr die Erlaubnis, diese Geschichte, für die sie die treffende Bezeichnung »Walkürenritt« erfand, einem größeren Publikum zu erzählen.

Extraservice

Für einen Filmdreh mit RTL berichtete Novak, der zu einem begehrten Interview-Partner wurde, folgende Episode: »Ein bekanntes Pärchen, er um die fünfzig, sie Mitte zwanzig, kam herein, er bezahlte die orientalische Suite. Binnen einiger Minuten waren sie im Zimmer. Schon bei ihrem vorigen Besuch hatten sie mich um ein Extraservice ersucht, das ich, nachdem ich den Erklärungen gelauscht hatte, zögernd bereit war zu erfüllen. Nach etwa einer halben Stunde sollte ich die unversperrte Türe der Suite aufreißen und hineinbrüllen:

›Was ist das hier für eine Schweinerei, was machen Sie mit diesem armen Mädchen, Sie Schwein, Sie Drecksau, Sie Wüstling‹. Indigniert sah mich die junge Frau an, als sie mir zu erklären versuchte, was ich zu tun hatte. Er war schon vorher aufs Zimmer gegangen.

›Ich weiß, das Ganze ist absurd‹, meinte sie, ›aber er steht auf solche Sachen, was soll ich machen?‹ Nun ja, dachte ich, das ist schon machbar, die halbe Minute konnte ich leicht von der Portierloge wegbleiben und oben die Türe aufreißen und den Blödsinn herunterleiern.

Beim ersten Mal sagte ich den Spruch wohl noch zu schüchtern. Die beiden kamen alle vierzehn Tage und nach zwei bis drei Auftritten war ich routiniert und bedachte den armen Mann mit den ärgsten Ausdrücken. Ich erntete höchstes Lob in Form eines anständigen Trinkgeldes.«

Die Geschichte kam, so Richard Novak in seinen Erinnerungen, beim deutschen Fernsehpublikum außerordentlich gut an, im Haus registrierte man zufrieden die steigenden Anfragen und Bestellungen aus Deutschland.

Heinz Werner Schimanko hob das Orient in den Rang eines Wiener Kulturerbes und machte es so salonfähig: Performance des Medienkünstlers Peter Weibel im Hotel. Foto von Wolfgang Sos, 1982.

Federkernmatratzen sind nicht mehr up to date

Im Jahr 1978 übernahm Wiens »berühmtester Schnauzbart« und »ungekrönter Nachtclubkönig« Heinz Werner Schimanko (1944–2005) das Hotel Orient. Damit brach eine neue Ära an. Schimanko gelang es, rund um Haus eine stimmige neue Erzählung zu spinnen. Das schon etwas angegraute Stundenhotel, das nicht unbedingt den besten Ruf hatte, wurde durch konsequente Arbeit gleichsam zu einem Teil des Wiener Kulturerbes, ja, eine Sehenswürdigkeit: »Eros unter dem Doppeladler« – hier konnte man ihm plötzlich noch begegnen. Das Hotel Orient wurde gleichsam salonfähig. Möglich wurde dies durch einen geschickten »Überbau«: Das verpönte sinnliche Erlebnis »Stundenhotel« erhielt einen intellektuell verbrämten Anstrich; Schimanko, selbst äußerst belesen, gab Literaten wie Ernst Molden, der hier seinen Roman *Die Krokodilsdame* schrieb und den Text für Sylvie Blums Fotoband über das Orient beisteuerte, oder Wolf Wondratschek die Möglichkeit, im Hotel zu wohnen und seine Atmosphäre zu erleben – das Ergebnis war eine neue Sprache, waren kraftvolle Wortbilder, die man bisher so im Alltagsgeschäft der Stundenhotels nicht gekannt hatte.

Ebenso konsequent wurde der Mythos mit neuen Bezugspunkten angereichert: So hieß es nun, dass auch Orson Welles alias Harry Lime bei den Dreharbeiten zum Film-Klassiker *Der dritte Mann* im Oktober 1948 einige Male ins Orient gekommen wäre, ja, vielleicht hätten die Recherchen zum Drehbuch sogar Graham Greene in das Stundenhotel geführt. Sicher ist, dass ganz in der Nähe, bei den Kirchen Maria am Gestade und St. Ruprecht, gedreht wurde – gut möglich also, dass man auf einen Drink an der Hotelbar vorbeikam. Aber auch das ist nicht wirklich verbürgt. Orson Welles war jedenfalls nur zwei Wochen lang in Wien, es gab also nur wenig Zeit für Ausflüge zum Tiefen Graben.

Nach Schimankos überraschend frühem Tod (2005) folgte ihm sein Sohn Heinz-Rüdiger Schimanko als Geschäftsführer im Orient. Eine der ersten Maßnahmen, so berichtete dieser der Journalistin Sigrid Schamall, habe den Betten gegolten: Die alten Matratzen flogen hinaus und wurden durch neue ersetzt, denn: »Federkernmatratzen sind nicht mehr up to date, wenn der Untergrund quietscht oder sich eine Feder in den Hintern bohrt.«

Heinz-Rüdiger Schimanko nannte in diesem Gespräch auch die zwei »Kerntugenden« des Orient: Das sei erstens die Diskretion. Wer hier einchecke, bleibe anonym. Und die zweite sei die Sauberkeit: »Am liebsten sind mir Stubenmädchen mit dem Monk-Syndrom, also mit einem ausgeprägten Reinigungssinn« (zitiert nach Sigrid Schamall, *G'schnackselt und gegessen wird immer*). Vor allem aber sei eines wichtig: der Zusammenhalt des gesamten Hotelpersonals. Man achte also darauf, dass alle Mitarbeiter – vom Rezeptionisten bis zum Stubenmädchen – mit dem Chef oder seiner Familie verbunden seien. Zusammen sei man der »stumme Diener, der es seinen Gästen erlaubt, den Alltag eine Zeit lang gänzlich abzustreifen«.

Was die Arbeit am Mythos betrifft, so setzte Heinz-Rüdiger Schimanko die Linie seines Vaters fort: 2007 inszenierte der Regisseur Ludwig Wüst in der Kaiser-Suite des Orient Schnitzlers *Traumnovelle;* »im schwül-schwülstigen Ambiente«, befand die Kritik (Christina Böck, *Die Presse,* 8. November 2007), spielte sich das Stück »gerade recht«. Die Zuschauer, die in das Stück integriert wurden, mussten Masken tragen, es agierten Klara Steinhauser, Nenad Smigoc und Lucy McEvil. Das Thema »Stundenhotel« spiegelte sich auch im Eintrittspreis wider: 89 Euro für 89 Minuten. Regisseur Wüst, der im Orient 1996 bereits Schnitzlers *Fräulein Else* inszeniert hatte, meinte dazu: »Wir sind eine Peepshow, pro Minute ist ein Euro fällig!«

Ausgewählte Literatur

Moriz Bermann: Alt- und Neu-Wien. Geschichte der Kaiserstadt und ihrer Umgebungen. Wien-Pest-Leipzig, 1881

Sylvie Blum: Hotel Orient. Text von Ernst Molden. Heidelberg, 2002

Michel Foucault: Die Heterotopien – Der utopische Körper. Zwei Radiovorträge. Frankfurt am Main, 2005

Ernst Molden: Die Krokodilsdame. München, 1997

Ralf Nestmeyer: Hotelwelten. Luxus, Liftboys, Literaten. Stuttgart, 2015

Richard Novak: Das Hotel Orient und andere Lustburgen. Horitschon, 2002

Alfred Polgar: Zum Beispiel ein Hotelportier. In Alfred Polgar: Kreislauf. Kleine Schriften, Bd. 2. Herausgegeben von Marcel Reich-Ranicki in Zusammenarbeit mit Ulrich Weinzierl. Reinbek bei Hamburg, 2004, S. 301–304 (Erstdruck unter dem Titel »Portier« in: Der Tag, 4. März 1928, S. 3)

Julius Rodenberg: Wiener Sommertage. Leipzig, 1875

Meike Rottermann: Zum Stadtmythos kultiviert. Das Wiener Hotel Orient. Dipl.-Arb. Universität Wien, 2006

Sigrid Schamall: »G'schnackselt und gegessen wird immer«. In: Der Standard, 10. Mai 2010 (Online-Ausgabe)

Raoul Schrott: Hotels. Innsbruck, 1995

Alois Ulreich: »Rennpferde!« In: Arbeiter-Zeitung, 8. Mai 1919, S. 5

Klassische Jugendstil-Möblierung: In seinen 56 Zimmern setzt das Graben Hotel auf Gemütlichkeit und den Charme der alten Zeit.

Graben Hotel
Dorotheergasse 3

Ich bin heute ausnahmslos für niemanden zu sprechen

Das Graben Hotel ist ein Hotel, wie es früher einmal war. Wer das Foyer betritt, sieht sich versetzt in die Welt des Wiener Kaffeehauses und der Literatur, »Gemütlichkeit und Entschleunigung« heißt die Devise. Peter Altenberg, der sich dort einst sein ganz persönliches Zuhause schuf, ist allgegenwärtig. Hektik und Geschäftigkeit, Sorgen und Tristesse des Alltags haben hier keinen Platz, rund um den Gast entfaltet sich die entspannt-gelassene Gegenwelt des Hotels. Die Zimmerschlüssel hängen an der Wand hinter der Rezeption, kein technisches Brimborium stört die Harmonie, klassische Möblierung und gedämpfte Farben beschwören die Vergangenheit.

Ein Spaziergang durch die Dorotheergasse, benannt nach dem Kloster St. Dorothea, das Anfang des 15. Jahrhunderts dort gegründet wurde, ist ein Gang durch die Wiener Geschichte: Otto Wagners Ankerhaus, barocke Palais und spätsecessionistische Wohn- und Geschäftshäuser, das Jüdische Museum, die Reformierte und die Lutherische Stadtkirche reihen sich auf engem Raum aneinander. Hier wohnten »immer nur die feinsten Leute« (*Wiener Kurier,* 6. Dezember 1952).

Und mittendrin, auf Nummer 3, das Graben Hotel. Ein Haus, das den *Genius Loci* dieser altehrwürdigen Innenstadtgasse in sich aufgenommen hat und sich harmonisch einfügt.

Seit dem Jahr 1700 befand sich in dem unmittelbar nach der Zweiten Türkenbelagerung erbauten Vorgängergebäude, das die Nummer 1106 trug, der Einkehrgasthof »Zum goldenen Jägerhorn«. 1775 hieß der Wirt Franz Wambacher, 1795 begann die Ära der angesehenen Patrizierfamilie Leibenfrost. Unter der Führung von Johann und später Franz Leibenfrost – in der *Wiener Zeitung* (27. April 1821) als »bürgl. (=bürgerlicher) Weinwirth« apostrophiert – wurde der Gasthof zu einem der beliebtesten Wiens. Bezüglich des Komforts der Zimmer schweigen die Quellen allerdings. Bekannt war das »Goldene Jägerhorn« für seinen guten Wein, den »Nußberger«, und für besonders »wohlfeiles«

↑ An der Rezeption steht die Zeit still: Unter der alten Uhr mit dem römischen Ziffernblatt hängen fein säuberlich die Zimmerschlüssel, die klassische Klingel rundet das Bild ab.

↗ Eine Peter-Altenberg-Impression darf hier natürlich nicht fehlen: die Trattoria Santo Stefano im Graben Hotel.

↗ Jugendstil-Atmosphäre: die sorgfältig restaurierte Gitterverkleidung des Aufzugs.

Essen; so erhielt man Ende des 18. Jahrhunderts, wie Moriz Bermann in *Alt- und Neu-Wien* berichtete, sechs Speisen um 17 Kreuzer, vier Speisen um nur sieben Kreuzer. An »Fleischtagen« gab es das folgende opulente Menü: »Suppe, Rindfleisch, Gemüse mit Auflage, Eingemachtes, zwei Braten, Salat und Confect«, an Fasttagen wurde das Rindfleisch durch Eierspeise ersetzt, statt der Braten gab es zweierlei Fischgerichte.

Vor dem Gasthof befand sich die stark frequentierte Stellwagenstation hinaus zum »Dommayer« in Hietzing, an Gästen mangelte es daher nicht. Im Biedermeier trafen sich im »Jägerhorn« jeden Abend die Volkssänger und »Dudler«, die dort ihre Auftritte koordinierten; zu ihnen stieß mitunter auch ein honoriger Hofrat des Hofkammerarchivs – Franz Grillparzer. Angeblich fasste der Dichter im »Goldenen Jägerhorn« die Idee zu seiner wunderbaren Alt-Wien-Novelle *Der arme Spielmann.*

Der Weinkenner Franz Leibenfrost, »einer der wackersten Wiener Bürger, der sich ganz dem Dienste der Menschenfreundlichkeit widmete« und in Döbling »großartige Kellereien« besaß (*Illustrirtes Wiener Extrablatt,* 8. Dezember 1911), wurde durch seine großzügigen Hilfeleistungen während der Hochwasserkatastrophe von 1830 bekannt, als er Lebensmittel aller Art über Pontons in die überschwemmten Vorstädte Leopoldstadt, Roßau und Erdberg bringen ließ und auf eigene Kosten »Pumpmaschinen« anschaffte, um »das schon faulende Wasser aus den Wohnungen und Kellern zu entfernen«. Er half 1831/32 bei der Choleraepidemie durch die Errichtung von zwei Spitälern und »blieb auch weiterhin ein Wohlthäter und verabreichte durch fünfunddreißig Jahre als Gastgeber tagtäglich 80 bis 100 Armen die Mittagskost und der Segen ruhte auf seinem Hause« (*Illustrirtes Wiener Extrablatt,* 8. Dezember 1911). Leibenfrost stieg später zum Hof-Lieferanten auf, die »Restauration« im Jägerhorn übernahm ein gewisser Johann Streitberger, der die Preispolitik der Familie Leibenfrost beibehielt. In der Ankündigung zur Neueröffnung anno 1850 las man: »Das Couvert von 4 Speisen à 36 kr., und 6 Speisen à 1 fl. C. M., von 12 Uhr mittags bis 5 Uhr Nachmittags. Bestellte Diners zu denselben u. Souppés auch zu höheren Preisen sind in und außer dem Hause zu haben« (*Fremden-Blatt,* 26. Juni 1850).

Das Haus blieb bis zum Jahr 1890 im Besitz der Familie Leibenfrost, dann wurde es an den Baron Oskar Welzl von Wellenheim verkauft. Als um 1910 mit der gründlichen Umgestaltung der Dorotheergasse begonnen wurde, fiel dieser neben den Häusern Nummer 6 und 8 auch das »Goldene Jägerhorn« zum Opfer. Über dem Tor des Gasthofs hing damals noch immer sein »Hausschild«, ein großes vergoldetes Jagdhorn. Knapp vor dem Abriss des Hauses (1912) wurde die Liegenschaft vom Hotelbesitzer Albert Müller erworben; ein Hotelneubau wurde in Aussicht genommen.

Der »Freitagstermin« des Herrn Dr. Schnitzler

Für Freunde der Schönheitspflege bot das alte Haus in der Dorotheergasse 3 eine besondere Attraktion: Im ersten Stock (Tür 4) ordinierte Madame Anna Springer, die »in der Wiener hohen Gesellschaft mit Recht hochgeschätzte Meisterin der Manicure«, wie es in einer Notiz des *Wiener Salonblatts* vom 29. Juli 1900 hieß. »Selbstlos und unermüdlich« gab Madame hier jeweils am Freitag den ganzen Tag über ihre »erprobten Ratschläge« zur Hand- und Nagelpflege. Terminvereinbarungen waren schon telefonisch möglich; wer auf ihr »humanes und verschönerndes Wirken« auch im Sommer nicht verzichten wollte, hatte Gelegenheit, sie in ihrem Sommerfrische-Aufenthalt in der Theresiengasse 6 in Baden zu konsultieren. Manicure-Salons waren im Wien des Fin de Siècle *en vogue*. Das Besondere am Salon Anna Springer: Unter seinen Stammkunden befand sich auch Arthur Schnitzler, der am 22. November 1897 erstmals einen Besuch bei Madame im Tagebuch vermerkte. Vieles deutet nun darauf hin, dass die Besuche Schnitzlers, der stets penibel auf sein Aussehen bedacht war, nicht nur der Hand- und Nagelpflege galten – Anna Springer war diskret und wusste, was ihre männlichen Kunden besonders schätzen, nämlich einen Ort, an dem sie sich ungestört einem zärtlichen Tête-à-Tête hingeben konnten. Für solche liebesbedürftigen Herren, so scheint es, hielt Anna Springer ein Zimmer bereit, ein Angebot, das offenbar auch Schnitzler gerne nützte: So traf er sich hier in den Jahren 1898 und 1899 mit seinem »Freitagstermin«, der jungen Schauspielerin Irma Hoffmeister (1869–1940), im November 1899 lernte er im Salon Springer Leopoldine »Poldi« Müller kennen (siehe dazu auch das Kapitel »Ich weiß auf der Wieden ein kleines Hotel«).

Anna Springer, die mit einem gewissen Gustav Neirath verheiratet war, schloss ihr Atelier in der Dorotheergasse im Jahre 1904 und übersiedelte nach Berlin, ein loser Kontakt mit Schnitzler blieb aber weiter bestehen.

Neubau mit Turbulenzen

1913 wurde das Hotel nach Plänen des Architekten Carl Stephann neu errichtet, der auch für die »überaus aparte und geschmackvolle Einrichtung« verantwortlich zeichnete. Zu Irritationen führte dabei eine »große Leinen-Reklametafel«, die im März 1913 auf der Baustelle hing und auf der es hieß: »Ausführung der gesamten Innenausstattung von A. Gerngroß A. G., Abteilung Innenarchitektur«. Prompt reagierte ein Tapezierermeister aus dem siebenten Bezirk, unterstützt vom christlichsozialen Wählerverein Neubau und der Ortsgruppe Neubau des deutsch-österreichischen Gewerbebundes, mit einer Anzeige gegen die Gerngroß A. G. – sie würde in das Gewerberecht der Tapezierer eingreifen und sich damit einer Übertretung der Gewerbeordnung schuldig machen. Da es sich bei Gerngroß um eine »Millionenfirma« handle, sei mit einer »außergewöhnlich hohen Strafe« gegen sie vorzugehen (*Reichspost*, 18. April 1913). Die offenbar von Hass gegen das Warenhaus Gerngroß, dessen Besitzer Jude war, geleitete Anzeige verlief zwar im Sande, war aber ein Vorspiel zu den späteren Nazi-Attacken gegen das Unternehmen.

Die Leitung des Hauses übernahmen seine beiden neuen Besitzer, der Cafetier Hans Klausecker und der Geschäftsmann Otto Grundler. In ihrer Pressemeldung zur Eröffnung, die von mehreren Wiener Blättern übernommen wurde, hieß es: »Das Zentrum Wiens ist um ein neues elegantes Hotel bereichert worden; es ist dies das Graben-Hotel, welches kürzlich in dem prächtigen Neubau I. Bezirk, Dorotheergasse 3 (nächst Graben) eröffnet wurde. Das Graben-Hotel, welches 45 Fremdenzimmer umfaßt, wurde mit allem modernen Komfort und dem raffiniertesten Luxus ausgestattet, wie: Kalt- und Warmwasserleitung, Lift, Zentralheizung, Bäder, schalldichte Doppeltüren usw. usw.« (*Der Morgen,* 18. August 1913).

»Herr Peter« zieht ein

Das Graben Hotel setzt heute noch auf den Mythos Peter Altenberg. Eine kleine Peter-Altenberg-Erinnerungslandschaft begrüßt den Besucher im Foyer, Fotografien, Karikaturen von Gustav Jagerspacher und Zitate erzählen von dem seltsamen Dandy und Bohemien, der hier vom Sommer 1913 bis zu den ersten Januartagen des Jahres 1919 lebte.

Der jüdische Kaufmannssohn Richard Engländer, der unter dem Künstlernamen Peter Altenberg auftrat, hatte nie eine Wohnung. Es genügte ihm ein Zimmer mit einem Bett. Ein Hotelzimmer war daher für ihn die ideale Lösung. Am 26. Dezember 1905 schrieb er an seine Freundin Ännie (Anna) Holitscher (1864–1942, in Treblinka ermordet): »Meine einzige Freude bildet mein ideales Hotel-Zimmer. Sie sollten es einmal besichtigen.« Zu diesem Zeitpunkt »hauste« Altenberg in einem Zimmer im »Absteighotel« London, Wallnerstraße 17, »inmitten improvisierter Liebespaare« (Anton Kuh, *»Central« und »Herrenhof«*). 1904 war er dorthin von der Wohnung seines Bruders Georg Engländer in der Währinger Straße übersiedelt, wo ihm auch nur ein Raum mit Bett zur Verfügung gestanden hatte.

Schräg gegenüber dem Hotel London befand sich das Café Central, in dem der Dichter tagsüber »zu Hause« war. Es war daher nur konsequent, dass Altenberg, von Anton Kuh als der »erste und eigentlichste Kaffeehausdichter« bezeichnet, als Adresse in »Kürschners Deutschem Literatur-Kalender« eintrug: »Wien, I. Bezirk, Café Central« – seine Texte schrieb er allerdings im Hotelbett. Als ein Fotograf einst seinen Schreibtisch fotografieren wollte, antwortete er ihm angeblich: »Ganz unnötig, denn erstens habe ich keinen, zweitens schreibe ich alles im Bett. Nehmen Sie ein Stück von dem Bett auf dazu!« Rund um sein Bett schuf sich der »Narr von Wien« (Felix Mitterer) seine private Welt. Die Hamburgerin Helga Malmberg, die im Geschäft der Wiener Werkstätte am Graben arbeitete und eine Zeit lang mit Altenberg in seinem Zimmer im Hotel London zusammenlebte und ihn aufopfernd betreute, berichtete später in ihren Erinnerungen: »Es war wirklich das kleinste und bescheidenste Dachkammerl, das man sich denken konnte. Ein Tisch, ein schmales Sofa, ein Bett, ein Waschtisch und zwei Stühle. Das war das ganze Mobiliar. Aber wie merkwürdig und originell war das Zimmer geschmückt. Die ganzen Wände, vom Boden bis zur Decke, waren mit Photographien, mit Landschaften und Frauenbildern behängt ...« (Helga Malmberg, *Widerhall des Herzens*). Im Juni 1908 trennte sich Helga Malmberg von Altenberg, besuchte ihn aber wenig später täglich während seines Aufenthalts im Sanatorium Inzersdorf. Vom Dichter erntete sie dafür wenig Dank: »Von Helga-Mistviech kein Wort!!!«, schrieb er, sich selbst bemitleidend, 1911 an seinen Bruder Georg.

Als im Sommer 1913 das neu errichtete Graben Hotel in der Dorotheergasse den Betrieb aufnahm, entschloss sich Altenberg zu einem Wechsel seiner Bleibe: Zum neuen Refugium wurde ein »einfenstriges Zimmerchen« im fünften Stock des »Grabenhotel«, in dem sich der »Herr Peter«, wie Altenberg bald vom Hotelpersonal genannt wurde, sein neues »Nest« einrichtete, »Halm für Halm zusammengesucht seit 20 Jahren«, ... »alles meinem Sein, meinem Geschmacke, meinen inneren ›Erlebnissen‹ entsprechend« zusammengetragen, wie er in einem handschriftlich verfassten Text über sein Domizil festhielt (zitiert nach Heinz Lunzer, Victoria Lunzer-Talos, Peter Altenberg. *Extracte des Lebens*). Zur Möblierung des »Zimmerchens« mit der Nummer 33 zählte diesmal auch ein Schreibtisch, auf dem Altenberg kleine Kunstgegenstände wie eine Perlmutterschale, japanische Kleinkunst oder sein »Tintenfäßchen« aus braunem Glas versammelte. Es gab einen Herrgottswinkel mit großem Kruzifix »aus der Bozener Holzbildnerschule«; ausgekleidet war der Raum mit einer hellblauen Tapete, versehen mit »ockergelben und rostroten Rosetten, aber matt verschwommen«.

»Meine einzige Freude bildet mein ideales Hotel-Zimmer«, schrieb Altenberg schon 1904. Das Zimmer im Hotel London, die Wände bedeckt mit Bildern und Fotografien, wurde sein erster Lebensmittelpunkt. Foto, um 1910, Sammlung Wien Museum.

Anbetung der Kind-Mädchen

Am auffallendsten aber und dem »Sein« des Dichters zutiefst entsprechend waren wieder die zahlreichen Fotos und Bilder, die die Wände bedeckten. Hier dokumentierte Altenberg seine Frauen- und Mädchenbekanntschaften; ungeniert arrangierte er neben ihren Porträts auch Halbakte und Aktaufnahmen, seine Vorliebe für minderjährige Mädchen verleugnete er nicht: »Mein armseliges Zimmerchen«, so schrieb er bereits 1901 in *Was der Tag mir zuträgt,* »ist fast austapeziert mit Akt-Studien von vollendeter Form. Alle befinden sich in eichenen Rahmen, mit Unterschriften. Über eine Fünfzehnjährige steht geschrieben: ›Beauté est vertue‹. Schönheit ist Tugend. Unter einer anderen: ›Es giebt nur eine UNANSTÄNDIGKEIT des Nackten – –.– das Nackte UNANSTÄNDIG zu finden!‹« (zitiert nach Heinz Lunzer, Victoria Lunzer-Talos, *Peter Altenberg. Extracte des Lebens*). Demonstrativ zelebrierte so der Bohemien Altenberg seine »Begeisterung für Gottes Kunstwerk ›Frauenleib‹«. Der »schöne Leib des Weibes«, in dem er »göttliche Macht« verkörpert sah, wurde ihm gleichsam zur Religion, zu einer Quelle der Kraft: »Wie ein Paradieses-Garten strömt er Schönheit aus und Schönheit und Schönheit und bringt dir Frieden« (Peter Altenberg, *Wie ich es sehe,* zitiert nach *Das große Peter Altenberg Buch*).

Auch wenn die Zeitgenossen die Beziehungen Altenbergs zu seinen extrem jungen Freundinnen nicht besonders kritisch sahen, so muss doch die Frage gestellt werden, ob er nicht Grenzen überschritt und die Mädchen Schaden durch ihn erlitten. Auf einer Karte,

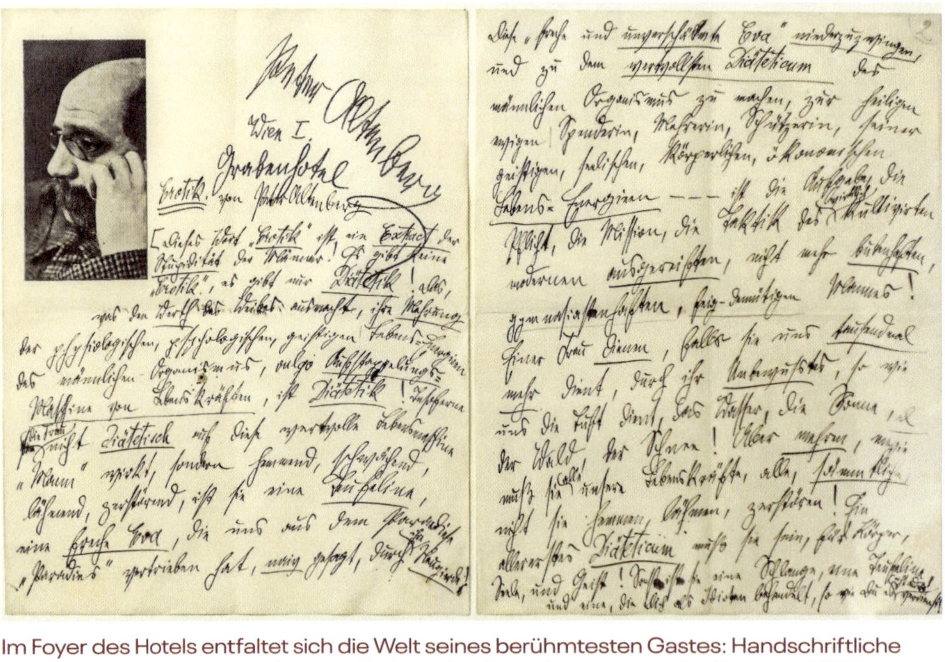

Im Foyer des Hotels entfaltet sich die Welt seines berühmtesten Gastes: Handschriftliche Notiz Peter Altenbergs, verfasst im Graben Hotel, wo der exzentrische Poet von 1913 bis zu seinem Tod ein Zimmer im fünften Stock bewohnte.

die sich heute in der Galerie St. Etienne in New York befindet, räumte er in einer handschriftlichen Notiz seine pädophile »Neigung« offen ein: »Ihr teuflisch Normalen, ich mache Euch endlich ein Geständnis, seit meinem 17. Lebensjahr bis zu meinem 59.: Wirklich begeistert, tief gerührt, kann ich nur ein vollkommen zartes, unbeschreiblich anmutiges, besonders apartes Kind unter 14 Jahren anbeten! Da ist es selbstlose Religiosität! Begeisterung, die kein irdischer Wunsch zerstört!!! Peter 1917« (zitiert. nach Heinz Lunzer, Victoria Lunzer-Talos, *Peter Altenberg. Extracte des Lebens*). Blieb es aber bei dieser »selbstlosen Religiosität«? Die biografischen Indizien, etwa die Beziehung zu dem »Kind-Mädchen« Albine Ruprich, die sich Altenberg 1911 als Zwölfjährige (!) anschloss, lassen wohl berechtigte Zweifel aufkommen. Zu seiner »wichtigsten Bezugsperson« während der Jahre im Graben Hotel wurde mit Paula Schweitzer (1895–?) allerdings eine 19-Jährige, die dem Schönheitsideal Altenbergs nicht ganz entsprach, ihm aber Verehrung und Hingabe entgegenbrachte. Auf einer Aktaufnahme Paulas, die er in seinem Hotelzimmer an die Wand hängte, notierte er:

Die 19-Jährige 1915
Wer und Was Du bist?
Ich, der Durchschauer aller Werthe, aller
Unwerthe dieses verlogenen Daseins verehre
Dich seit 3 Jahren, von Tag zu Tag mehr ohne
Dich zu lieben!
Peter Altenberg
Paula Schweitzer
Das bist du!

(zitiert. nach Heinz Lunzer, Victoria Lunzer-Talos, *Peter Altenberg. Extracte des Lebens*)

Altenberg blieb Paula Schweitzer nach ihrer Heirat mit dem Regimentsarzt Dr. Sigmund Demant im Oktober 1917 weiterhin freundschaftlich verbunden.

Ergeben, ergeben!

Der Hotelbewohner Peter Altenberg lebte nicht neben, sondern mit dem Personal des Hauses. Die Bediensteten des Hotels waren Teil seines persönlichen »Hotel-Haushalts«; er schenkte ihnen Aufmerksamkeit und emotionale Zuwendung, respektierte sie und wusste ihre Arbeit zu schätzen: »Das Personal unseres Hotels ist ›mysteriös‹, viel viel interessanter, merkwürdiger als die ›bourgeoisen‹ Damen. Von 6 Uhr morgens bis 1 Uhr nachts der ›Pflicht‹ ergeben, wofür denn bitte, ewig dienstbereit, gleichsam freiwillig gebückten Rückens! Niemals irgendein Aufbegehren gegen das zufällige unglückliche Schicksal, niemals, sondern mysteriös ergeben, ergeben! ... Sie tuen auf düsteren Hotelgängen ihre unentrinnbare und deshalb wertvolle Pflicht! Niemanden belästigen sie mit Klagen über ihre Lebenslage, und sie verstehen es, daß man hartherzig gegen sie ist, trotz alledem, denn, siehe, das ganze Leben ist ebenso, außer für die paar Auserwählten, zu denen man eben leider zufällig nicht gehört! ›Herr Peter, Sie anerkennen uns, aber Sie sind eben der Herr Peter!‹« (Peter Altenberg, Vita ipsa, zitiert nach *Das große Peter Altenberg Buch*).

Peter Altenberg hatte, das verraten seine Texte, insbesondere ein Herz für junge, fesche Stubenmädchen. In dem knapp nach seinem Tod erschienenen Band *Mein Lebensabend*, dessen Korrekturfahnen Altenberg noch selbst durchgesehen hatte, setzte er gleich in mehreren Texten »ihrem süßen unbeachteten Dasein« ein Denkmal. Über sein »ideales Stubenmädchen« hieß es etwa: »Sie las die schwerstverständlichen Bücher, arbeitete von 6 Uhr morgens bis 11 Uhr nachts, nährte sich hauptsächlich von Tee und eingebrocktem Schwarzbrot, klagte nie, war stets gut aufgelegt, betrachtete das Leben als eine unentrinnbare schwere Verpflichtung, gegen die anzukämpfen einfach eine Unmöglichkeit sei! Sie verstand es gar nicht, wie man so dumm-frech sein könne, aufzubegehren, da tausend Mächte sich gegen unser Lebensglück stündlich verschwören, uns ins Verderben hinabzuziehen!?! Trotz ihrer jugendlichen beweglichen Schönheit gab sie stets ununterbrochen nach, singend, wie wenn alles glatt ginge auf Erden, und nahezu sogar fröhlich« (zitiert nach *Das große Peter Altenberg Buch*). Der grantelnde, selbstherrliche Kaffeehaushocker Altenberg, ein Mann am äußersten Rand der bürgerlichen Gesellschaft, war sichtlich irritiert: Die »dienende Klasse« in seinem »geliebten ›Graben-Hotel‹« folgte einem Lebenskonzept, das seinem eigenen diametral entgegengesetzt war. Das Hotelpersonal konnte die Familie nicht wirklich ersetzen, er blieb letztlich einsam und wollte dies auch sein. Er ließ eine Tafel anfertigen, die er außen an die Tür hängte, wenn er ungestört sein wollte: »Ich bin heute ausnahmslos für Niemanden zu sprechen. Peter Altenberg«.

Das »Sarg-Kabinett«

Ein Unfall auf der Stiege des Graben Hotels markierte im Dezember 1917 den Anfang vom Ende Peter Altenbergs: Der Dichter, möglicherweise schwer betrunken, stürzte und brach sich beide Hände – die dadurch entstandenen Handicaps lösten beim Dichter schwere Depressionen aus, die seine Abhängigkeit von Alkohol und Schlafmitteln weiter verstärkten. Das Hotelzimmer wurde zum »Sarg-Kabinett« (Peter Altenberg, *Mein Lebensabend*), das er fast fünf Monate lang nicht verlassen konnte; sein Bruder Georg sprach nicht weniger deutlich vom »Vorgrab«. Wohl auf Bitten von Freunden besuchte der Psychiater und spätere Nobelpreisträger Julius Wagner-Jauregg Altenberg in seinem Hotelzimmer und riet zu einer sofortigen Änderung der Lebensweise, der Tod wäre ansonsten unausweichlich. Altenberg hatte jedoch sein eigenes Rezept: Er hasste die »Herren Irrenärzte«, die »Mörder« und »Nichtskönner« würden übersehen, wie er meinte, dass Schnaps »das beste Heilmittel« gegen seine Schlafmittelsucht sei, und so trank er wieder mehr statt weniger Alkohol, vor allem den »herrlichen« Trebernschnaps, den ihm jemand von der Front in Italien mitgebracht hatte. Der einsame Troglodyt im Graben Hotel, der nur mehr vom Wunsch beseelt war, noch seinen 60. Geburtstag am 9. März 1919 zu erleben und dafür ein großes Fest plante, machte sich keine Illusionen: »Lebe wohl«, schrieb er, »unglückseliger Dichter, der uns allen seine Seele schenkte und an sich selbst zugrunde ging! Lebe wohl!« (zitiert. nach Michaela Lindinger, *Sonderlinge, Außenseiter, Femmes fatales*).

Zur Jahreswende 1918/19 erkrankte Altenberg an einem Bronchialkatarrh, dennoch schlief er weiterhin bei weit geöffnetem Fenster – eine schwere Lungenentzündung war die Folge. Am 6. Januar 1919 wurde er von seinem Hotelzimmer ins Allgemeine Krankenhaus gebracht, wo er zwei Tage später, am 8. Januar 1919, starb.

Das Hotelpersonal konnte die Familie nicht wirklich ersetzen:
ein Stubenmädchen in Peter Altenbergs Zimmer im Graben Hotel,
vermutlich von ihm selbst fotografiert. Unbezeichnetes Foto aus dem
Peter-Altenberg-Album in der Galerie St. Etienne, New York.

Die Bildersammlung des Dichters eroberte auch das Stiegenhaus: Blick von Peter Altenbergs Zimmer durch die offene Tür zur Treppe Richtung Dachboden. Foto, um 1917/1919, Wien Museum.

Die Stadt Wien stellte ein Ehrengrab am Zentralfriedhof (Gruppe O, Nr. 84) zur Verfügung; Peter Altenberg, der sich 1910 in der Karlskirche hatte taufen lassen – Taufpate war Adolf Loos –, erhielt ein christliches Begräbnis. Die Grabrede hielt Karl Kraus; er schloss sie mit den Worten: »Wehe der Nachkommenschaft, die Dich verkennt!« Adolf Loos, der für sein verstorbenes Patenkind das hölzerne Grabkreuz entwarf, nahm in der Morgenausgabe der Zeitung *Die Zeit* vom 9. Januar 1919 bewegten Abschied von seinem »lieben Peter« und kam dabei auch auf die »Wohnung« Altenbergs im Graben Hotel zu sprechen: »Deine Wohnung ist rührend, und ich fordere Wien, die Stadt Wien auf, diese Wohnung im Museum der Stadt Wien unterzubringen. Diese Kammer, in der P. A. gehaust hat, wird doch noch Platz finden. Die Tapete, die er ausgesucht hat, wird noch aufzutreiben sein. Und alles an die alte gehörige Stelle, samt dem kleinen Weihwasserbecken, dem Rosenkranz und dem Bilde der Muttergottes aus Mariazell um zehn Kreuzer, das ihm das Stubenmädchen mitgebracht hat.

Die Stubenmädchen! Sie werden heute im Grabenhotel alle weinen. Aber auch der Hausdiener. P. A. war ein Tyrann. Aber noch nie wurde ein tyrannischer Herr so geliebt wie dieser, weil er der menschlichste unter allen Tyrannen war.«

Von der Agentur Heller wurde eine erste Gedenkveranstaltung angesetzt: Bei einer »Peter-Altenberg-Feier« am 19. Januar 1919 im Kleinen Musikvereinssaal sprach u. a. Egon Friedell »Gedächtnisworte«, Gertrude Barrison, Marie Mayer, Alice Lach, Karl Etlinger, Karl Forest und Egon Friedell lasen aus Altenbergs Werken.

Die Fotos und Bilder aus Altenbergs Zimmer im Graben Hotel gelangten 1927 über seine Schwester Marie Mauthner an die Neue Galerie in der Grünangergasse 1. Der Idee von Adolf Loos folgend, eröffnete hier 1929 der Galerist und Verleger Otto Kallir-Nirenstein ein »Peter-Altenberg-Zimmer«, in dem bis 1938 eine Dauerausstellung zu sehen war. 1950 erwarb das Historische Museum der Stadt Wien (heute Wien Museum) einen großen Teil des Nachlasses (etwa 350 Objekte). Peter Altenbergs Traum war es immer gewesen, dass seine geliebte »Zimmereinrichtung« intakt bleiben möge – ein Wunsch, der bislang nur teilweise in Erfüllung ging.

Das Graben Hotel wird Kremslehner-Hotel

In den Jahren nach dem Ersten Weltkrieg geriet das Graben Hotel, mittlerweile im alleinigen Besitz des Ehepaars Otto und Marie Grundler, zunehmend in wirtschaftliche Schwierigkeiten; 1927 mussten die Eigentümer schließlich den Ausgleich anmelden. Bei der Ausgleichtagsatzung am 12. Oktober 1927 einigte man sich mit den Gläubigern auf eine Quote von 58 Prozent, zahlbar in sechs Vierteljahresraten, beginnend am 15. Januar 1928. Das Ehepaar Grundler unterstellte sich »freiwillig der Geschäftskontrolle« durch die Ausgleichsverwaltung (*Amtsblatt zur Wiener Zeitung,* 23. November 1927).

Das Ausgleichsverfahren wurde mit 6. Dezember 1927 eingestellt; gleichzeitig fanden wohl auch schon Verkaufsgespräche statt, denn bereits am 3. Januar 1928 konnte *Die Stunde* vermelden: »Das Graben-Hotel in der Dorotheergasse ist verkauft worden. Der Käufer ist der Besitzer des Hotels Regina, Kremslehner.«

Das Motiv für den Kauf, so lesen wir in der Chronik des Hotel Regina, sei die Tatsache gewesen, dass das Regina »längst nicht mehr alle Gäste aufnehmen« konnte, die dort wohnen wollten. »Um diesem Missstand abzuhelfen«, habe man das Graben Hotel erworben. Das Geschäft lief zunächst auch gut an, doch dann brachte die Weltwirtschaftskrise die beiden Kremslehner-Hotels in Schwierigkeiten – es begann eine Durststrecke, die jedoch überwunden werden konnte: »Man kann sogar sagen, daß das Unternehmen gestärkt aus dieser kleinen Krise hervorging« (zitiert nach *100 Jahre Regina*).

Der Charakter des Hotels wurde bewusst beibehalten, es blieb das intime Innenstadthotel. Wie Meldezettel dokumentieren, stieg hier u. a. im Oktober 1936 Kafkas Freund und Nachlassverwalter Max Brod ab; ein Salon wurde zu Ehren des »Herrn Peter« in »Salon Altenberg« umbenannt.

Nach dem sogenannten »Anschluss« blieb auch das Graben Hotel von den neuen Herren nicht ganz unbehelligt. Wie aus einer Notiz im *Völkischen Beobachter* vom 22. März 1938 hervorgeht, wurde dort die »Pressestelle des Reichsführers SS. und Chefs der deutschen Polizei« eingerichtet. Aufgabe der »Pressestelle« war es u. a., Material – Fotos, Flugblätter, Werbezettel, Schmalfilme – über die illegale Tätigkeit der »österreichischen SS. und Polizei« in der »Kampfzeit« zu sammeln, um so die Geschichte der »geknebelten Bewegung« dokumentieren zu können; das Unterfangen, beflügelt von der euphorischen Stimmung der »Machtübernahme«, dürfte allerdings bald eingeschlafen sein.

Nach Kriegsende wurde das Graben Hotel, das von Bombenschäden verschont geblieben war, von der französischen Besatzungsmacht beschlagnahmt, die bis 1948 im Haus blieb – das war auch der Grund dafür, dass die französische Fußballnationalmannschaft, die im Dezember 1945 zu einem Länderspiel nach Wien kam, dort einquartiert wurde; angeführt wurde die Delegation von Jules Rimet, dem legendären FIFA-Präsidenten, nach dem von 1930 bis 1970 die Siegestrophäe der Fußball-Weltmeisterschaften, die Coupe Jules Rimet, benannt war. Geschenke gab es für die französischen Fußballer allerdings nicht: Das erste Heimspiel nach dem Krieg am 6. Dezember 1945 im Praterstadion wurde von Österreichs Team, das ebenfalls im Graben Hotel wohnte, mit 4:1 gewonnen.

Nach der Rückstellung des Hotels übernahm Georg Kremslehner jun. (1898–1976) wieder die Leitung des Hauses, das zu diesem Zeitpunkt – das Hotel Royal war eine Ruine, das Regina war von den Amerikanern besetzt – die einzige Einnahmequelle der Familie war. Zu wichtigen Meilensteinen wurden der Staatsvertrag und die Wiedereröffnung der Staatsoper am 5. November 1955: Zahlreiche Stars der Opernwelt kamen nun in die Dorotheergasse, unter ihnen Lotte Lehmann, Grace Bumbry und Karl Böhm; das Café-Restaurant florierte, bis zu 300 Mittagessen wurden hier serviert – der Weg in eine erfolgreiche Zukunft war gesichert.

Ausgewählte Literatur

100 Jahre Hotel Regina. Chronik des Hotels und der Familie Kremslehner. Wien, 1995

Peter Altenberg: Mein Lebensabend. Wien, 1918

Andrew Barker: Telegrammstil der Seele. Peter Altenberg – Eine Biographie. Wien-Köln-Weimar, 1998

Moriz Bermann: Alt- und Neu-Wien. Geschichte der Kaiserstadt und ihrer Umgebungen; seit dem Entstehen bis auf den heutigen Tag und in allen Beziehungen zur gesammten Monarchie. Wien, 1880

Das große Peter Altenberg Buch. Herausgegeben und mit einem Nachwort versehen von Werner J. Schweiger. Wien-Hamburg, 1977

Anton Kuh: »Central« und »Herrenhof«. In: Anton Kuh: Der unsterbliche Österreicher. München, 1931, S. 18–23

Anton Kuh: Kleiner Führer durch das große Hotel. In: Das Magazin, Jg. 4 (1927/28), Nr. 43, März 1928, S. 1993–2000

Adolf Loos: Abschied von Peter Altenberg. In: Adolf Loos: Gesammelte Schriften. Herausgegeben von Adolf Opel. Wien, 2010, S. 517-521

Heinz Lunzer, Victoria Lunzer-Talos: Peter Altenberg. Extracte des Lebens. Salzburg-Wien-Frankfurt/Main, 2003

Michaela Lindinger: Sonderlinge, Außenseiter, Femmes fatales. Das »andere« Wien um 1900. Wien, 2015

Helga Malmberg: Widerhall des Herzens. Ein Peter-Altenberg-Buch. München, 1961

Felix Mitterer: Der Narr von Wien. Aus dem Leben des Dichters Peter Altenberg. Ein Drehbuch. Salzburg, 1982

Johannes Sachslehner: Alle, alle will ich. Arthur Schnitzler und seine süßen Wiener Mädel. Wien-Graz-Klagenfurt, 2015

Karl August Schimmer: Ausführliche Häuser-Chronik der inneren Stadt Wien, mit einer geschichtlichen Übersicht sämmtlicher Vorstädte und ihrer merkwürdigsten Gebäude. Wien, 1849

Verschwindende Alt-Wiener Bauten. In: Monatsblatt des Altertums-Vereines zu Wien, X. Band, 28. Jahrg. (1911), S. 54

© Marija Kanizaj

© Ingrid Schlechtleitner

Dr. phil. Johannes Sachslehner ist Historiker und Autor zahlreicher Bücher zu historischen und kulturhistorischen Themen. Gemeinsam mit Robert Bouchal veröffentlichte er im Styria Verlag unter anderem »Lost Places in Wien & Umgebung«. Sein besonderes Interesse gilt der verborgenen und verdrängten Geschichte Wiens. In seiner aktuellen Publikation »Wiener Villen & ihre Geheimnisse« spürt er den privaten Geschichten bedeutender Wiener Familien nach.

Harald A. Jahn, 1963 geboren, arbeitete als Fotograf und Autor an zahlreichen Publikationen zu Wien-, Verkehrs- und Architekturthemen sowie an Reiseführern und Bildkalendern mit; u. a. »Unbekanntes Wien« (gemeinsam mit Isabella Ackerl) und »Jugendstil in Budapest«.

Ein herzliches Dankeschön für tatkräftige Hilfe und großzügige Unterstützung an

Karin Astler · Sarah Collin · Peter Gerhardus
Arnold Klaffenböck · Ted Konakowitsch
Konstantin Kremslehner · Wolfgang Kremslehner
Marion Krischmanitsch · Helmut Maurer · Philipp Maurer
Birgit Mayer · Michael Moser · Brigitte Neichl
Christa Praher-Ennöckl · Brigitte Schmidt
Alexandra Winkler · Sophie Wolf · Joachim Zeismann

Für die Unterstützung bei den Recherchen und ihre immerwährende Geduld gilt meiner Frau Kasia mein ganz besonderer Dank!

Bild- und Quellennachweis

Coverbild: Harald Jahn

Albertina Sammlungen Online: 96 (DG2003/1221), 128 (Foto2005/166/18)

AKG images: 35

AP / picturedesk.com: 164

Archiv Hotel Imperial: 134/135

Archiv Kremslehner Hotels / Hotel Regina: 198, 199

Archiv Lunzer / brandstaetter images / picturedesk.com: 138 u.

Archiv Dr. Samsinger / brandstaetter images / picturedesk.com: 138 o.

Archiv Seemann / brandstaetter images / picturedesk.com: 50, 79, 143, 144

Arkivi / dpa Picture Alliance / picturedesk.com: 109 o.

Austrian Archives / brandstaetter images / picturedesk.com: 176, 186 o.

Leo Baeck Institute, Joseph Roth Collection, New York: 183

Bezirksmuseum Favoriten / Sammlung Landrichter: 62 u., 64, 66

Collection Zempléni / gallery.hungaricana.hu/en/SzerencsKepeslap/: 54 o.

Luzia Ellert / picturedesk.com: 214, 217

Galerie St. Etienne, New York: 233 (Peter-Altenberg-Album)

Harald Jahn / www.viennaslide.com: 2, 6, 7, 16, 18, 20 (2), 21 (2), 42, 44/45 (4), 60, 60/61 o. (2), 77, 88, 90 (3), 91, 104, 106 (3), 107, 114, 118 (2), 120/121 (3), 154, 156, 158 (2), 159 (2), 172, 174 (2), 175, 192, 194 (2), 195 (2), 212, 222, 224/225 (3), 230

Herbert Neubauer / APA / picturedesk.com: 119

Österreichische Nationalbibliothek / ANNO Historische Zeitungen und Zeitschriften: 10, 13, 56, 67, 86, 124, 140, 146, 148, 197, 200

Österreichische Nationalbibliothek / Bildarchiv / picturedesk.com: 1, 28, 40, 74, 80, 92, 101 (Herbert Kofler), 136 (Albert Hilscher), 151, 162 (Julius Scherb), 170 (Alfred Cermak), 180 (2), 186 u., 187 (Albert Hilscher), 188 (2), 204 (Franz Lobinger), 210 (Hans Siegenfeld)

pinterest.com: 94 (3729612170003457/Dirk Meints)

Sammlung / Archiv Johannes Sachslehner: 109 u..

Scherl / SZ-Photo / picturedesk.com: 8

Schick Hotels Wien / Sammlung Hotel Stefanie: 25, 26, 30

Wolfgang Sos / picturedesk.com: 220

The Josef and Yaye Breitenbach Charitable Foundation, New York: 184 o.

Theatermuseum Wien (Foto: Atelier Willinger): 179

Margaret S. Travers: 184 u.

ullstein bild / Ullstein Bild / picturedesk.com: 169

Votava / brandstaetter images / picturedesk.com: 153, 189, 208

Wien Museum: 234 (Foto: Birgit u. Peter Kainz)

Wien Museum / brandstaetter images / picturedesk.com: 229

Wien Museum / magazin.wienmuseum.at: 47, 49 o., 51, 53, 54 u.

Wien Museum / Online Sammlung: 14 (139711), 22, (18995), 32 (32600), 35 (31113), 39 (77144), 69 (58891-687), 76 (135093), 112 (49902), 123 (106081-72), 142 (106081-45), 160 (5657)

Wiener Stadt- u. Landesarchiv: 206 (Historische Meldeunterlagen: K11, Zweig, Stefan, 1881, 12. Mai 1937)

Wikimedia Commons: 29, 37 (Musée de l'Histoire de France, Versailles), 49 (Papergirl), 71 (Wolfgang Sauber), 111, 126 (Petit Palais, Paris)

www.deutsche-digitale-bibliothek.de: 24

Liebe Leserin, lieber Leser,
haben Ihnen unsere Ausflüge durch die Wiener Hotels gefallen? Dann freuen wir uns über ihre Weiterempfehlung. Möchten Sie mit dem Autor in Kontakt treten? Wir freuen uns auf Austausch und Anregung unter **post@styriabooks.at**

Inspirationen, Geschenkideen und gute Geschichten finden Sie auf **www.styriabooks.at**

STYRIA
BUCHVERLAGE

ISBN 978-3-222-13737-2
Bücher aus der Verlagsgruppe Styria gibt es
in jeder Buchhandlung und im Online-Shop
www.styriabooks.at

Buch- und Covergestaltung: Birgit Mayer /extraplan.at
Lektorat: Ted Konakowitsch
Projektleitung: Sophie Wolf
Korrektorat: Arnold Klaffenböck

Druck und Bindung: Graspo
Printed in the EU
7 6 5 4 3 2 1